© Wojtek Buss/Age fotostock

**Le Routard**

# Venise

Cofondateurs : Philippe GLOAGUEN et Michel DUVAL

Directeur de collection et auteur
**Philippe GLOAGUEN**

Rédacteurs en chef adjoints
**Amanda KERAVEL
et Benoît LUCCHINI**

Directrice de la coordination
**Florence CHARMETANT**

Directrice administrative
**Bénédicte GLOAGUEN**

Directeur du développement
**Gavin's CLEMENTE-RUÏZ**

Direction éditoriale
**Catherine JULHE**

Rédaction
**Isabelle AL SUBAIHI
Mathilde de BOISGROLLIER
Thierry BROUARD
Marie BURIN des ROZIERS
Véronique de CHARDON
Fiona DEBRABANDER
Anne-Caroline DUMAS
Géraldine LEMAUF-BEAUVOIS
Olivier PAGE
Alain PALLIER
Anne POINSOT
André PONCELET**

Conseiller à la rédaction
Pierre JOSSE

**2017**

hachette

# TABLE DES MATIÈRES

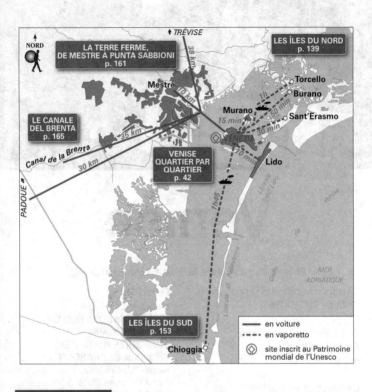

↑ TRÉVISE

**NORD**

LES ÎLES DU NORD
p. 139

LA TERRE FERME,
DE MESTRE À PUNTA SABBIONI
p. 161

Mestre

Torcello
Burano

Murano
15 min

Sant'Erasmo

LE CANALE
DEL BRENTA
p. 165

Canal de la Brenta

30 km

VENEZIA

VENISE
QUARTIER PAR
QUARTIER
p. 42

Lido

PADOUE

Litorale del Lido

MER
ADRIATIQUE

LES ÎLES DU SUD
p. 153

Chioggia

— en voiture
---- en vaporetto
⊚ site inscrit au Patrimoine
mondial de l'Unesco

## PRÉAMBULE

- La rédaction du *Routard* .......................... 6
- Introduction ............................................. 11
- Nos coups de cœur ................................. 12
- Lu sur routard.com ................................. 27
- Itinéraires conseillés .............................. 28
- Les questions qu'on se pose
  avant le départ ..................................... 33

## INFOS PRATIQUES SUR PLACE .......................... 36

- Arrivée à Venise ..................................... 36
- Adresses utiles ....................................... 39

## LE GRAND CANAL .......................................... 42

- Les « cent » palais ................................. 42
- L'envers du décor .................................. 43
- Promenade sur le Grand Canal
  en *vaporetto* ........................................ 43
- Rive gauche ............................................ 43
- Rive droite .............................................. 47

## SAN MARCO .......... 50

- Où dormir ? ...............50
- Où manger ? ...............52
- Où boire un verre ? Où manger sur le pouce ? Où sortir ? ...............53
- Où boire un chocolat ou un café dans un cadre historique ? ...............53
- Où déguster une glace ? ...............54
- Achats ...............54
- À voir ...............55

## DORSODURO .......... 71

- Où dormir ? ...............71
- Où manger ? ...............74
- Où boire un verre en mangeant sur le pouce ? ...............75
- Où boire un verre ? Où sortir ? ...............75
- Où boire un chocolat ou un café ? Où déguster une bonne pâtisserie ? ...............76
- Où déguster une glace ? ...............76
- Achats ...............77
- À voir ...............77

## SAN POLO ET SANTA CROCE .......... 88

- Où dormir ? ...............88
- Où manger ? ...............90
- Où boire un verre accompagné de *cicchetti* ? Où sortir ? ...............92
- Où boire un chocolat ou un café ? Où déguster une bonne pâtisserie ? ...............93
- Où déguster une glace ? ...............94
- Achats ...............94
- À voir ...............95

## CANNAREGIO .......... 104

- Où dormir ? ...............104
- Où manger ? ...............107
- Où boire un verre ? Où manger sur le pouce ? ...............109
- Où boire un excellent café ? ...............110
- Où déguster une glace ? ...............110
- Achats ...............110
- À voir ...............111

## CASTELLO .......... 118

- Où dormir ? ...............118
- Où manger ? ...............121
- Où boire un verre de vin ? Où manger sur le pouce ? ...............123
- Où boire un verre ? Où sortir ? ...............123
- Où déguster une bonne pâtisserie ? Où savourer un bon chocolat ? ...............124
- Où déguster une glace ? ...............124
- Achats ...............124
- À voir ...............125

## LES ÎLES DU BASSIN DE SAINT-MARC .......... 133

- La Giudecca ...............133
- San Giorgio Maggiore ...............136

## LES ÎLES DU NORD .......... 139

- San Michele ...............139
- Murano ...............140
- Burano ...............145
- San Francesco del Deserto ...............148
- Torcello ...............149
- Sant'Erasmo ...............151

## LES ÎLES DU SUD ........................................................ 153

• Lido .................... 153
• San Lazzaro degli Armeni et
• San Servolo ........................ 156
• Chioggia ............................. 157

## LA TERRE FERME, DE MESTRE À PUNTA SABBIONI ........................... 161

• Comment se rendre à Venise ? ...... 161
• Où camper ? ........................... 162
• Où dormir ? Où manger ? .............. 163
• À faire .................................. 164

## LE CANALE DEL BRENTA (CANAL DE LA BRENTA) ..................... 165

• Un peu d'histoire .................... 165
• Adresse utile ........................ 166
• Croisières en bateau ................ 166
• En voiture, en bus .................. 166
• À vélo .................................. 166
• Où dormir ? Où manger au fil du canal ? ............................. 167
• Les villas ............................. 168

## COMMENT Y ALLER ? ............................... 170

• En avion ............................... 170
• Les organismes de voyages ........... 172
• En train ............................... 176
• En voiture ............................ 177
• En bus ................................. 177

## VENISE UTILE ........................................ 179

• Avant le départ ...................... 179
• Argent, banques ...................... 181
• Achats ................................. 182
• Budget ................................. 183
• Cartes ou forfaits de visites et transports ........................... 185
• Climat ................................. 188
• Dangers et enquiquinements ......... 188
• Enfants (et parents !) ............... 190
• Fêtes et jours fériés ................ 191
• Hébergement .......................... 193
• Horaires ............................... 196
• Langue ................................. 196
• Livres de route ....................... 198
• Orientation ........................... 200
• Personnes handicapées ............... 201
• Poste .................................. 202
• Pourboires et taxes .................. 203
• Santé .................................. 203
• Sites internet ....................... 203
• Tabac .................................. 204
• Téléphone, télécommunications ... 204
• Toilettes publiques .................. 206
• Urgences .............................. 206
• *Vaporetto*, gondole et taxi-bateau ................................ 206
• Vêtements et équipement ............. 209

## HOMMES, CULTURE, ENVIRONNEMENT ........... 210

• Boissons ............................... 210
• Cafés et bars ......................... 212
• Carnaval ............................... 212
• Cinéma ................................. 214
• *Commedia dell'arte* .................. 216
• Cuisine ................................ 217
• Curieux, non ? ........................ 222
• Économie ............................... 223
• Environnement ......................... 223
• Géographie et urbanisme ............. 225
• Histoire ............................... 227
• Littérature ........................... 232
• Médias ................................. 232
• Patrimoine culturel .................. 233

• Personnages célèbres ....................... 240
• Population ............................................. 241
• Savoir-vivre ......................................... 241
• Sites inscrits au Patrimoine

mondial de l'Unesco ........................... 242
• Spectacles (théâtre, musique et
Biennale) ............................................. 242
• Sports .................................................. 245

Index général ................................................................................................................... 261

Liste des cartes et plans ................................................................................................. 270

## Important : dernière minute

Sauf rares exceptions, le *Routard* bénéficie d'une parution annuelle à date fixe. Entre deux dates, des événements fortuits (formalités, taux de change, catastrophes naturelles, conditions d'accès aux sites, fermetures inopinées, etc.) peuvent modifier vos projets de voyage. Pour éviter les déconvenues, nous vous recommandons de consulter la rubrique « Guide » par pays de notre site • *routard.com* • et plus particulièrement les dernières *Actus voyageurs.*

**Recommandation à ceux qui souhaitent profiter des réductions et avantages proposés dans le *Routard* par les hôteliers et les restaurateurs.**

À l'hôtel, pensez à les demander au moment de la réservation ou, si vous n'avez pas réservé, **à l'arrivée.** Ils ne sont valables que pour les réservations en direct et ne sont pas cumulables avec d'autres offres promotionnelles (notamment sur Internet). Au restaurant, parlez-en **au moment** de la commande et surtout **avant** que l'addition soit établie. Poser votre *Routard* sur la table ne suffit pas : le personnel de salle n'est pas toujours au courant et une fois le ticket de caisse imprimé, il est souvent difficile de modifier le total. En cas de doute, montrez la notice relative à l'établissement dans le *Routard* de l'année et, bien sûr, ne manquez pas de nous faire part de toute difficulté rencontrée.

☎ **112 :** c'est le numéro d'urgence commun à la France et à tous les pays de l'UE, à composer en cas d'accident, agression ou détresse. Il permet de se faire localiser et aider en français, tout en améliorant les délais d'intervention des services de secours.

Le pont du Rialto depuis le Grand Canal

©Jon Arnold Images/hemis.fr

# LA RÉDACTION DU ROUTARD

### (sans oublier nos 50 enquêteurs, aussi sur le terrain)

Thierry, Anne-Caroline, Éléonore, Olivier, Pierre, Benoît, Alain, Fiona,
Gavin's, André, Véronique, Bénédicte, Jean-Sébastien, Mathilde, Amanda,
Isabelle, Géraldine, Marie, Carole, Philippe, Florence, Anne.

© R. Delalande et E. Dessons

**La saga du *Routard* :** en 1971, deux étudiants, Philippe et Michel, avaient une furieuse envie de découvrir le monde. De retour du Népal germe l'idée d'un guide différent qui regrouperait tuyaux malins et itinéraires sympas, destiné aux jeunes fauchés en quête de liberté. 1973. Après 19 refus d'éditeurs et la faillite de leur première maison d'édition, l'aventure commence vraiment avec Hachette. Aujourd'hui, le *Routard*, c'est plus d'une cinquantaine d'enquêteurs impliqués et sincères. Ils parcourent le monde toute l'année dans l'anonymat et s'acharnent à restituer leurs coups de cœur avec passion.

**Merci à tous les Routards qui partagent nos convictions :** liberté et indépendance d'esprit ; découverte et partage ; sincérité, tolérance et respect des autres.

## NOS SPÉCIALISTES VENISE

**Géraldine Lemauf-Beauvois :** ch'ti et fière de sa région natale vers laquelle elle revient toujours, elle est dotée d'une curiosité qui l'a poussée à voyager aux quatre coins du monde. Géraldine est passionnée d'histoire et d'art, auxquels elle a consacré ses études. Son œil aiguisé, son appétit pour les belles et bonnes choses font d'elle une routarde qui aime partager ses découvertes culinaires et culturelles.

**Cédric Fischer :** grandir entouré de voyageurs, ça donne la bougeotte ! Mais peu importe la destination. Pour lui, le voyage, c'est d'abord les rencontres... surtout hors piste autour d'une spécialité locale (capital !) et d'un bon cru (tout aussi vital !). L'appel de la route, ce fut en stop dès le lycée et à la fac d'histoire, puis avec le *Routard* depuis 2000.

## UN GRAND MERCI À NOS AMI(E)S SUR PLACE ET EN FRANCE

**Pour cette nouvelle édition, nous remercions particulièrement :**
- **Valerio Scoyni,** directeur de l'ENIT à Paris ;
- **Anne Lefèvre,** chargée des relations avec la presse à l'ENIT ;
- **Federica Galbesi** et **Antonella Botta** du service marketing à l'ENIT ;
- **Christine Adam,** guide conférencière à Venise.

## Pictogrammes du Routard

### Établissements
- ♦ Hôtel, auberge, chambre d'hôtes
- ⋏ Camping
- |●| Restaurant
- Pizzeria
- Boulangerie, sandwicherie
- Pâtisserie
- Glacier
- Café, salon de thé
- Café, bar
- Bar musical
- Club, boîte de nuit
- Salle de spectacle
- Office de tourisme
- Poste
- Boutique, magasin, marché
- @ Accès Internet
- Hôpital, urgences

### Sites
- Plage
- Site de plongée
- Piste cyclable, parcours à vélo

### Transports
- ✈ Aéroport
- Gare ferroviaire
- Gare routière, arrêt de bus
- Ⓜ Station de métro
- Ⓣ Station de tramway
- Ⓟ Parking
- Taxi
- Taxi collectif
- Bateau
- Bateau fluvial

### Attraits et équipements
- Présente un intérêt touristique
- Recommandé pour les enfants
- Adapté aux personnes handicapées
- Ordinateur à disposition
- Connexion wifi
- Ⓤ Inscrit au Patrimoine mondial de l'Unesco

 Tout au long de ce guide, découvrez toutes les photos de la destination sur • routard.com • Attention au coût de connexion à l'étranger, assurez-vous d'être en wifi !
© HACHETTE LIVRE (Hachette Tourisme), 2017
Le *Routard* est imprimé sur un papier issu de forêts gérées.

Tous droits de traduction, de reproduction et d'adaptation réservés pour tous pays.
© Cartographie Hachette Tourisme
I.S.B.N. 978-2-01-323702-4

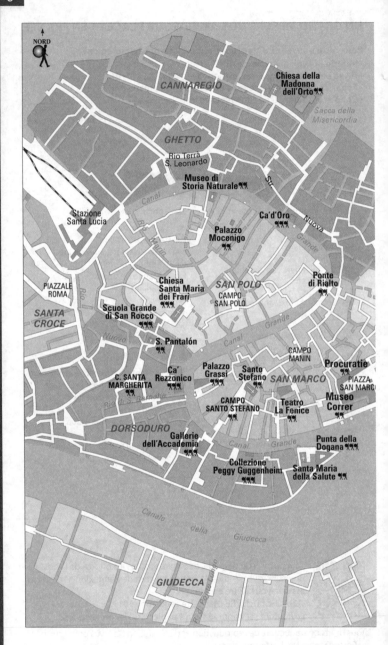

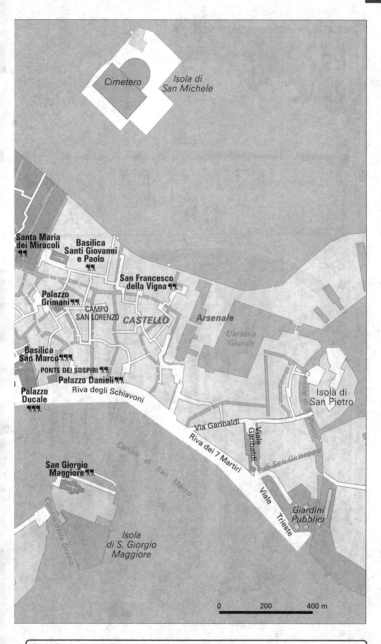

VENISE

*Illumination sur le pont des Soupirs*

© Alpineguide/Alamy/Hemis

*« Venise, c'est comme manger une boîte entière de chocolats à la liqueur d'un seul coup. »*
Truman Capote

**Venise a cette faculté unique de provoquer l'étonnement** à chaque fois que l'on y retourne. Aucun cliché ne rendra jamais l'ambiance de ses ruelles tortueuses, de ses placettes, de ses canaux et de ses églises. La Sérénissime est une ville née de la mer et tournée vers la mer, qui de tout temps a su batailler pour préserver son indépendance. De ce glorieux passé, elle a gardé palais et vieilles demeures qui, aujourd'hui, sont autant de musées qui témoignent de sa superbe d'antan. Venise, c'est du charme presque à tous les coins de rue, un étrange mélange entre le déjà-vu et l'étonnement de la découverte, la carte postale et le demi-mot, un grand plongeon dans le Moyen Âge et, jusqu'à sa table, un vrai carnaval pour les papilles !

Alors, prenez le temps de la découvrir, quittez la foule. Perdez-vous ! Sacrifiez votre sens de l'orientation sur l'autel de la débrouille, vous croiserez peut-être ainsi Corto Maltese, le commissaire Brunetti ou un Casanova dépité d'avoir égaré sa donzelle à la sortie d'un musée… Allez-y aussi en hiver, par temps de brume, par temps de neige ou quand la *bora* cingle… Jamais la ville ne vous aura paru aussi mystérieuse et secrète. Et bien sûr, retournez-y lors de ces fêtes populaires et rieuses qui scellent, depuis la nuit des temps, l'amour que la Sérénissime entretient avec la mer.

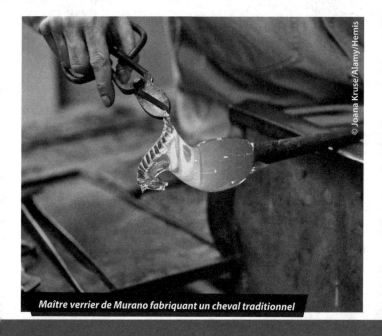

© Joana Kruse/Alamy/Hemis

*Maître verrier de Murano fabriquant un cheval traditionnel*

# NOS COUPS DE CŒUR

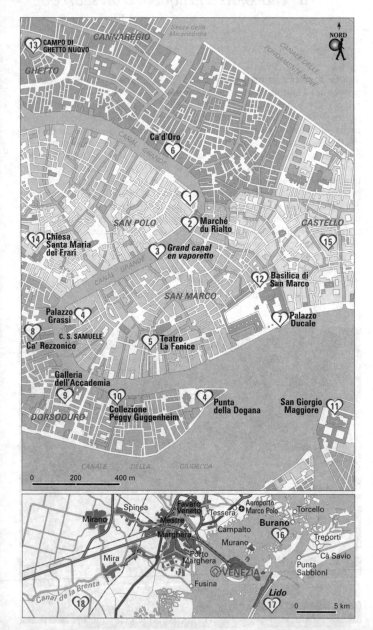

NORD

CANNAREGIO

Secca della Misericordia

CANALE DELLE FONDAMENTE NOVE

(13) CAMPO DI GHETTO NUOVO

GHETTO

CANAL GRANDE

Ca'd'Oro
(6)

(1)

SAN POLO

(2) Marché du Rialto

CASTELLO

(14) Chiesa Santa Maria dei Frari

(3) Grand canal en vaporetto

CANAL GRANDE

(15)

(12) Basilica di San Marco

SAN MARCO

Palazzo Grassi (4)

(8) C. S. SAMUELE Ca' Rezzonico

(5) Teatro La Fenice

(7) Palazzo Ducale

Galleria dell'Accademia

(9)

(10)

Collezione Peggy Guggenheim

(4) Punta della Dogana

San Giorgio (11) Maggiore

DORSODURO

CANALE DELLA GIUDECCA

0    200    400 m

Spinea

Favaro Veneto

Aeroporto Marco Polo

Torcello

Mirano

Tessera

Mestre

Campalto

Burano

Marghera

Murano

(16)

Treporti

Mira

Porto Marghera

Cà Savio

VENEZIA

Punta Sabbioni

Canal de la Brenta

Fusina

Lido

(18)

(17)

0    5 km

① Boire un *spritz* (apéro vénitien) près du Rialto, **dans un** *bacaro* **(bar à vins), avec les locaux emportés par des conversations animées.**

Une véritable institution à Venise. Apéritif vénitien à base de vin blanc, plutôt amer avec du Campari, doux avec de l'Aperol et de l'eau pétillante, accompagné d'une olive ou bien d'une rondelle de citron ou d'orange. À boire en terrasse, de préférence, pour prolonger le plaisir du moment. Le meilleur se confectionne avec du *prosecco*. Vous pouvez également le déguster dans un des nombreux *bacari* de la ville. *p. 92*

*Bon à savoir : All'Arco (Sestiere San Polo, 436) propose d'excellents cicchetti qui accompagnent le spritz, une adresse où les locaux ont leurs habitudes.*

© Guillem Lopez/Alamy/Hemis

② Se glisser parmi les étals du marché du Rialto **quand sont livrés fruits, légumes et poissons fraîchement pêchés…**

Historiquement, ce quartier fut la plaque tournante du commerce à Venise. C'était aussi le centre financier et économique de la ville. Aujourd'hui, le lieu est toujours très vivant. *p. 99*

*Bon à savoir : c'est surtout tôt le matin, quand les commerçants installent leurs stands, que l'atmosphère a quelque chose de magique. C'est l'heure que choisissent de nombreux Vénitiens pour faire leur marché. À quelques mètres de là se dresse la Pescheria, l'un des marchés aux poissons les plus typiques d'Italie, avec ses mouettes et ses vendeurs qui haranguent le client.*

© Guy Christian/Hemis.fr

**Parcourir le Grand Canal à bord d'un *vaporetto* et admirer les façades extraordinaires des palais vénitiens, de jour comme de nuit.**

Avec près de 4 km de long et 50 m de large, le Grand Canal, appelé *canalazzo* par les habitants, ne laisse personne indifférent. C'est certainement « le boulevard » le plus spectaculaire du monde ! *p. 42*

*Bon à savoir : en pleine journée, la promenade avec le vaporetto n° 1 dure près de 1h, mais c'est la nuit, quand vous serez (presque) seul à bord, que vous vous imprégnerez vraiment de l'atmosphère envoûtante de Venise. Quelques fenêtres de palais sont encore éclairées, et les ombres qui s'en détachent alimentent le mystère.*

© Holger Leue/Look/Photononstop

Raysse Martial, *Raysse Beach* © Adagp, Paris, 2016 © Frumm John/hemis.fr

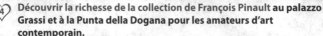

④ Découvrir la richesse de la collection de François Pinault **au palazzo Grassi et à la Punta della Dogana pour les amateurs d'art contemporain.**

Venise s'affirme de plus en plus comme un centre d'art contemporain international. La collection de François Pinault, l'une des plus importantes au monde, est présentée par roulement au palazzo Grassi, tandis que la Punta della Dogana accueille des œuvres de grande dimension, des sculptures et des installations (très) novatrices et parfois déroutantes. *p. 69 et 78*
*Bon à savoir : on peut faire le tour de la Punta della Dogana pour profiter à la fois du Grand Canal, de la place Saint-Marc, de San Giorgio Maggiore et de la Giudecca. Sublimissime au coucher de soleil !*

© Matteo Chinellato/Awakening/Alamy/Hemis

⑤ Suivre la visite guidée du théâtre La Fenice, **avant d'assister à un concert dans cette somptueuse bonbonnière rococo parmi un public unique au monde.**

Ce lieu de plaisirs était considéré comme l'une des plus belles salles du monde. Détruit par un incendie en 1835, il fut reconstruit dans un style rococo… pour mieux rebrûler en 1996 et renaître de ses cendres, incroyablement identique. La visite retrace les grandes étapes de son histoire, et donne accès à l'intimité de cette salle fastueuse. *p. 66*
*Bon à savoir : un concert à La Fenice est un incontournable, l'acoustique est unique et le public vénitien, un spectacle en soi ! Réservez à l'avance. • teatrolafenice.it •*

6 **Pénétrer dans la Ca' d'Oro, un des plus beaux palais du Grand Canal.**
Si l'entrée est discrète, regardez la façade côté Grand Canal : c'est l'un des plus beaux édifices gothiques de Venise. Le nom de *Ca' d'Oro* vient du fait que la façade était à l'origine en partie décorée d'or et de marbre. À l'intérieur, après une somptueuse cour intérieure au bel escalier gothique et à l'incroyable pavement, sculptures véneto-byzantines des XII$^e$ et XIII$^e$ s et superbe galerie d'art avec pour fer de lance le *Saint Sébastien* de Mantegna vous attendent. Sans oublier la vue depuis les fenêtres, un peu comme chez soi… *p. 115*
*Bon à savoir :* • *cadoro.org* •

© Bonnet Sylvain/hemis.fr

© BusyBee/Alamy/Hemis

♡ **Au petit matin, déambuler dans le palazzo Ducale, chef-d'œuvre du gothique vénitien, avant d'emprunter le mythique *pont des Soupirs*.**
Le palais n'était pas que la résidence du doge, les trois quarts étaient occupés par les organes politiques et judiciaires de l'État. Quant au pont des Soupirs, il reliait les locaux des juges d'instruction aux « prisons nouvelles ». Ce n'est qu'au XIXe s que le nom « des Soupirs » fut attribué au pont, en référence à ceux laissés échapper par les prisonniers contemplant une dernière fois la liberté. *p. 62 et 65*
*Bon à savoir : si vous rêvez de découvrir les passages secrets du palais, ne manquez pas la visite guidée spéciale. Résa sur • palazzoducale.visitmuve.it •*

**8** **Visiter la Ca' Rezzonico, un palais dont l'intérieur est d'une richesse impressionnante.**

La construction du palais a commencé en 1677 sous la houlette de Longhena (l'architecte de La Salute). En 1712, la riche famille Rezzonico le rachète et demande à Massari de finir les travaux. Sa visite donne une idée de ce que pouvaient être le faste et le luxe de la Sérénissime au XVIII$^e$ s : escalier monumental, salle de bal absolument magnifique avec fresques en trompe l'œil, chambre en alcôve et boudoir délicieux, salle aux laques turquoise et mobilier de style chinois… *p. 84*
*Bon à savoir : ne manquez pas, au 3$^e$ étage, la remarquable pinacothèque retraçant de manière complète l'art vénitien du XV$^e$ au XIX$^e$ s.*

© Sime/Johanna Huber/Sime/Photononstop

⑨ **Admirer les toiles de Carpaccio à l'Accademia, dans le Dorsoduro.**
C'est incontestablement une des plus belles pinacothèques de Venise et l'un des plus riches musées au monde. Elle rassemble des chefs-d'œuvre couvrant une période allant du XIVe au XVIIIe s : *Vierge à l'Enfant* de Bellini, *La Tempête* de Giorgione, *Portrait d'un jeune homme* de Lotto, des Tintoret, des Tiepolo, et puis, l'un des points d'orgue de la visite, ces immenses toiles de Carpaccio racontant le cycle de sainte Ursule. *p. 80*
*Bon à savoir : après la visite, aérez-vous l'esprit sur le pont de l'Accademia, il offre un point de vue imprenable sur le Grand Canal.* • *gallerieaccademia* •

⑩ **Plonger dans l'univers de la muse des surréalistes, Peggy Guggenheim, au palazzo Venier dei Leoni.**
Du Grand Canal, on voit que le palais est resté inachevé ; il ne comporte qu'un seul étage. Les Vénitiens l'appellent d'ailleurs *il palazzo incompiuto* (non achevé). Peggy Guggenheim a racheté ce palais, construit en 1749, pour y installer ses collections. Les plus grands peintres du XXe s sont exposés, dont Chirico, Magritte, Max Ernst, Picasso, Braque, Rothko ou Jackson Pollock. *p. 79*
*Bon à savoir : flâner dans le jardin, puis aller jusqu'au quai donnant sur le Grand Canal, pour la vue, évidemment, et pour la provocante statue équestre de Marino Marini.*

**11** **Grimper en haut du campanile de l'île de San Giorgio Maggiore pour la vue panoramique sur Venise et sa lagune.**

Par sa situation privilégiée en face du palais des Doges, l'île a connu une importance stratégique pour le contrôle des navires qui entraient et sortaient de la ville. Il faut absolument monter en haut de son campanile : plus tranquille et moins cher que celui de la place Saint-Marc, il permet de profiter d'un magnifique panorama sur l'ancien monastère, la Giudecca, le palais des Doges, les montagnes à l'horizon… *p. 137*

*Bon à savoir : certains font la traversée uniquement pour le campanile, mais on peut aussi dormir à l'Abbazia di San Giorggio Maggiore, le plus original des hébergements en monastère.*

© Travelscape Images/Alamy/Hemis

© José Fuste Raga/Age fotostock

**(12)** **Se laisser pénétrer par l'atmosphère mystérieuse de la basilique Saint-Marc, en découvrant à l'intérieur la plus grande surface au monde de mosaïques.**

Les ors reflétés par la lumière illuminent les personnages et les dotent d'une vie intérieure. Un grand moment. *p. 55*

*Bon à savoir : laisser impérativement son sac à la consigne située dans une rue toute proche (indiquée par des panneaux à l'entrée) et tenter sa chance à l'heure du déjeuner, il y a généralement moins de monde.*

© Antoine Lorgnier/onlyworld.net

**(13)** **Sillonner la ville sur les pas de Corto Maltese après avoir relu la B.D. d'Hugo Pratt *Fable de Venise,* et s'aventurer du côté du Ghetto.**

Avec un peu de chance, vous découvrirez la vraie « cour secrète dite de l'arcane », celle qui ouvre les portes du rêve et qui a fait fantasmer tant de lecteurs. Une cour qu'on atteint en franchissant sept portes que Hugo Pratt découvrit en imagination dans son enfance, lorsqu'il venait boire un chocolat chez Mme Bora Levi… En vérité, le bruit court que ce passage correspondrait à un parcours secret permettant de relier les synagogues entre elles. *p. 112*

*Bon à savoir : il existe une version commentée de la B.D. qui permet de mieux se situer dans le temps et l'espace.*

**14** **Pénétrer dans l'intimité de la chiesa Santa Maria dei Frari.**

Sur le campo du même nom, admirer à petit prix certains des plus beaux chefs-d'œuvre de Venise : des tableaux remarquables, et les tombeaux éblouissants de grands noms vénitiens. *p. 96*

*Bon à savoir : l'église est accessible avec le* Chorus Pass.

© Sonnet Sylvain/hemis.fr

**15** **Savourer la cuisine vénitienne inspirée de la mer.**

Privilégier les *bigoli in salsa,* ces gros spaghettis avec une sauce de sardines ou d'oignons, ou encore goûter le *fritto misto* (friture de calamars, crevettes et anchois) que le Vénitien déguste le plus souvent dans la rue, dans un cornet en papier.

*Bon à savoir : les* sarde in saor, *sardines macérées avec oignons, pignons et raisins secs, se dégustent à l'*aperitivo *ou en* antipasti.

© Laurent Grandadam/Sime/Photononstop

© Sonnet Sylvain/hemis.fr

**⑯ À Burano, composer un patchwork photographique des maisons colorées.**

L'adorable île de Burano est un peu assaillie par les touristes pendant la journée, même si son éloignement la rend plus paisible et plus attachante que Murano. Il faut dire qu'elle a beaucoup de charme avec ses petites maisons colorées, dont les façades composent un magnifique arc-en-ciel aux tons pastel. La tradition populaire raconte que les pêcheurs, rentrant par temps de brume, pouvaient alors repérer plus facilement leurs maisons. *p. 145*

*Bon à savoir : beaucoup de touristes visitent Murano avant d'aller sur Burano. Faites l'inverse !*

**17  Faire un saut au Lido pour renouer avec l'architecture Liberty du XIXᵉ s au fil d'une promenade à vélo.**

Cette lande de sable offre, depuis l'avènement du tourisme balnéaire au début du XXᵉ s, un panorama de l'architecture Liberty. Stars internationales et jet-set italienne y viennent se dorer la pilule. En septembre, le Lido est pris d'assaut lors de la *Mostra*, le festival de cinéma de Venise. Aux beaux jours, c'est l'occasion d'une balade jusqu'à Malamocco, le village où Hugo Pratt avait élu domicile. Il y plane un sentiment de bout du monde. Sur le chemin du retour, ne ratez pas le Casino, le palais du Festival ou le *Grand Hôtel des Bains*, où fut tourné *Mort à Venise*. p. 153

© Sime/Johanna Huber/Simeone/Photononstop

© Guido Baviera/Sime/Photononstop

(18) **Prendre le temps de visiter quelques villas du canal de la Brenta, miroir fastueux de l'opulence passée de Venise, côté terre ferme.**
Le canal de la Brenta, entre Mestre et Padoue, est jalonné d'une cinquantaine de villas construites du XVIᵉ au XVIIIᵉ s pour de richissimes Vénitiens. Pour clore un séjour à Venise, cela peut être une parenthèse dans le temps, le long d'un canal aux villas édifiées par Palladio et ses successeurs : la villa Pisani, la Malcontenta, la villa Widmann Rezzonico Foscari… *p. 165*
*Bon à savoir : une croisière à la journée ou à la demi-journée, avec passage des écluses et visite guidée de villas, offre en plus le plaisir d'une balade au fil de l'eau…*

*Le palais des Doges pendant les* acqua alta

# Lu sur routard.com

## Venise insolite
### (tiré du carnet de voyage de Jean-Philippe Damiani)

La place Saint-Marc, le palais des Doges, le Rialto… Des endroits qui font rêver, mais très fréquentés. Évanouie, la poésie de la Sérénissime ? Non ! De ruelles en petites places, de palais oubliés en quartiers agréables, la cité des Doges a encore de quoi étonner. Découverte d'une **Venise populaire, hors des sentiers battus.**

Premier quartier en sortant de la gare, *Cannaregio* n'a rien à priori des splendeurs intimidantes de San Marco. C'est ce qui fait tout le charme de ce *sestiere* (quartier) où vit un tiers des Vénitiens et où se concentrent les contrastes d'une Venise pas encore muséifiée. Il a su conserver son âme populaire avec ses ruelles étroites, ses humbles boutiques d'artisans et ses bars fréquentés par des habitués. Mais qu'on ne s'y trompe pas… Cannaregio possède ses trésors d'architecture comme l'église de la Madonna dell'Orto ou la somptueuse Ca' d'Oro. À ne pas manquer également, le *Ghetto,* créé au XVIe s entre le canal de Cannaregio et le rio della Misericordia. Aujourd'hui, quelque 300 juifs vivent encore à Venise, et pas forcément dans le Ghetto. Remarquable pour ses édifices les plus hauts de Venise, ce quartier plutôt modeste regorge de charme, notamment le long du rio de San Girolamo ou sur le campo de Ghetto Nuovo. Ne manquez pas ses synagogues.

À *Dorsoduro* également, la vie de quartier n'a pas disparu, notamment autour du campo Santa Margherita, une grande place animée qu'on adore. On y retrouve tout le charme de la vie de village à l'italienne : enfants jouant au ballon, familles venues grignoter un morceau de pizza ou de la *porchetta* et cafés où se retrouvent les étudiants de l'université voisine. Avec ses maisons colorées toutes simples, son petit marché du matin et son effervescence nocturne, le campo Santa Margherita est l'un des coins les plus sympas de Venise. En continuant vers le sud, de ruelles en canaux, on arrive aux quais de Dorsoduro, les Zattere, qui font face à la Giudecca. On y respire l'air du large et, grâce à l'exposition plein sud, on peut même y bronzer. Des bars et des restaurants proposent leurs terrasses aux promeneurs.

À l'est de San Marco s'étend le quartier du *Castello,* que l'on peut rejoindre depuis la place Saint-Marc en longeant la riva degli Schiavoni. Il ne faut pas hésiter à se balader autour du campo Bandiera e Moro, faire une halte à la Scuola San Giorgio degli Schiavoni avec ses tableaux de Carpaccio, puis continuer vers l'Arsenal. Voici la Venise populaire avec des placettes en canaux, du linge qui sèche aux fenêtres, des riveraines qui papotent, un joli marché du côté de la via Garibaldi… Tout au bout du Castello, deux îles accessibles par des passerelles, San Pietro di Castello et Sant'Elena, et les jardins publics créés par Napoléon. Il s'en dégage une atmosphère apaisante, à savourer si possible en fin de journée.

Retrouvez l'intégralité de ce reportage sur

Et découvrez plein d'autres récits et infos

# ITINÉRAIRES CONSEILLÉS

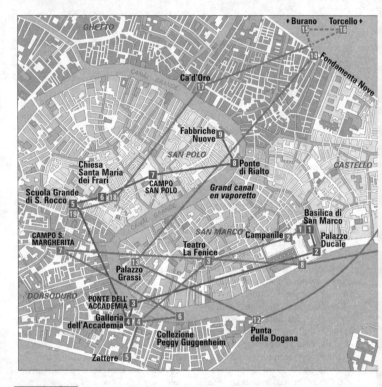

## Un jour

Direction piazza San Marco pour visiter la *basilica di San Marco (1)* ainsi que le *palazzo Ducale (2)*. Prendre ensuite la calle larga XXII Marzo jusqu'au campo Santa Maria Zobenigo, d'où l'on emprunte le **traghetto** *à l'arrêt Giglio pour passer sur l'autre rive.* C'est l'occasion de faire un peu de gondole sans casser sa tirelire (compter 2 € le trajet). Les plus pressés pousseront jusqu'au *ponte dell'Accademia (3)*, qui arrive au niveau du musée éponyme. Après une petite pause *tramezzini* (délicieux petits sandwichs italiens), vous avez le choix : visiter la *galleria dell'Accademia (4)* avec moult Véronèse, Bellini, Tiepolo, Tintoret, etc. (minimum 2h de visite) ou cap dans le quartier de Dorsoduro, en admirant *l'intérieur de la scuola Grande di San Rocco (5)*, *vaporetto* n° 1 (arrêt San Tomà) ou à pied en passant par le *campo Santa Margherita*. Ne pas oublier la superbe *chiesa dei Frari (6)*, juste à côté. Puis traverser le *campo San Polo (7)* pour rejoindre le célèbre *ponte di Rialto (8)*. C'est l'occasion de boire un *spritz*, au milieu des habitués d'*un des bacari qui ont fait la réputation du quartier (9),* avant d'aller dîner dans une de ces adresses typiques.

S. San Giorgio degli Schiavoni

Arsenale

Porta dell' Arsenale

NORD

CANALE DELLE FONDAMENTE NOVE

0   200   400 m

## Trois jours

### Premier jour

Commencer la matinée par la visite de la *basilica di San Marco (1),* symbole incontournable de la ville. Monter tout en haut du *campanile (2)* pour découvrir les environs. Puis musarder dans le quartier de San Marco avec la possibilité de jeter un œil au *teatro La Fenice (3)* avant de traverser pour visiter la célèbre *galleria dell'Accademia (4).* L'après-midi, promenez-vous pour découvrir les charmes de Dorsoduro. *Une glace le long des Zattere (5),* une visite à la collezione Peggy-Guggenheim (6), et il est déjà l'heure de l'apéro sur le très animé *campo Santa Margherita (7).* Pour dîner, optez pour une table dans le quartier de San Polo.

### Deuxième jour

Visite du *museo Correr* et du *palazzo Ducale (8).* Puis promenade dans le quartier du Castello sur la *riva degli Schiavoni (9)* en remontant jusqu'à la *porta dell'Arsenale (10)* (allez dire bonjour aux lions de notre part !) et visite de la petite *scuola San Giorgio degli Schiavoni (11)* pour contempler les toiles de Carpaccio.

Si vous êtes plutôt arts moderne et contemporain, rendez-vous en fin d'après-midi à la *Punta della Dogana (12)* dans le Dorsoduro et au *palazzo Grassi (13).*

### Troisième jour

Attention, cette journée ne conviendra qu'aux lève-tôt !

D'abord, il vous faudra rejoindre l'embarcadère *Fondamenta Nove (14)* pour prendre le bateau jusqu'à *Burano (15).* Si le cœur vous en dit (et surtout si vous avez le temps), faites l'aller-retour vers *Torcello (16)* pour voir la basilique. De retour à Venise même, partir du quartier de la gare et faire un tour dans le Cannaregio. Puis pousser jusqu'à la Ca' d'Oro pour visiter la galleria Franchetti (17). Après le déjeuner, prendre le *traghetto* devant la Ca' d'Oro pour rejoindre le quartier de San Polo, visiter la *chiesa dei Frari (18)* et la *scuola Grande di San Rocco (19).* Le soir, rien de mieux que de s'offrir un dîner dans le quartier du Rialto, qui regorge de bonnes petites adresses.

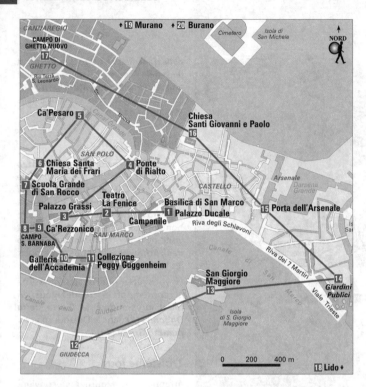

## Une semaine

C'est le temps idéal pour découvrir la ville sans trop se presser, en misant sur les heures creuses pour visiter.

### Les deux premiers jours

Nous vous conseillons d'explorer le *quartier de San Marco* et de commencer par la place symbolique de Venise et de visiter les musées qui la bordent : *le palazzo Ducale, le museo Correr et bien sûr la basilica di San Marco (1).* Vous avez tout loisir de vous balader dans le quartier en poussant les portes du *teatro La Fenice (2)* ou celles des églises, nombreuses dans le quartier. Pour les amateurs d'art contemporain, le *palazzo Grassi (3)* vous ouvre grand les bras ainsi que sa petite sœur, la

Punta della Dogana, tous deux propriétés de la collection de François Pinault.

### Les troisième et quatrième jours

C'est l'occasion de flâner dans le quartier de San Polo en salivant devant les étals colorés du *marché de Rialto (4),* de visiter la collection privée d'un des plus beaux palais de la ville, *Ca' Pesaro (5),* ou encore de pousser jusqu'à la *chiesa Santa Maria dei Frari (6)* et la *scuola Grande di San Rocco (7)* en passant par le campo San Polo. Le quartier du Dorsoduro est aussi très riche. C'est un quartier vivant où on peut boire un bon *spritz* sur le *campo Barnaba (8).* Outre la *Ca' Rezzonico (9)* qu'il faut absolument visiter, il faudra trouver quelques heures dans votre emploi du temps pour les visites de la *galleria dell'Accademia (10)* et de la *collezione Peggy Guggenheim (11)*.

## Les cinquième et sixième jours

Même s'il n'y a pas énormément de choses à faire, nous vous conseillons une petite balade sur la *Giudecca (12)* pour profiter justement de sa quiétude et de son authenticité avant de prendre le *vaporetto* pour la minuscule île de San Giorgio Maggiore où vous ne manquerez pas de monter en haut du *campanile de San Giorgio (13)* pour avoir une belle vue d'ensemble sur Venise. Vous pouvez ensuite reprendre un *vaporetto* pour le quartier du Castello, quartier méconnu des touristes où Venise respire encore un parfum d'antan. Le *giardini Publici (14)* et surtout l'*Arsenal (15)* qui est l'ancien chantier naval de Venise méritent un détour. L'entrée y est admirable avec sa *porta dell'Arsenale* encadrée par deux magnifiques lions. Avant de gagner le Cannaregio, entrez dans la très imposante *chiesa Santi Giovanni e Paolo (16)* qui est la plus grande église de la ville avec notamment quelques toiles de Véronèse. Le Cannaregio est un quartier authentique avec une véritable âme. C'est aussi un lieu hautement symbolique puisque le *Ghetto (17)*, datant du XVIe s, l'un des plus anciens d'Europe, existe toujours.

## Les septième et huitième jours

On peut pousser jusqu'au *Lido (18)*, pour les amateurs de style Liberty et de plage, ou s'aventurer dans les îles du Nord en direction de *Murano (19)*, célèbre pour son activité de verrerie, et *Burano (20)* avec ses petites maisons colorées et sa spécialité : la dentelle.

## SI VOUS ÊTES...

*Plutôt adepte de calme et de tranquillité :* le Ghetto, le quartier de l'Arsenal, le campanile de San Giorgio Maggiore, le palazzo Grimani, l'île de la Giudecca, celles de Torcello ou de San Francesco del Deserto.

*Amoureux :* la Ca' Rezzonico, le *Caffè Florian,* la balade le long des Zattere, la chiesa della Madonna dell'Orto, la place Saint-Marc le soir, le Lido à vélo et l'incontournable tour en gondole.

*Amateur d'art moderne et contemporain :* là Ca' Pesaro, la collection Peggy Guggenheim, le palazzo Grassi, la Punta della Dogana, le Teatrino et les expos de la Biennale (tous les 2 ans).

*En famille :* la place et la basilique Saint-Marc, la balade en *vaporetto* (ligne nº 1 ou 2) sur le Grand Canal, le pont du Rialto, la visite d'un atelier de masques, le musée d'Histoire navale et celui d'Histoire naturelle, le Carnaval (si vous y êtes à cette période), le marché aux poissons (marché du Rialto), la petite île de Burano aux maisons colorées.

*Inconditionnel de la peinture du Titien, du Tintoret et de Véronèse :* la chiesa Santa Maria dei Frari, la galleria dell'Accademia, la scuola Grande di San Rocco, le palais des Doges.

*Passionné de bateaux :* l'atelier de réparation des gondoles sur la fondamenta Nani, la fête du Redentore (en juin), le quartier de l'Arsenal et le musée d'Histoire navale.

*Plutôt mélomane :* le théâtre La Fenice, le palazzetto Bru Zane, la chiesa San Vidal avec près de 300 concerts par an.

Vénitien en costume de Carnaval

# LES QUESTIONS QU'ON SE POSE AVANT LE DÉPART

## ABC de Venise

- **Nombre d'habitants :** 55 000 dans le centre de Venise ; 269 810 en incluant les îles et la terre ferme.
- **Superficie :** 800 ha pour le centre ; 16 014 ha pour toute la commune (et même 41 316 ha avec la lagune !).
- **Nombre de touristes par an :** environ 22 millions. Durée moyenne du séjour : 2/3 jours.
- **Activités économiques :** priorité au tourisme (à Venise même). Mais des activités industrielles également, comme la métallurgie, la construction navale et l'industrie mécanique (à Mestre). Activités artisanales : dentelle à Burano et verrerie à Murano.
- **Signes particuliers :** la cité a la forme d'un poisson ; autant de ponts que de gondoliers, autour de 430.

➢ **Quels sont les papiers nécessaires pour aller à Venise?**

– **Pour les ressortissants de l'Union européenne et de la Suisse,** la carte nationale d'identité ou le passeport en cours de validité suffisent pour entrer sur le territoire italien.
– **Pour les ressortissants canadiens,** un passeport valide est nécessaire.
– **Pour les mineurs voyageant seuls,** une carte nationale d'identité (ou un passeport) et une lettre manuscrite signée des parents sont nécessaires. Attention cependant à un projet de loi visant à renforcer la législation sur la sortie du territoire. Pour plus d'infos : ● *service-public.fr* ●

➢ **Comment contacter l'office de tourisme italien en France ?**

En se déplaçant au : 23, *rue de la Paix, 75002 Paris.* ☎ 01-42-66-03-96 (lun-ven 11h-16h45). ● *infoitalie.paris@ enit.it* ● *enit.it* ● Ⓜ *Opéra. RER A : Auber.*

➢ **Quelles sont les coordonnées du consulat d'Italie en France ?**

■ *Consulat :* 5, *bd Émile-Augier, 75016 Paris.* ☎ 01-44-30-47-00 (lun-ven 9h-17h). ● *segreteria.parigi@esteri. it* ● *consparigi.esteri.it* ● Ⓜ *La Muette ; RER C : Boulainvilliers. Lun-ven 9h-12h ; mer également 14h30-16h30. L'ambassade est fermée au public.*

➢ **À quel numéro appeler les ambassades d'Italie dans les pays francophones et au Canada ?**

– *En Belgique (Bruxelles) :* ☎ 02-643-38-50.
– *En Suisse (Berne) :* ☎ 031-350-07-77.
– *Au Canada (Ottawa) :* ☎ (613) 232-2401.

➢ **Comment puis-je me procurer une CEAM (Carte Européenne d'Assurance Maladie) ?**

Il vous suffit d'appeler votre centre de Sécurité sociale (ou de vous connecter à son site internet, encore plus rapide !), qui vous l'enverra sous 15 j. environ. Cette carte est reconnue dans tous les pays membres de l'Union européenne, ainsi qu'en Islande, en Norvège, en Suisse et au Liechtenstein. C'est une carte plastifiée bleue du même format que la carte Vitale. Elle est valable 2 ans et est gratuite et personnelle (chaque membre de la famille doit avoir la sienne, y compris les enfants). Elle permet la prise en charge des soins médicalement nécessaires dans les établissements publics. Attention, la carte n'est pas valable pour les soins délivrés dans les établissements privés.

➤ **Pour contracter une assurance voyages, qui contacter ?**

■ *Routard Assurance :* c/o AVI International, 40-44, rue Washington, 75008 Paris. ☎ 01-44-63-51-00. ● avi-international.com ● Ⓜ George-V.
■ *AVA :* 25, rue de Maubeuge, 75009 Paris. ☎ 01-53-20-44-20. ● ava.fr ● Ⓜ Cadet.
■ *Pixel Assur :* 18, rue des Plantes, BP 35, 78601 Maisons-Laffitte. ☎ 01-39-62-28-63. ● pixel-assur.com ● RER A : Maisons-Laffitte.

➤ **La carte internationale d'étudiant (ISIC) est-elle utile à Venise ?**

Oui, elle prouve le statut d'étudiant dans le monde entier et permet de bénéficier de réductions, en particulier sur les entrées de musées. Plus d'infos sur ● isic.fr ● isic.be ● isic.ch ● et ● isiccanada.com ●

➤ **Et la carte d'adhésion internationale aux auberges de jeunesse (FUAJ) ?**

À Venise, il n'y a une seule AJ affiliée au réseau HI-Hostelling International, sur la Giudecca. D'autres structures privées ne nécessitent aucune carte d'adhésion.

➤ **Quel est le meilleur moyen pour y aller ?**

L'avion est évidemment la solution la plus rapide, surtout pour un court séjour. Les compagnies aériennes, dont les *low-cost,* pratiquent des prix très compétitifs, à condition de s'y prendre à l'avance.

➤ **Quelle est la meilleure saison pour y aller ?**

Toute l'année… mais hors saison c'est mieux ! On évite ainsi les foules innombrables et les Vénitiens sont plus disponibles. Sachez par ailleurs que pendant les périodes de Carnaval, de la Mostra et de la Biennale, les prix des hébergements atteignent des sommets ! Désormais, les intersaisons sont également pleine saison à Venise : il y a un peu moins de monde en juillet-août (mais grosse chaleur) qu'en mai ou en septembre…

➤ **Y a t-il un décalage horaire ?**

Non, été comme hiver, la France et l'Italie affichent la même heure, car les passages heure d'été/heure d'hiver se font aux mêmes dates.

➤ **Comment rester joignable par téléphone ?**

– *France* ➜ *Italie :* 00 + 39 + 0 + 6 (indicatif de Rome) + numéro du correspondant (6 ou 7 chiffres).
– *Italie* ➜ *France :* 00 + 33 + numéro du correspondant sans le 0. Pour la Suisse, 00 + 41 et, pour la Belgique, 00 + 32 et tout pareil ensuite !
– *Italie* ➜ *Italie :* pour les numéros de téléphone fixe, il faut impérativement composer le numéro de votre correspondant précédé du 0 et de l'indicatif de la ville.

➤ **Côté santé, quelles précautions particulières ?**

Aucune, à part les vaccins traditionnels. En été, prévoir aussi un répulsif anti-moustiques.

➤ **Quels sont les numéros d'urgence ?**

*Santé*

– *Urgences :* ☎ 112.

## Cartes de paiement

– **Carte Visa :** n° d'urgence (Europ Assistance), ☎ (00-33) 1-41-85-85-85 (24h/24). ● visa.fr ●
– **Carte MasterCard :** assistance médicale incluse, n° d'urgence : ☎ (00-33) 1-45-16-65-65. ● mastercardfrance. com ●
– **Carte American Express :** ☎ (00-33) 1-47-77-72-00. ● americanexpress. com ● en Italie, ☎ 06-72-280-735 ou 06-421-155-61 (tlj, 24h/24).
– **Pour toutes les cartes émises par La Banque Postale :** composez le ☎ 0825-809-803 (0,15 €/mn) depuis la France métropolitaine et les DOM-TOM, et le ☎ (00-33) 5-55-42-51-96 depuis l'étranger. ● labanquepostale.fr ●

## Téléphone

Suspendre aussitôt sa ligne en cas de perte ou de vol permet d'éviter de douloureuses surprises au retour du voyage ! Voici les numéros des quatre opérateurs français, accessibles depuis la France et l'étranger :
– **SFR :** depuis la France, ☎ 1023 ; depuis l'étranger : ▯ + 33-6-1000-1023.
– **Bouygues Télécom :** depuis la France comme depuis l'étranger : ☎ + 33-800-29-1000.
– **Orange :** depuis la France comme depuis l'étranger : ▯ + 33-6-07-62-64-64.
– **Free :** depuis la France : ☎ 3244 ; depuis l'étranger : ☎ + 33-1-78-56-95-60.
Vous pouvez aussi demander la suspension de votre ligne depuis le site internet de votre opérateur.
Avant de partir, notez (ailleurs que dans votre téléphone portable !) votre numéro IMEI utile pour bloquer à distance l'accès à votre téléphone en cas de perte ou de vol. Comment avoir ce numéro ? Il suffit de taper sur votre clavier *#06# puis reportez-vous au site ● mobilevole-mobilebloque.fr ●

### ➤ La vie est-elle chère ?

Oui, Venise est une des villes les plus chères d'Italie. Les petits budgets choisiront l'hiver, et si possible en semaine, pour se loger (de novembre à mars mais hors Carnaval). Cependant, en profitant des promotions sur Internet, on peut se loger à un prix raisonnable, surtout en basse saison.

### ➤ Quel est le meilleur moyen pour se déplacer ?

À pied ! Venise se découvre sans hâte au gré de ses ruelles labyrinthiques, le nez au vent et les yeux grands ouverts. Sinon, évidemment, les incontournables et pittoresques vaporetti sont nombreux et pratiques, mais le billet est cher (à moins de grouper les visites éloignées sur un jour ou deux et de prendre un pass).

### ➤ Peut-on passer de folles nuits à Venise ?

Certainement, à condition de s'aventurer dans des campi fréquentés par les étudiants, comme celui de Santa Margherita dans le quartier du Dorsoduro ou encore les abords du marché du Rialto qui restent animés relativement tard dans la soirée.

### ➤ Faut-il emporter des bottes ?

En hiver principalement, il y a toujours un risque d'acqua alta. Mais pas de panique : celle-ci ne touche qu'une petite partie de la ville, ne dure que le temps d'une marée (quelques heures), et des passerelles sont installées pour faciliter la circulation des piétons.

### ➤ Peut-on y aller avec des enfants ?

Oui, mais seulement s'ils sont en âge de marcher, car en poussette, c'est franchement galère ! Venise est d'une richesse incroyable pour les enfants. Une ville magique avec ses ponts, ses gondoles, ses vaporetti, sa cuisine... et les plages du Lido pour ceux qui restent suffisamment longtemps !

# INFOS PRATIQUES SUR PLACE

> • Pour se repérer, voir le plan détachable en fin de guide comprenant le plan général de la ville, le zoom de San Polo et San Marco, le plan de la Lagune et le plan des transports en commun.

## Arrivée à Venise

### En avion

✈ **Aeroporto Marco-Polo :** *à l'est de Mestre, un peu après Mestre-Tessera, à 13 km de Venise.* ☎ 041-260-92-60 *(infos générales, tlj 8h-20h).* • *venice airport.it* • *Fermé la nuit.*
Pour ceux qui souhaiteraient visiter la Vénétie en voiture, plusieurs agences de location dans le hall : *Budget, Europcar, Hertz, Avis, Sixt, Maggiore...* Distributeurs automatiques *Bancomat.* Selfs au niveau des départs. Office de tourisme dans le hall des arrivées *(en principe tlj 9h-20h ; accueil en français :* ☎ *041-529-87-11).* Consigne à bagages *(ouv 5h-21h ;* ☎ *041-260-50-43).* Objets trouvés *(7h-minuit ;* ☎ *041-260-92-60).* Pour les téméraires qui arriveraient à Venise sans réservation, il y a un bureau de l'*Associazione Turistica Albergatori Veneziana* dans le hall des arrivées de l'aéroport, qui peut vous aider à trouver une chambre en fonction de votre budget *(tlj 8h-23h ;* ☎ *041-522-80-04 ;* • *avanews.it* • *ou* ☎ *041-522-22-64 ;* • *veneziasi.it* •).

#### Pour rejoindre Venise depuis l'aéroport Marco-Polo

Plusieurs possibilités, à choisir surtout en fonction de votre lieu de destination, du prix et du temps dont vous disposez :
➢ **En bus :** 2 solutions pour se rendre directement à Venise, au terminus, piazzale Roma, près de la gare ferroviaire *(plan détachable A3).*
– La **navette bleue (ATVO),** confortable,

avec une soute pour les bagages (et même la wifi pour les accros !), est la plus rapide. Compter env 8 € le trajet et 15 € A/R. Les bagages sont compris dans le prix. Départs à 5h20, 6h et 6h50, puis ttes les 30 mn, 7h50-0h20. Trajet : 20 mn. *Rens sur* • *atvo.it* • *ou au* ☎ *042-159-46-72.*
– Le **bus régulier** *(ACTV,* ligne n° 5). Le trajet coûte également 8 € (A/R 15 € sans limite de jours). On doit prendre ses bagages avec soi dans le bus. Départ ttes les 15 mn (30 mn en période creuse), 5h10-0h10, puis à 1h10 et 4h08. *Rens :* ☎ *041-24-24.* On peut acheter ou retirer (si la résa a été préalablement faite sur Internet) son billet au guichet de l'office de tourisme situé dans le hall des arrivées ou en sortant au départ des bus pour piazzale Roma à Venise mais également en ligne sur • *veneziaunica.it* • ; horaires sur • *actv.it* •
– Il est également possible de se rendre à Mestre en bus bleu *(ATVO,* ligne n° 2, 6h06-0h20 ; terminus : gare ferroviaire, compter env 8 € et 20 mn) ou *ACTV,* ligne n° 15 (5h45-19h50), compter 8 € et 40 mn. En revanche, si vous souhaitez aller directement dans l'un des campings de Mestre, prendre le bus n° 5 *(ACTV)* qui s'arrête à proximité de ces établissements.
Pour les 2 compagnies, les billets s'achètent à la remise des bagages, dans le hall des arrivées de l'aéroport, aux bureaux *ACTV* et *ATVO,* ou au guichet de l'OT mais il y a aussi des distributeurs automatiques près

des emplacements réservés aux bus. On trouve les horaires affichés sur les bornes d'arrêt.

> **En bateau ou waterbus (Alilaguna Lines) :** ☎ 041-240-17-01. ● *ali laguna.it* ● *Billets en vente dans le hall des arrivées, à l'office de tourisme ou au kiosque à côté des* waterbus. Sortir de l'aéroport, prendre à gauche sous le passage couvert, marcher une petite dizaine de minutes environ jusqu'à la *darsena* (la darse, quoi !), où l'on trouve l'embarcadère *Alilaguna* et les arrêts de taxis-bateaux. Arriver à Venise en bateau, c'est évidemment plus glamour qu'en bus, mais c'est plus cher, plus long... et il peut y avoir la queue en saison. Mieux vaut le savoir.

Compter 15 € le trajet, 27 € l'A/R ; 6h15-0h15, sur la ligne bleue ; ttes les 30 mn sur la ligne orange, 8h15-0h. Attention, ne vous trompez pas avec les *water taxis* (beaucoup sont en bois verni mais pas tous), qui coûtent cher (env 100 € le trajet) ! Étant l'un à côté de l'autre, cela peut prêter à confusion et les conducteurs de taxis en profitent.

– Pour San Marco, la **linea arancio** (orange) relie la place en 1h15 via Rialto (sur le Grand Canal) et c'est la plus rapide. La **linea blu** (bleue), qui va à San Marco et passe par Murano, est un peu moins rapide (1h35) et s'arrête plus souvent. De mi-avr à fin oct, la **linea rosso** (rouge) se rend au Lido via Murano et Certosa.

– Pour le Cannaregio, prendre la *linea arancio* et descendre soit à Madonna dell'Orto, soit à Guglie. Aussi la ligne bleue, arrêt Fondamenta Nove.

– Pour le quartier de la gare Santa Lucia et Santa Croce, *linea arancio*, arrêt Guglie ou San Stae.

– Pour Castello, *linea blu,* arrêt Ospedale ou Bacini (même si vous logez dans le sud de ce quartier).

– Pour Dorsoduro, mieux vaut opter pour l'*arancio* et descendre à Ca' Rezzonico.

– Et si vous êtes hébergé sur la Giudecca, prenez la ligne bleue, arrêt Zitelle ou Molino Stucky. Précisez bien votre arrêt au capitaine.

*Retour à l'aéroport Marco-Polo*

Pour le retour à l'aéroport, c'est facile : les bus partent du même endroit que celui où ils vous déposent (piazzale Roma). Ticket pour les bus bleus (directs) à aller chercher au bureau *ATVO* tout proche (pancarte bien visible). Au piazzale Roma, vous trouverez aussi le bus qui dessert l'aéroport de Trévise.

✈ **Aeroporto di Treviso :** *via Noalese, 31100 Treviso.* ☎ *042-231-51-11.* ● *trevisoairport.it* ● *Situé au nord-ouest de Venise, à env 25 km.* L'aéroport de Trévise accueille les vols de la compagnie *low-cost Ryanair,* entre autres. Plusieurs agences de location de voitures sur place. Pour rejoindre Venise (piazzale Roma), bus de la compagnie *ATVO* (● *atvo.it* ●) dont les horaires sont ajustés sur ceux des vols. Aller : 12 € ; A/R : 22 €. Trajet : env 1h15 en fonction du trafic.

## En train

🚆 Le terminus du train est *Venezia-Santa Lucia (plan détachable A3)* qui est la gare principale et non Venezia-Mestre sur le continent, l'arrêt juste avant. ☎ *89-20-21 (n° national).* Dans la gare, on trouve un *Bancomat* et un bureau de change.

À l'arrivée, dépaysement assuré, car la gare donne sur le Grand Canal : on est tout de suite dans l'ambiance ! En sortant, juste devant, les embarcadères des *vaporetti.* Arrêt *Ferrovia Santa Lucia* ou *Ferrovia Scalzi* selon le *vaporetto* à prendre. Pour info, la gare et la salle d'attente sont fermées la nuit.

– **Attention :** la plupart des billets de train émis en France ne permettent pas de modifier la date de retour à la gare de Venise. Il vous faudra alors acheter un nouveau billet sur place. Bon à savoir avant de réserver !

🛈 **Office de tourisme (IAT ; plan détachable A3, 1) :** *le long du quai 1, à côté de la consigne.* ☎ *041-529-87-11. Tlj 8h30-19h. Également sur le parvis de la gare, à gauche en sortant. Tlj 9h-14h30.* Vente de forfaits *ACTV* et autres renseignements sur les musées et la ville en général. Accueil multilangue.

■ **Consigne à bagages manuelle (deposito bagagli) :** *le long du quai 1. Tlj 6h-23h. Compter 6 €/bagage pour les 5 premières heures, puis dégressif de la 6e à la 12e heure.* Une autre consigne, tout aussi pratique et moins chère *(5 €/j.)*, à la gare routière (☎ 041-523-11-07), *piazzale Roma (6h-21h)*. Il suffit de traverser le pont de la Constitution. Pour les petits bras, une société spécialisée assure le transport de vos bagages entre l'aéroport ou la gare et votre hôtel. *Rens :* ● *trasbagagli.it* ●

■ *Toilettes :* situées entre la consigne et l'office de tourisme : 1 €. *6h-minuit.* Propres et bien tenues.

■ *Objets trouvés dans les trains :* ☎ 041-78-52-38.

## En bus

Les bus ont comme terminus le piazzale Roma *(plan détachable A3)*, où l'on trouve une annexe de l'office de tourisme et une consigne à bagages. Point de chute idéal donc pour tous ceux qui ont trouvé à se loger à San Polo ou Santa Croce et même plus loin, car il y a 2 embarcadères de *vaporetti* presque en face de l'arrêt de bus. Inutile de prendre un taxi-bateau pour vous déposer dans la ville (sauf si vous voulez déjà entamer sérieusement votre budget). Gare aux nombreux rabatteurs qui rôdent.

🚌 *Gare routière (plan détachable A3) :* piazzale Roma, terminal des bus. ☎ 041-24-24. ● *actv.it* ● *Tlj 6h-22h.* Plans, tarifs et horaires des bateaux ou des bus à votre disposition.

## En voiture

La route qui relie Venise à la terre ferme (pont de la Liberté, *ponte della Libertà*) est bien souvent encombrée en saison. Les parkings sont par ailleurs très chers à Venise. Si vous possédez une réservation, sachez que de nombreux hôtels possèdent des accords avec la compagnie qui gère les parkings et qu'ils délivrent des bons de réduction (de 10 à 20 % environ selon la saison). Faire bien attention néanmoins que cette réduction soit effectivement appliquée. Pour ceux qui n'ont pas de réservation, il y a plusieurs parkings. Infos et plans des parkings sur ● *avm. avmspa.it* ●

*Principaux parkings*

### Le Tronchetto à Venise

🅿 Pour ceux qui ne voudraient pas laisser leur voiture (pas leur camping-car) trop loin de Venise, se rendre au *parking du Tronchetto :* ☎ 041-520-75-55. ● *veniceparking.it* ● *Compter 3 €/h, 21 € à partir de la 31ème minute et jusqu'à la 12ème heure, puis 16 € par tranche de 12 heure entamée.* En empruntant le pont de la Liberté, juste avant d'arriver à Venise, suivre les flèches à droite « Tronchetto ». Ce grand parking est gardé (pas de risques de vols). *Juste à côté, garage à étages gardé, mais compter au moins 30 € pour 24h.*

– Le monorail *Il People Mover di Venezia* permet pour les piétons de relier le parking Tronchetto au piazzale Roma en 5 mn. *Départ 7h-23h ttes les 10 mn (horaires restreints dim et j. fériés), prix 1,50 €.*

🅿 Il y a également plusieurs parkings couverts sur le piazzale Roma *(plan détachable A3)*, pas loin de la gare ferroviaire. Malheureusement, toujours complets en saison, alors qu'ils sont les plus chers : compter environ 30 € les 24h (parfois, possibilité de ticket pour 12h). Le parking communal, derrière l'office de tourisme, ouvert 24h/24 *(résas possibles au ☎ 041-272-73-08)*, revient à près de 25 € par tranche de 24h (et c'est le même prix si vous restez moins longtemps, inutile d'insister !). Pour les handicapés (GIC ou GIG), l'accès au parking est gratuit pour les 6 premières heures (mais il faut réserver).

### À Mestre

🅿 Le parking le moins cher est celui situé à droite en sortant de la *gare de Mestre.* Le plan le plus avantageux quand on est en voiture. Faire seulement très attention à ne pas se tromper de direction après le péage, en sortant de l'autoroute : au rond-point, la gare de Mestre *(ferrovia)* est très mal indiquée (tout petit logo représentant une locomotive) ; on a vite fait de suivre l'autre panneau indiquant Mestre et de se retrouver embarqué pour un tour de ville avant de pouvoir revenir sur la gare.

Pour 1 journée, jusqu'à minuit, compter jusqu'à 12 € selon la taille de la voiture, mais attention, les horodateurs sont réinitialisés tous les jours à minuit si bien que le compteur repart de plus belle à partir de cette heure. Parking clos. Ensuite prendre le bus n° 2 ou un train pour rejoindre le piazzale Roma (la gare routière) ou la ferrovia Santa Lucia (la gare ferroviaire) à Venise.
Départ ttes les 10 mn dans les 2 cas, pas bien cher.

🅿 Un autre parking tout près de la gare de Mestre, le *parking Candiani*, est à 2,5 km de la piazza Ferretto. ☎ *041-98-56-16. Compter 12 € jusqu'à minuit.*

🅿 Autre solution, toujours à Mestre : les *parcheggi scambiatori* qui sont gratuits. Inconvénients : ils se trouvent en périphérie, les horaires d'ouverture sont très restreints, et on met plus de temps à rejoindre Venise (par le bus ou le train).

### Aux aéroports Marco-Polo et Trévise

*Infos au ☎ 041-260-30-60. ● marco polopark.it ● Compter à partir de 22 € les 24h selon emplacement du parking (le P4 est le parking longue durée). Des* aéroports, accès facile et bon marché en bus pour les 2 ou en bateau depuis Marco-Polo (voir plus haut).

### Au terminal Fusina

*Infos au ☎ 041-547-01-60. ● terminal fusina.it ● Env 15 € les 24h (réduc hors saison), plus le coût de la traversée en bateau pour Venise (13 €/pers l'A/R) ; réduc de 20 % en réservant par Internet.* Un peu loin de tout, à 5 km au sud de la Malcontenta (prendre la route de Padoue et la quitter quand la villa Malcontenta est annoncée) mais pratique car pas très loin de l'A4. Vedettes ttes les heures en été pour Venise (ligne bleue Fusina-Zattere), 8h-22h (départs moins nombreux et moins tardifs hors saison). Compter 25 mn la traversée.

### À San Giuliano

*Infos au ☎ 041-532-26-32. Ouv 8h-20h. Env 12 € la journée.* À proximité des campings de Mestre. *Vaporetto* pour le piazzale Roma. Parking ouvert, où les camping-cars sont admis.

INFOS PRATIQUES SUR PLACE

---

## Adresses utiles

## Offices de tourisme *(IAT)*

– **Standard commun :** ☎ 041-2424 *(infos par tél 7h30-19h). ● veneziu nica.it ● Voir aussi ● turismovenezia. it ●* Informations sur les expos temporaires et les manifestations particulières, liste d'hôtels, excursions dans le centre historique (San Marco, Cannaregio...). Vente de billets *ACTV* pour les *vaporetti, ATVO* (navette aéroport) et billets du bateau-bus *Alilaguna*. Également les cartes *Venice Card, Rolling Venice,* des billets pour les concerts et les visites guidées des monuments. Également la liste officielle des guides conférenciers de la ville ou *● guideve nezia.it ●*

### Dans Venise

Attention, en raison de la restructuration des services de l'office de tourisme de Venise, il est possible que certains bureaux soient momentanément fermés.

🛈 **Parking Tronchetto :** *mai-début nov, tlj 9h-14h30.*

🛈 **Gare ferroviaire Santa Lucia** *(plan détachable A3, 1) :* Cannaregio, quai 1. Tlj 13h30-19h. Devant la gare, légèrement à gauche, kiosque de l'office de tourisme aux horaires complémentaires : 9h-14h30.

🛈 **Piazzale Roma** *(plan détachable A3, 2) :* au rdc du grand bâtiment du garage ASM, juste à l'arrivée à la gare routière. Tlj 9h-14h30.

🛈 **Piazza San Marco** *(zoom détachable D4, 4) :* pl. Saint-Marc, San Marco 71 F. Tlj 9h-19h. Bureau très bien situé, sous les arcades de la place. On y parle le français.

### Dans les environs de Venise

🛈 **Aéroport Marco-Polo :** *Tessera, 30030. Dans le hall des arrivées. Tlj 9h-20h.*

🛈 **Cavallino Treporti :** *à Punta Sabbioni, 30013. Tlj 9h-14h30.*

## Informations pratiques

Se reporter au chapitre « Venise utile » pour connaître tous les forfaits et cartes donnant accès à certains monuments avec réduction.

– *Un Ospite di Venezia :* fascicule en anglais et en italien. Distribution gratuite dans certains hôtels, dans certains restaurants ou sur ● *unospi tedivenezia.it* ● Infos intéressantes sur les manifestations du moment, les horaires d'ouverture (quoique, même eux ont du mal à s'y retrouver), les tarifs officiels pour un tour en gondole et les taxis, les horaires des avions, des bus et des *vaporetti* les horaires des offices religieux, les pharmacies de garde... Pour le reste, faites la part des choses, car les hôtels et les restos cités sont mis la main au portefeuille pour y figurer. Faites plutôt confiance à votre guide préféré !

– *Eventi e Manifestazioni* est un agenda officiel et très pratique que vous pouvez vous procurer dans les offices de tourisme ainsi que dans certains hôtels. Tous les horaires des principaux musées, des églises et le programme des expos temporaires, des concerts, etc. Un bon complément à la lecture du *Routard*.

## Visites guidées en français

Avouez-le, vous avez beau regarder d'un œil amusé les bataillons de touristes courir derrière leur mentor d'un jour, il vous est certainement arrivé d'avoir envie d'un guide rien que pour vous pour partir à la découverte d'un musée, d'un quartier ou d'un artiste. Alors pourquoi ne feriez-vous pas appel à un guide officiel ? C'est une ville bien vivante, à la fois insolite et instructive, gourmande et rassurante que vous découvrirez. Méfiez-vous toutefois des guides abusifs qui profitent sans vergogne des touristes peu informés.

– *Contact :* **Christine Adam,** ☎ 0039-041-520-41-87. ● *christine.venise@ gmail.com* ● L'idéal est de réserver à l'avance (surtout en pleine saison) en lui téléphonant ou en lui envoyant un courriel. Compter 140 € pour une visite privée de 2h (que vous soyez 2, 5 ou 7 personnes). Programme à déterminer à l'avance avec elle.

## Postes

✉ **Poste principale** (*zoom détachable D4*) *:* San Marco, 5016. ☎ 041-271-71-11 ou 803-160 *pour les infos sur le fonctionnement de la poste. Tlj sf dim 8h30-18h30.* Attention, des lecteurs nous ont informés que des vendeurs mal intentionnés proposent des timbres vendus avec leurs cartes postales. Le seul hic, c'est qu'elles ne sont jamais arrivées à destination. Préférez la poste traditionnelle.

✉ **Postes annexes :** *ouv pour la plupart lun-ven 8h30-14h, sam 8h30-13h.* En voici quelques-unes, disséminées dans le centre de Venise :

– Calle dell'Ascensione, juste derrière la piazza San Marco (*zoom détachable D4*).

– Piazzale Roma, Santa Croce, 510 (*plan détachable A3*). *Ouv jusqu'à 19h10.*

– Barbaria delle Tole, Castello, 6674 (*plan détachable E3*).

– Fondamenta Zattere, Dorsoduro, 1507 (*plan détachable B5*).

– Campo San Polo, San Polo, 2022 (*zoom détachable C3*).

– Lista di Spagna, Cannaregio, 233 B (*plan détachable B2*). Au fond d'une petite ruelle, sur la droite en venant de la gare, juste avant le campo Geremia.

– Fondamenta Sant'Eufemia, 430 (*plan détachable C6*), sur l'île de la Giudecca.

## Consulats

■ **Agence consulaire de France** (*plan détachable E3, 6*) *:* près du campo Santa Maria Formosa, palazzo Morosini, ramo del Pestrin, Castello, 6140. ☎ 041-522-43-19. ● *cfvenise@yahoo. fr* ● *Prendre la calle Longa depuis le campo Santa Maria Formosa et la 1re à gauche, puis tt au bout sur la gauche ; au 2e étage. Ouv lun et jeu 14h-16h, mar, mer et ven 9h-12h, sur rdv.* Le consulat honoraire peut vous aider dans des cas d'extrême urgence, mais tout ce qui est administratif relève du consulat général de France à Milan.

■ **Consulat de Suisse** (*plan détachable C5*) *:* Dorsoduro, 810, campo San

Agnese. ☎ *041-522-59-96.* • *venezia@honrep.ch* • Consul honoraire.

## Internet, wifi

La plupart des hébergements sont équipés en wifi. Noter par ailleurs que Venise est un *hot spot*, et que l'on peut se connecter à peu près partout dans la ville. La connexion est gratuite à proximité des stations de *vaporetti*. Voir la rubrique « Téléphone, télécommunications » dans « Venise utile ». Pour tous les détails concernant le wifi à Venise : • *veneziaunica.it* •

## Banques

Généralement ouvertes du lundi au vendredi de 8h30 à 13h30 et de 14h45 à 15h45. Certaines n'ouvrent que le matin. La grande majorité ont un distributeur automatique.

■ *Distributeurs les plus proches de la place Saint-Marc :* sur la calle larga *(zoom détachable E4) ou dans la Merceria dell'Orologio, sur la gauche, 30 m après être passé sous la tour de l'Horloge depuis la pl. Saint-Marc.* Puis d'autres *distributeurs* de part et d'autre du pont Rialto, notamment sur : *la ruga Orefici (zoom détachable D3), le long de calle larga XXII Marzo, San Marco (zoom détachable D4), ou encore le long de la strada Nova, Cannaregio (zoom détachable D2-3).*

## Librairies

■ *Librairie Filippi (zoom détachable E3, 12) :* calle del Paradiso, *Casselleria, Castello, 5763 (autre librairie tenue par le fils à l'extrémité de la calle de la Casseleria, Castello, 5284). Tt près de Santa Maria Formosa. Lun-sam 9h-19h, dim 9h30-17h.* La plus ancienne librairie de Venise en est aussi le seul éditeur, ils se font rares de nos jours ! Tout sur l'histoire de la Sérénissime, beaucoup de livres d'art et des cartes postales noir et blanc. Franco Filippi a écrit plusieurs ouvrages sur la ville. On trouve dans sa boutique quelques reproductions de lithos bon marché ainsi que d'anciennes cartes postales.

■ *Librairie Studium (zoom détachable E4, 13) :* calle de la Canonica, San Marco. *Lun-sam 9h-19h30, dim 13h.* Tout près de la place Saint-Marc, tout ce qu'il faut pour la littérature touristique et un choix complet de beaux livres, B.D. et poches en français relatifs à Venise.

■ *Librairie française (plan détachable E3, 14) :* Barbaria delle Tole, Castello, 6358. *En face de l'église Santa Maria dei Derelitti. Tlj sf dim et lun mat, 9h-12h30, 15h30-19h.* Nombreux livres illustrés sur Venise, bouquins d'art et de musique, livres rares... Le libraire a lui-même écrit un livre sur Venise. Parmi les auteurs, Corto Maltese se trouve en bonne place.

■ *Librairie La Toletta (zoom détachable B5, 15) :* calle Toletta, Dorsoduro, 1213. *Lun-sam 9h30-19h30, et dim ap-m en saison.* Située de part et d'autre de la rue, cette librairie bien fournie et fréquentée par les étudiants propose 2 parties bien distinctes : les ouvrages d'art et... le reste (romans, tourisme, jeunesse).

## Santé

En cas de gros pépin de santé, on conseille de faire jouer son assurance pour être rapatrié.

✚ *Ospedale civile (hôpital civil ; plan détachable E3) :* campo Santi Giovanni e Paolo, Castello. ☎ 041-529-41-11. Possède un service d'urgences *(pronto soccorso)*. Il comprend aussi une unité de pédiatrie.

✚ *Ospedale dell'Angelo à Mestre :* ☎ 041-965-71-11.

■ *Pharmacies :* ouv lun-ven et sam mat 8h30-12h30, 16h-20h, avec de petites variations. Attention, dès le samedi après-midi, il faut s'adresser aux pharmacies de garde (en italien : *farmacie di turno*). Regarder sur la vitrine (ou dans la brochure *Un Ospite di Venezia*) la liste des pharmacies de garde.

# LE GRAND CANAL

● Rive gauche ........................................... 43 | ● Rive droite ................................................ 47

● Carte p. 44-45

Avec près de 4 km de long et 50 m de large, le Grand Canal ne laisse personne indifférent. Il est certainement « le boulevard » le plus original du monde. Les Vénitiens l'appellent le *canalazzo*. Autrefois, les bateaux de marchandises l'empruntaient pour se rendre au Rialto, le quartier des marchands. Aujourd'hui, ce grand « S » inversé, bordé de *palazzi* et de splendides demeures, est enjambé par quatre ponts.

À la hauteur de la gare, le pont de l'architecte Calatrava (appelé communément pont de la Constitution), tant attendu et tant critiqué, déverse quotidiennement depuis 2008 visiteurs et travailleurs en provenance de Mestre et des environs. Trois autres ponts l'enjambent (degli Scalzi, Rialto, dell'Accademia), et relient les deux parties de la ville, elles-mêmes divisées en trois *sestieri* (quartiers). Autrefois, on appelait les responsables de ces quartiers en fonction de leur situation par rapport au Grand Canal : les *ultra* s'occupaient des quartiers de la rive droite et les *citra* de ceux de la rive gauche.

## LES « CENT » PALAIS

Les familles les plus fortunées possédaient toutes un palais sur le Grand Canal. Un tel emplacement offrait en effet toutes les facilités pour le commerce. Le palais servait à la fois de siège social et d'habitation. Certaines demeures ont ainsi perdu la dénomination de palais pour celle de *Casa, Ca'* en abrégé (d'où, par exemple, la contraction « Ca' d'Oro »). Très vite, les Vénitiens ont compris l'importance que pouvait revêtir l'aspect extérieur du bâtiment auprès de la clientèle. Les quelque 100 palais qui bordent le Grand Canal ont été construits sur une période de 500 ans. Ainsi retrouve-t-on l'histoire de la cité grâce aux demeures qui intègrent tous les styles et toutes les influences.

L'agencement intérieur des palais est conçu sur le même modèle. Le rez-de-chaussée ne constitue qu'un hall d'entrée qui occupe toute la surface du bâtiment. On peut y pénétrer aussi bien par une *calle* (rue) que par le Grand Canal. Un ponton, signalé par des *paline* (jalons) colorées et frappées du blason familial, en assure l'accès tout en permettant d'amarrer son embarcation. Le plus souvent, la façade se compose d'un portique qui servait à décharger les navires et d'une ou deux *torricelle* (petites tours). Le *Fondaco* (mot qui dérive de l'arabe *fondouk*, qui signifie à la fois « entrepôt » et « hôtel ») *dei Turchi* en est la meilleure illustration. Juste au-dessus, à l'entresol, on trouve des petits bureaux ou des salons. Le 1er étage, appelé *piano nobile,* est le véritable lieu de vie.

L'ensemble des pièces est organisé autour d'un hall richement décoré, le *portego,* qui servait à décharger les marchandises. En regardant les façades, vous remarquerez que certains palais possèdent un deuxième *piano nobile* situé au-dessus du premier. Au centre, les larges fenêtres du *portego* sont encadrées par des fenêtres plus petites, qui correspondent aux autres pièces. Au total, la surface des baies (fenêtres et ouvertures) est supérieure à celle des murs pleins, ce qui, outre l'effet lumineux que cela engendre, a pour but d'alléger la construction. Le plus souvent, le palais a une double face : l'une décorée à l'aide d'un placage, côté Grand Canal ; l'autre plus sobre, côté rue.

## L'ENVERS DU DÉCOR

La plupart des palais ont été construits en brique. Un matériau bon marché, plus facile à véhiculer et, surtout, plus léger (voir la rubrique « Géographie et urbanisme » dans « Hommes, culture, environnement »). Toute l'ingéniosité des architectes vénitiens de l'époque a permis d'édifier des palais qui sont encore debout, pour certains, près de 700 ans après ! Alors, pourquoi pas 700 de plus ? Cependant, si le luxe et le faste d'antan ont disparu des intérieurs, les façades subsistent.

En dépit du froid et de l'humidité qui y règnent, quelques particuliers les habitent encore, mais il leur est très difficile – pour ne pas dire impossible – d'en assurer financièrement l'entretien. Plusieurs de ces palais sont occupés par l'administration ou ont été rachetés par des fondations. Tous ne connaîtront pas la chance d'une nouvelle vie, voire d'une nouvelle gloire, comme c'est le cas aujourd'hui du *palazzo Grassi*.

## PROMENADE SUR LE GRAND CANAL EN *VAPORETTO*

Une promenade en *vaporetto* sur le Grand Canal ressemble à un fabuleux spectacle où les visiteurs défilent devant les images, et non l'inverse. Le mieux est de s'installer à l'avant des *vaporetti* n$^{os}$ 1 et 2. Mais attention, un seul passage ne suffira pas. N'hésitez pas à recommencer. Prenez une carte pour circuler librement (reportez-vous à la rubrique « Vaporetto, gondole et taxi-bateau » dans « Venise utile »). Pour commencer à comprendre Venise, depuis l'arrêt de la gare Santa Lucia, prenez le *vaporetto* n° 2, celui qui fait le tour de la ville, puis revenez à votre point de départ et embarquez dans le n° 1, cette fois. Celui-ci s'arrête partout et vous permet d'approcher les musées et les églises cités dans ce guide.

En pleine journée, la promenade avec le *vaporetto* n° 1 dure près de 1h. Mais c'est la nuit, quand vous serez peu nombreux à bord, que vous pourrez vraiment goûter à l'atmosphère envoûtante de Venise. Plusieurs palais sont éclairés de l'intérieur (des appartements, des hôtels), et les ombres qui s'en détachent alimentent le mystère.

### RIVE GAUCHE

🎬🎬 **Palazzo Labia :** *au pied du campanile de l'église San Geremia, à l'angle du Grand Canal et du canal de Cannaregio.* XVIII$^e$ s. Le salon est orné de fresques de Giambattista Tiepolo. C'est l'actuel siège de la *RAI,* la TV publique italienne (voir « Cannaregio », « Le quartier de la gare »).

🎬 **Palazzo Correr-Contarini :** XVII$^e$ s. Crépi rosé, on ne parle jamais ici de rose décrépi. Demeure du patricien vénitien Teodoro Correr, dont la collection de peintures est visible en partie au *musée Correr.*

LE GRAND CANAL

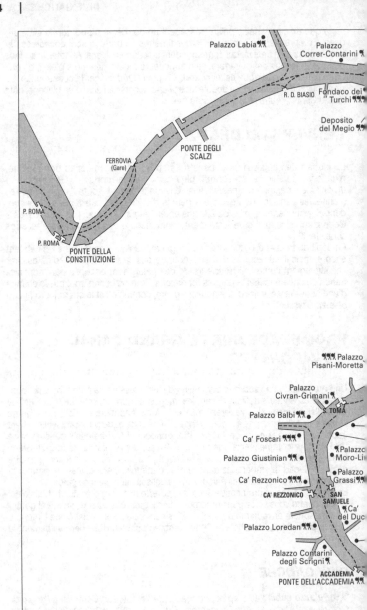

Palazzo Labia
Palazzo Correr-Contarini
R. D. BIASIO
Fondaco dei Turchi
Deposito del Megio
PONTE DEGLI SCALZI
FERROVIA (Gare)
P. ROMA
P. ROMA
PONTE DELLA CONSTITUZIONE

Palazzo Pisani-Moretta
Palazzo Civran-Grimani
S. TOMA
Palazzo Balbi
Ca' Foscari
Palazzo Moro-Li
Palazzo Giustinian
Palazzo Grassi
Ca' Rezzonico
CA' REZZONICO
SAN SAMUELE
Ca' del Duc
Palazzo Loredan
Palazzo Contarini degli Scrigni
ACCADEMIA
PONTE DELL'ACCADEMIA

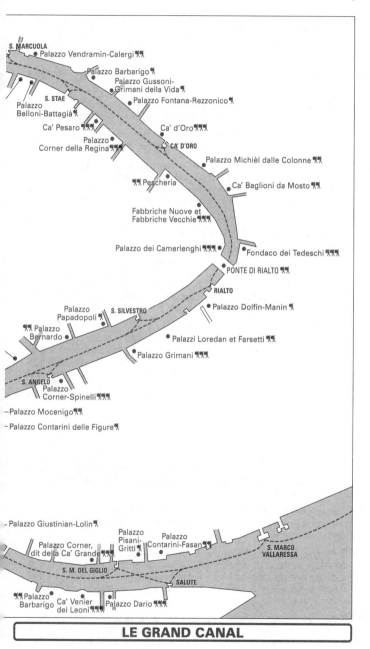

S. MARCUOLA
Palazzo Vendramin-Calergi ※※
Palazzo Barbarigo ※
Palazzo Gussoni-
Grimani della Vida ※
S. STAE
Palazzo Fontana-Rezzonico ※
Palazzo
Belloni-Battagià ※
Ca' Pesaro ※※※
Ca' d'Oro ※※※
Palazzo
Corner della Regina ※※※
CA' D'ORO
Palazzo Michièl dalle Colonne ※※
※※ Pescheria
Ca' Baglioni da Mosto ※※
Fabbriche Nuove et
Fabbriche Vecchie ※※※
Palazzo dei Camerlenghi ※※※
Fondaco dei Tedeschi ※※※
PONTE DI RIALTO ※※
RIALTO
Palazzo
Papadopoli ※
S. SILVESTRO
Palazzo Dolfin-Manin ※
※※ Palazzo
Bernardo
Palazzi Loredan et Farsetti ※※
Palazzo Grimani ※※※
S. ANGELO
Palazzo
Corner-Spinelli ※※※
– Palazzo Mocenigo ※※
~ Palazzo Contarini delle Figure ※

– Palazzo Giustinian-Lolin ※
Palazzo
Pisani-
Palazzo
Gritti ※
Contarini-Fasan ※※
Palazzo Corner,
dit della Ca' Grande ※※※
S. MARCO
VALLARESSA
S. M. DEL GIGLIO
SALUTE
※※ Palazzo
Barbarigo
Ca' Venier
dei Leoni ※※※
Palazzo Dario ※※※

LE GRAND CANAL

🎭🎭 *Palazzo Vendramin-Calergi :* XVIᵉ s. L'un des joyaux Renaissance de Venise. Abrite aujourd'hui le *casino* (voir « Cannaregio », « Du ponte delle Guglie à la Ca' d'Oro »). Richard Wagner y habita et y mourut en 1883. Une partie de sa suite a été conservée (il louait 18 pièces) et transformée en musée. Il se visite sur rendez-vous.

🎭 *Palazzo Barbarigo :* XVIᵉ s. L'une des rares façades conservant les décorations de fresques. Du moins quelques fragments bien visibles.

🎭 *Palazzo Gussoni-Grimani della Vida :* XVIᵉ s. Au croisement du Grand Canal et du *rio di Noale*. La façade était autrefois recouverte de fresques du Tintoret.

🎭 *Palazzo Fontana-Rezzonico :* XVIᵉ s. Construit par une riche famille de marchands. Le comte Carlo Rezzonico, qui y est né, devint le pape Clément XIII.

🎭🎭🎭 *Ca' d'Oro :* XVᵉ s. À gauche de l'embarcadère du même nom. L'un des exemples les plus raffinés du style gothique vénitien. Il doit son nom aux dorures qui ornaient sa façade (voir « Cannaregio », « Du ponte delle Guglie à la Ca' d'Oro »). Le dernier propriétaire, le baron Franchetti, le légua à la ville en 1916.

🎭🎭 *Palazzo Michièl dalle Colonne :* fin XVIIᵉ s. Se caractérise par son portique du rez-de-chaussée tout le long de la façade.

🎭🎭 *Ca' Baglioni da Mosto :* XVIIᵉ s. Au milieu d'un groupe d'édifices, bordée par deux canaux, l'une des plus anciennes demeures du Grand Canal. Propriété de la famille du navigateur Alvise Ca' da Mosto, qui découvrit les îles du Cap-Vert. Le palais abritait au XVIIᵉ s la plus célèbre auberge de Venise, où rois et princes venaient loger. Il conserve encore des éléments caractéristiques de la maison-entrepôt (portique, arcs byzantins du 1ᵉʳ étage).

🎭🎭🎭 *Fondaco dei Tedeschi : situé juste après le rio du même nom.* Date du XVIᵉ s. Imposant édifice, loué à l'époque par la République à des commerçants allemands pour y entreposer des marchandises. Le plus grand banquier (il finança aussi l'empereur Charles Quint) et marchand allemand du XVIᵉ s Jacob Fugger (d'Augsbourg) y avait ses bureaux. Cette ancienne poste centrale est désormais la propriété du groupe LVMH, qui projette un centre commercial de luxe avec un dernier étage consacré à un espace culturel contemporain. *Ouverture prévue fin 2016.*

🎭🎭 *Ponte di Rialto :* voir « San Polo et Santa Croce », « Du pont du Rialto à la Ca' Pesaro ».

🎭 *Palazzo Dolfin-Manin : juste avt le rio San Salvador (1ᵉʳ rio après le Rialto).* XVIᵉ s. Élégant portique à six arcades au rez-de-chaussée. Le dernier doge de Venise, Ludovico Manin, y habitait. Cet édifice, entièrement restauré, abrite aujourd'hui la *Banque d'Italie.*

🎭🎭 *Palazzi Loredan et Farsetti :* XIIᵉ-XIIIᵉ s. Caractéristiques par leurs fenêtres à arcades tout le long du 1ᵉʳ étage. La *mairie* est aujourd'hui installée dans ces deux bâtiments.

🎭🎭🎭 *Palazzo Grimani : à l'angle du Grand Canal et du rio di San Luca (à ne pas confondre avec le palais du même nom situé dans le Castello).* XVIᵉ s. Construit sur la *riva del Carbon*, où avait lieu le commerce du charbon. Réalisé par Sanmicheli. Un des palais les plus imposants du Grand Canal. Il abrite actuellement le siège de la *cour d'appel.*

🎭🎭🎭 *Palazzo Corner-Spinelli : juste avt l'embarcadère Sant'Angelo.* Fin XVᵉ s. Construit par Codussi qui introduit là le nouveau style de la Renaissance à Venise. Base en pierre. La façade a inspiré la construction de nombreux autres palais, notamment le palais Vendramin-Calergi (le casino). C'est aujourd'hui le siège des célèbres *tissus Rubelli* (soie, velours, etc.).

**🦁🦁 Palazzo Mocenigo :** la famille Mocenigo a donné sept doges à Venise. L'édifice, composé de trois bâtiments des XVIe, XVIIe et XVIIIe s, est situé en face de l'embarcadère San Tomà (à ne pas confondre avec le palais du même nom situé à San Polo). Les deux maisons du centre sont réunies dans un même ensemble. Les façades sont décorées de lions en relief. Une plaque rappelle que Lord Byron y séjourna de 1818 à 1819.

**🦁 Palazzo Contarini delle Figure :** XVIe s. Il tire son nom des deux statues placées au-dessus de la porte d'entrée. Attribué à Scarpagnino. Intéressant pour sa fenêtre du 1er étage, en forme de temple.

**🦁 Palazzo Moro-Lin :** XVIIe s. Construction massive, surnommée le *palais aux 13 fenêtres* (13 par étage). Rez-de-chaussée en brique percé par sept arcades.

**🦁🦁🦁 Palazzo Grassi :** *en face de la Ca' Rezzonico, juste avt l'embarcadère San Samuele.* XVIIIe s. Voir « San Marco », « Autour de la Fenice ». Palais abritant des expos temporaires de peintures et sculptures contemporaines, appartenant à François Pinault, le riche industriel-mécène français.

**🦁 Ca' del Duca :** *à l'angle du Grand Canal et du rio del Duca.* XVe s. Construction inachevée. L'ensemble a été remanié au XIXe s. Sur le côté droit, on peut encore voir une partie des colonnes et de la base en pierre de ce qui devait être un palais digne du Grand Canal. Titien y avait un atelier en 1514.

**🦁 Palazzo Giustinian-Lolin :** *juste avt le rio San Vidal.* XVIIe s. Premier palais réalisé par Longhena. Il se distingue par ses deux obélisques. Il abrite la Fondation Ugo et Olga-Levi, chargée de développer l'étude de la musique.

**🦁🦁 Ponte dell'Accademia :** voir « Dorsoduro », « Le quartier de l'Accademia ».

**🦁🦁🦁 Palazzo Corner, dit della Ca' Grande :** *juste après le jardin de la Casina delle Rose, avt l'embarcadère Santa Maria del Giglio.* XVIIIe s. Il tire son nom de ses dimensions importantes. Construit pour une puissante famille fortunée qui n'avait pas hésité à s'opposer à l'achèvement du palais qui abrite aujourd'hui la Fondation Guggenheim, de peur d'avoir la vue obstruée. C'est aujourd'hui le siège du *conseil de la province de Venise.*

**🦁 Palazzo Pisani-Gritti :** XVe s. Il abrite l'actuel *hôtel Gritti,* l'un des palaces somptueux de Venise. Derrière la fenêtre quintuple d'une façade plutôt austère, on trouve quelques-unes des plus belles suites de l'hôtel. « Le meilleur hôtel dans une ville de grands hôtels », disait du *Gritti* l'écrivain Ernest Hemingway qui en fut un client régulier. Plusieurs hôtes célèbres y séjournèrent : Charles Dickens, Somerset Maugham, Jean Cocteau, Graham Greene, André Malraux...

**🦁🦁 Palazzo Contarini-Fasan :** *4e façade après le rio dell'Albero, en face de la Salute.* XVe s. Appelé aussi *demeure de Desdémone,* noble Vénitienne victime de la jalousie de son mari et héroïne de la tragédie de Shakespeare *Othello.*

# RIVE DROITE

**🦁🦁🦁 Fondaco dei Turchi :** XIIIe s. Voir « San Polo et Santa Croce », « De la Ca' Pesaro vers le piazzale Roma ». Le bâtiment, de style véneto-byzantin, a été abusivement restauré à la fin du XIXe s. Il abrite le *musée d'Histoire naturelle.*

**🦁🦁 Deposito del Megio :** *juste après le* Fondaco dei Turchi. XVe s. Construction en brique apparente. La République y entreposait grains et farine pour les périodes de disette. Le lion de Saint-Marc est une reproduction de l'original, détruit en 1797.

**🦁 Palazzo Belloni-Battagià :** *juste avt le rio Tron.* XVIIe s. Construction de Longhena. La façade est décorée d'éléments plutôt lourds, conformément à la mode de l'époque. Se distingue par les deux obélisques qui le surmontent (ce serait le signe que le palais abritait un amiral de la République).

*(dans la marge droite)* **LE GRAND CANAL**

🎭🎭🎭 *Ca' Pesaro :* *après l'embarcadère San Stae.* XVIIᵉ-XVIIIᵉ s. Voir « San Polo et Santa Croce », « De la Ca' Pesaro vers le piazzale Roma ». L'un des plus beaux palais du baroque vénitien, aujourd'hui siège du musée d'Art moderne et du musée d'Art oriental.

🎭🎭🎭 *Palazzo Corner della Regina :* *après la Ca' Pesaro.* XVIIIᵉ s. Il tient son nom de Caterina Cornaro, reine de Chypre, née en 1454 dans l'édifice construit précédemment au même endroit.

🎭🎭 *Pescheria :* *après le rio della Beccaria.* XXᵉ s. Une des constructions les plus récentes du Grand Canal (1907). Sous les arcades et le *campo* voisin est installé le marché aux poissons. Voir aussi « San Polo et Santa Croce », « Du pont du Rialto à la Ca' Pesaro. Mercati di Rialto ».

🎭🎭🎭 *Fabbriche Nuove et Fabbriche Vecchie :* *après le rio della Pescheria.* XVIᵉ s. Ces deux imposants bâtiments se distinguent par leurs longs portiques au niveau inférieur. Ils avaient été construits pour abriter l'administration du commerce et les bureaux du tribunal. Aujourd'hui on y trouve un marché coloré de fruits et légumes. La *cour d'assises* est installée dans les *Fabbriche Nuove* (le premier des deux édifices).

🎭🎭🎭 *Palazzo dei Camerlenghi :* *juste avt le pont du Rialto.* XVIᵉ s. Construit en suivant la courbe du Grand Canal. Il devait abriter l'administration du Trésor au temps de la République vénitienne.

🎭 *Palazzo Papadopoli :* *au-delà du Rialto, après le rio dei Meloni.* XVIᵉ s. Construction classique surmontée de deux obélisques.

🎭🎭 *Palazzo Bernardo :* *juste après le rio della Madonnetta.* XVᵉ s. Une des plus belles constructions gothiques du Grand Canal, très bien conservée. Façade proche de celle de la *Ca' d'Oro.*

🎭🎭🎭 *Palazzo Pisani-Moretta :* *près du rio San Polo.* XVᵉ s. Habitation privée. Magnifique salle de réception décorée par Tiepolo et Véronèse, où des bals ont encore lieu. À noter, un 2ᵉ étage plus élevé que le 1ᵉʳ et deux très belles loggias (grandes fenêtres).

🎭 *Palazzo Civran-Grimani :* *devant l'embarcadère San Tomà.* XVIIᵉ s. Intéressant pour ses hautes fenêtres à arcades tout au long de la façade.

🎭🎭 *Palazzo Balbi :* *à l'angle du Grand Canal et du rio Foscari, aussi appelé le tournant du Grand Canal.* XVIᵉ s. Construction blanche dans le style Renaissance. L'abondante décoration annonce l'influence baroque. Récemment restauré, il abrite le siège du *conseil régional de Vénétie.*

🎭🎭🎭 *Ca' Foscari :* *juste après le palais Balbi.* XVᵉ s. Belle et grande demeure vénitienne où est installé aujourd'hui l'*université d'économie et de commerce* de Venise. Henri III y a séjourné en 1574, au début de son règne.

🎭🎭 *Palazzo Giustinian :* *dans la continuité de la façade de la Ca' Foscari, ce qui forme un imposant alignement.* XVᵉ s. Wagner y a vécu pour composer une partie (acte II) de *Tristan et Iseult.*

🎭🎭🎭 *Ca' Rezzonico :* XVIIᵉ-XVIIIᵉ s. Voir « Dorsoduro », « Le quartier de la Ca' Rezzonico ».

🎭🎭 *Palazzo Loredan :* *deuxième palais après le rio Malpaga, en face de la Ca' del Duca.* XVᵉ s. Appelé aussi « palais de l'ambassadeur » *(dell'Ambasciatore),* car il fut le siège de l'ambassade du Saint Empire romain germanique (capitale de l'époque Vienne) au XVᵉ s.

🎭 *Palazzo Contarini degli Scrigni :* *à l'angle du rio San Trovaso et du Grand Canal.* XIVᵉ-XVIᵉ s. Ensemble formé de deux palais. La famille Contarini, propriétaire de nombreux palais, possédait aussi celui-ci. La fabuleuse collection de tableaux a été léguée en 1838 à la *galleria dell'Accademia*. À noter : l'observatoire astronomique sur le toit.

🎥🎥 **Palazzo Barbarigo :** *après le rio San Vio, sur le campo du même nom.* XIXe s. Décoré de mosaïques, il abrite le magasin d'exposition d'une verrerie.

🎥🎥🎥 **Ca' Venier dei Leoni :** XVIIIe s. Interrompu dans sa construction, on n'en voit encore aujourd'hui que le rez-de-chaussée. Siège de la *collection Peggy Guggenheim*. Lire dans le chapitre « Dorsoduro » « Le quartier de la Salute ».

🎥🎥🎥 **Palazzo Dario :** *à l'angle du Grand Canal et du rio delle Torreselle.* XVe s. Jolie façade asymétrique, incrustée de marbres polychromes. Cheminées caractéristiques de l'architecture vénitienne.

## UN PALAIS PURE PEUR

*Ne vous fiez pas trop à l'apparente beauté du palazzo Dario, car depuis 1487, il serait maudit ! De maladies étranges en faillites, de meurtres en suicides ou accidents non moins bizarres, les murs de cette somptueuse bâtisse porteraient malheur à ses occupants. Le dernier en date, un milliardaire impliqué dans des affaires de corruption, y a mis fin à ses jours en 1993. De quoi devenir superstitieux ! Woody Allen – un amoureux de Venise – avait envisagé de l'acheter. Mais il a bien vite renoncé à son projet !*

LE GRAND CANAL

# SAN MARCO

- Où dormir ? ...................50
- Où manger ?...................52
- Où boire un verre ?
  Où manger sur le
  pouce ? Où sortir ? ........53
- Où boire un chocolat

ou un café dans
un cadre historique ?.....53
- Où déguster
  une glace ? .....................54
- Achats .............................54
- À voir...............................55

- La piazza San Marco
- De la piazza San
  Marco au Rialto • Autour
  de la Fenice

Code postal : 30124

Le cœur de Venise a battu ici pendant des siècles. Il en résulte un ensemble architectural unique au monde. On le voit tout de suite, la grande histoire a parlé avec vigueur. Ici splendeur, richesse, noblesse et force de Venise ont dessiné à tout jamais la mémoire et la personnalité de la cité !

La basilique, le palais des Doges et la célébrissime place Saint-Marc, sertie par ce formidable élan de rigueur et d'unité que constituent les Procuratie, définissent un quartier très touristique. C'est sur cette place que chaque jour s'immortalisent des milliers de visiteurs. On les comprend. Car arpenter la piazza San Marco, c'est prendre le pouls de la Sérénissime, non pas se contenter de son image, même admirablement restituée par des peintres de génie comme Canaletto, Turner, Corot, Manet, Monet ou Renoir. Aussi vus et revus qu'ils puissent vous sembler, le quartier de San Marco et ses monuments ont traversé les siècles avec une endurance qui tient du miracle, malgré les turpitudes et les avanies de l'Histoire. C'est peut-être ce qu'il faut admirer en premier lieu : cette continuité historique du cœur de Venise.

Et la nuit ? Le quartier reste l'un des endroits les plus enchanteurs qui soient. Au hasard d'un détour, on entendra la musique monter d'une église où un petit concert est donné, on verra des ombres se projeter sur les murs d'une ruelle tortueuse, on goûtera au charme discret des balades où le moindre bruit met les sens en éveil. Bref, vous l'avez compris, ce bonheur-là, il faut vraiment l'avoir vécu une fois dans sa vie.

## Où dormir ?

### Institution religieuse

🏠 **Domus Ciliota** *(zoom détachable C4, 42) :* calle delle Múneghe, San Marco, 2976. ☎ 041-520-48-88. ● info@ciliota.it ● ciliota.it ● Vaporetto n° 1, arrêt Sant'Angelo. Doubles avec sdb 80-170 € selon saison, avec petit déj. 📶 Réduc de 10 % sur présentation de ce guide (non cumulable avec d'autres offres internet). Dans un ancien couvent de la fin du XVe s, cet hôtel abrite une soixantaine de chambres bien arrangées, propres et fonctionnelles. Certaines possèdent des lits doubles, et même un lit *king size*, c'est assez rare dans ce type d'établissement. Très bon accueil. Salles communes au rez-de-chaussée et une magnifique cour intérieure joliment fleurie dans laquelle on prend son petit déjeuner en été.

## De prix moyens à chic

🛏 **Albergo San Samuele** (zoom détachable C4, 72) : salizzada San Samuele, San Marco, 3358. ☎ 041-520-51-65. • info@hotelsansamuele.com • hotelsansamuele.com • Vaporetto n° 1, arrêt Sant'Angelo. Fermé en janv. Doubles 60-170 € avec sdb, sans petit déj. 📶 Dans un quartier calme et commerçant (boutiques de créateurs), non loin du palazzo Grassi. Cet hôtel tenu par une Française compte une dizaine de chambres situées au 1er étage, confortables et aménagées avec soin. 3 se partagent une salle de bains et 2 autres familiales. Attention, en saison, on risque de vous demander de réserver pour un minimum de 4 nuits, ce qu'on appelle ici un « grand week-end ».

🛏 **Hotel Ai Do Mori** (zoom détachable D4, 74) : calle larga, San Marco, 658. ☎ 041-520-48-17 ou 041-528-92-93. • reception@hotelaidomori.com • hotelaidomori.com • Vaporetti n° 1 et 2, arrêt San Marco Vallaresso. Doubles env 140-150 €. 📶 Réduc de 10 % sur présentation de ce guide si paiement en liquide. Un hôtel d'une douzaine de chambres, pratique et central, mais il faudra compter avec le bruit dans la journée malgré le double vitrage. Au 3e étage se cache un petit bijou : la camera del pintor, une petite chambre double avec terrasse privée et vue sur les dômes de la basilique Saint-Marc. Réservez à l'avance ! Les n°s 2, 6 et 9 ont une vue sur le campanile. D'autres chambres aussi dans l'annexe, calmes et charmantes : poutres apparentes, parquet et belles couleurs. Accueil chaleureux.

🛏 **Locanda ai Bareteri** (zoom détachable D3-4, 45) : calle di Mezzo, San Marco, 4966. ☎ 041-523-22-33. • info@bareteri.com • bareteri.com • En venant du Rialto, par la calle Merceria San Salvador, gagner le ponte dei Bareteri (laisser à droite la trattoria Sampione) et prendre le passage couvert le long du canal, puis 1re ruelle à gauche. Doubles 90-250 € selon saison, avec petit déj. 📶 À l'écart de l'agitation, dans une petite rue parallèle à l'axe principal des Mercerie,

cet hôtel propose une douzaine de chambres, dont 2 quadruples. Elles sont spacieuses, bien arrangées (carrelage au sol) et confortables. Préférez les chambres à l'étage (plus claires) à celles plus sombres donnant sur la ruelle.

## De chic à très chic

🛏 **Novecento** (zoom détachable C4, 57) : calle del Dose, San Marco, 2683. ☎ 041-521-21-45. • novecento.biz • Vaporetti n°s 1 ou 2, arrêt Giglio. Doubles 140-300 € selon saison. 📶 Idéalement situé, dans une ruelle calme, cet hôtel de charme se distingue par son style orientaliste, un rappel de l'époque où Venise était l'étape européenne de la route des épices. Statues de Ganesh, bambous, meubles en teck, la décoration raffinée et exotique donne toute sa personnalité aux 9 chambres. Notre préférée est la n° 2. La petite cour intérieure, calme et fleurie aux beaux jours, est idéale pour le petit déj. Service discret et attentionné de Marisa, qui parle un français parfait. Une adresse hautement recommandable.

🛏 **Ca' Leon d'Oro** (zoom détachable D3, 64) : sottoportego del Pirieta, San Marco, 5303. ☎ 041-241-38-95. • venezia.leondoro@libero.it • venezia leondoro.it • Vaporetti n°s 1 ou 2, arrêt Rialto. Emprunter l'un des passages depuis la pl. San Bartolomeo. Doubles 70-280 € selon saison et confort, petit déj inclus. 📶 Petit immeuble à 100 m du pont du Rialto, un peu en retrait de la foule. La décoration est classique, sans rien de particulier, hormis les meubles vénitiens qui relèvent l'ensemble. L'une des chambres (n° 5), plus belle que les autres, dispose d'une terrasse privée, avec vue sur les toits de la basilique. Réservez-la très longtemps à l'avance !

🛏 **Ca' del Campo** (zoom détachable D4, 38) : campo della Guerra, San Marco, 511. ☎ 041-241-16-60. • info@cadelcampo.it • cadelcampo.it • Vaporetti n°s 1 et 2, arrêt San Marco Vallaresso. Doubles 80-300 € selon saison, avec petit déj. 📶 Réduc de 10 % tte l'année sur présentation de ce guide en réservant en direct.

SAN MARCO

Entrée par une placette tranquille. Un palais du XVIe s entièrement réhabilité, avec une vingtaine de chambres confortables, dont certaines avec vue sur le canal. Décoration soignée : tapis persans à la réception, armoires en loupe d'orme, toiles tendues sur les murs, sol moquetté, salles de bains en marbre... Les chambres du 4e étage sont mansardées. Les triples offrent la possibilité d'une séparation, ça rend la chambre plus intime. Accueil aimable.

🛏 *Hotel Montecarlo (zoom détachable D4, 44)* : calle dei Specchieri, San Marco, 463. ☎ 041-520-71-44. • *mail@venicehotelmontecarlo.com* • *venicehotelmontecarlo.com* • *Vaporetti nos 1 et 2, arrêt San Zaccaria. Doubles avec sdb 120-320 € selon saison, petit déj inclus.* 📶 *Un hôtel (labellisé Best Western) bien situé, aux chambres impeccables. Alliance réussie du confort d'une chaîne et du style vénitien. Elles donnent sur la ruelle. Les plus claires sont au 4e étage. Accueil pro.*

## Où manger ?

Peu d'adresses valables autour de la place Saint-Marc. Préférez les restos plus sérieux du quartier du Castello, ou de San Polo.

### Sur le pouce

🍕 *Pizzeria Sansovino (zoom détachable C4, 104)* : calle Zaguri, San Marco, 2628. ☎ 041-528-61-41. *Dans la ruelle entre le campo et le canal. Tlj 11h-20h (plus tard en saison). À partir de 3 € la part.* Minipizzeria ouverte sur le va-et-vient du dehors ; ça croustille et c'est bon. Pas de salle, juste une cuisine et un comptoir de vente à emporter. Impeccable en cas de petit creux !

🍕 *Pizzeria L'Angelo (zoom détachable C-D4, 118)* : calle della Mandola, San Marco, 3711. ☎ 041-277-11-26. *Tlj 11h30-22h (16h lun). À partir de 2,50 € la part.* Le local ne paye pas de mine, mais les pizzas à emporter chantent sous la dent. Également des paninis.

## De très chic à beaucoup plus chic

🏨 *Hotel Flora (zoom détachable D4, 84)* : calle Bergamaschi, San Marco, 2283 A. ☎ 041-520-58-44. • *info@ hotelflora.it* • *hotelflora.it* • *À 2 mn de la pl. Saint-Marc. Vaporetti nos 1 ou 2, arrêt Vallaresso. Accès par la calle larga XXII Marzo, entre Bulgari et la galleria Contini. Doubles 130-550 € selon confort et saison.* 📶 *Hôtel de luxe installé dans un palais vénitien du XVIIIe s.* Il appartient à la famille Romanelli depuis 2 générations. Cadre idyllique pour un séjour « romantique ». Meubles et objets de bon goût, décoration raffinée, tentures murales, couleur pastel, chambres confortables de style ancien, arrangées avec beaucoup de soin. Celles qui donnent sur le jardin sont au même prix que les autres. Adorable petit jardin fleuri avec fontaine glougloutante. Accueil professionnel et tous services de conciergerie : transferts, résas, billetterie pour concerts, etc.

## De bon marché à prix moyens

🍽 🍴 *Rosticceria Gislon (zoom détachable D3, 100)* : calle della Bissa, San Marco, 5424 A. ☎ 041-522-35-69. • *san.bartolomeo@hot mail.it* • *Tlj 9h-21h30. Fermé 1er janv et 25 déc. Compter 20 € pour un vrai repas, autrement on s'en sort pour une dizaine d'euros.* À deux pas du Rialto, une *tavola calda* où les locaux se pressent à l'heure du déjeuner. Bel assortiment de spécialités locales et siciliennes présentées derrière la vitrine d'un grand comptoir : *mozzarelle in carrozza* (un en-cas frit constitué de 2 tranches de pain, mozzarella et jambon ou anchois, au choix), aussi des *arancini* (boulettes de riz farcies au *ragù*). Au rez-de-chaussée, on mange habituellement debout devant le comptoir. Pour s'asseoir, monter au resto à l'étage (le *San Bartolomeo*), mais c'est plus cher.

**|●| Osteria al Bacareto** (zoom détachable C4, **103**) : angle Croceraramo de la Piscina, San Marco, 3447. ☎ 041-528-93-36. Tlj sf dim. Carte 30-35 €. Située à l'extrémité de la salizzada San Samuele, voici une osteria discrète avec quelques tables sur la rue et des salles claires à la déco sobre et sans chichis. Carte vénitienne classique (soupe de haricots et pâtes, sardines, poissons...). Les produits sont frais, pas de produits surgelés. L'assortiment de cicchetti à partager en entrée est délicieux. Service professionnel et attentionné.

## De prix moyens à chic

**|●| Osteria Alla Botte (Antico Calice** ; zoom détachable D3, **102**) **:** calle dei Stagneri, San Marco, 5229. ☎ 041-520-97-75. En venant du Rialto, prendre la calle de Stagneri, puis tourner à droite dans la 1re ruelle, c'est à 50 m plus loin à l'angle avec une autre ruelle. Tlj sf mer soir. Carte 35-50 €. Un resto-institution bien connu des Vénitiens. La déco n'est pas faite pour un repas intime entre amoureux, mais c'est propre et bien tenu. On y parle fort en italien, le service tient plus de la brasserie que du resto chic mais il est efficace. Cuisine sincère et classique.

SAN MARCO

## Où boire un verre ? Où manger sur le pouce ? Où sortir ?

**🍷 🥖 Enoteca Al Volto** (zoom détachable D4, **161**) : calle Cavalli, San Marco, 4081. ☎ 041-522-89-45. Du côté du Rialto. Tlj sf dim 10h-15h, 18h-22h. Carte 20-30 €. Comme en témoigne la quantité d'étiquettes collées un peu partout, c'est une œnothèque. On déguste ici d'excellents vins et des cicchetti plutôt bien faits. Bien aussi pour un plat de pâtes le midi. Le cadre est chaleureux et l'ambiance souvent très animée. Quelques tables dans la rue à l'ombre, aux beaux jours.

**🍷 🥖 Osteria all'Alba** (zoom détachable D3, **169**) : ramo dei Tedeschi, San Marco, 5370. Tlj 16h-2h. Du pont du Rialto, prendre la première ruelle à gauche et repérer le joyeux attroupement devant la façade couverte de graffitis laissés par les clients. Un bar vivant et patiné par le temps, où l'on sert des cicchetti et tramezzini bien appétissants. C'est riquiqui, mais l'ambiance est surchauffée certains soirs !

**🍷 🥖 Devil's Forest Pub** (zoom détachable D3, **168**) : calle Stagneri, San Marco, 5185. ☎ 041-520-06-23. ● info@devilsforestpub.com ● À 150 m du pont du Rialto. Tlj 11h-1h. Un pub chaleureux et convivial de style irlandais, qui fait toutefois dans le rouge plutôt que dans le vert. Guinness à la pompe quand même, mais l'ambiance est plutôt celle d'un sports bar à l'italienne, surtout quand le calcio envahit les écrans de TV ! Le midi, vous pouvez y avaler un plat chaud ou un sandwich.

## Où boire un chocolat ou un café dans un cadre historique ?

**🍵 Caffè Florian** (zoom détachable D4, **250**) : piazza San Marco, San Marco, 57. ☎ 041-520-56-41. ● info@caffeflorian.com ● Tlj 9h-23h ; ferme tlj à 21h en hiver. Autour de 12 € le chocolat chaud en salle et env 7 € le café, auxquels vous ajouterez 6 €/pers quand l'orchestre joue (en général en fin de journée). Sous les vénérables arcades de la place Saint-Marc, le Florian est le café vénitien le plus célèbre et le plus ancien de la ville. Fondé en 1720, il porte le nom de son premier propriétaire, Floriano Francesconi. Il étire sa terrasse en plein air dès que le printemps arrive. Allez-y très tôt le matin ou tard le soir, quand il y a moins de monde. Des musiciens jouent du classique ou du jazz sur une estrade extérieure, mais c'est l'intérieur qui vaut le détour, avec ses petits salons XVIIIe s et ses œuvres d'art contemporain ornant

SAN MARCO

les murs. Café littéraire par excellence, il fut fréquenté par Goldoni, Jean-Jacques Rousseau, Dickens, Lord Byron, Goethe... Balzac disait que « le *Florian* est tout à la fois une Bourse, un foyer de théâtre, un cabinet de lecture, un club, un confessionnal... ». Marcel Proust avait l'habitude de s'asseoir sous la peinture du Chinois. Une institution donc, mais aujourd'hui, compte tenu des tarifs, la majorité des visiteurs se contentent d'un coup d'œil, à moins d'être amoureux, d'avoir perdu un pari ou d'avoir le portefeuille bien garni !

☛ **Gran Caffè Quadri** (zoom détachable D4, **251**) : galleria San Marco, 120-123. ☎ 041-522-21-05. Piazza San Marco, juste en face du Florian. Tlj de minuit (20h l'hiver). Espresso à la table env 7,50 €. Cocktail env 20 €. C'était le café des Autrichiens (du temps de l'occupation autrichienne), alors que le *Florian* accueillait les nationalistes italiens. Intérieur raffiné, d'une beauté théâtrale en ce qui concerne la salle de l'étage, mais dîner ici (voire

même prendre un café !) vous coûtera une petite fortune.

☛ **Caffè Lavena** (zoom détachable D4, **252**) : piazza San Marco, San Marco, 133/134. ☎ 041-522-40-70. Tlj sf mar en basse saison, 9h30-0h30 (22h en basse saison). Encore un autre café chic donnant sur la place San Marco. Là encore, hauts plafonds, stucs et lustres... Très cher si vous optez pour une table en terrasse (et encore plus si un orchestre joue quelques notes !). Préférez le comptoir. Excellent chocolat chaud.

☛ |●| Les amateurs de James Bond ne manqueront pas de prendre un café au mythique **palazzo Danieli** (plan détachable E4 ; riva degli Schiavoni, 4196), ou de siroter au **Harry's Bar** (situé au niveau de l'embarcadère Vallaresso), café mythique, un Montgomery, breuvage cher à Hemingway. C'est seulement le budget qui pourrait manquer... On y croise désormais beaucoup de curieux ! Voir « Castello », « Le quartier de la riva degli Schiavoni ».

## Où déguster une glace ?

🍦 **Gelateria Paolin** (zoom détachable C4, **259**) : campo Santo Stefano, San Marco, 2962. ☎ 041-522-55-76. Tlj 10h-22h (9h-19h hors saison). Adresse chic qui a pignon sur rue

depuis des générations. Glaces à emporter ou sur place en terrasse (très agréable, mais c'est plus cher), crémeuses à souhait ! Une valeur sûre.

## Achats

⊛ **Max Art Shop** (zoom détachable D4, **200**) : frezzeria San Marco, San Marco, 1232. ☎ 041-523-38-51. ● ilballodeldoge.com ● Tlj en principe 10h-20h. Des masques, des théâtres miniatures et de superbes chats bottés articulés, dans la plus pure tradition vénitienne. Un autre magasin, dans la même rue, propose aussi des costumes somptueux. La maîtresse des lieux, Antonia Sautter, organise l'un des plus beaux bals du Carnaval, le *ballo del Doge*. Elle a fourni les costumes du film *Vivaldi, un prince à Venise* (2007) de Jean-Louis Guillermou, avec Michel Serrault et Michel Galabru. L'atelier d'Antonia se visite uniquement sur rendez-vous ; renseignements à la boutique.

⊛ **Il Tempio della Musica** (zoom

détachable D3, **203**) : ramo del Fondaco dei Tedeschi, San Marco, 5368. ☎ 041-523-45-52. Tt proche du pont du Rialto. Fermé dim. Comme son nom l'indique, magasin spécialisé dans la musique : classique, opéra, jazz... mais aussi des chanteurs italiens bien d'aujourd'hui. Toujours des promos et de bons conseils.

⊛ 🏃 **Livio De Marchi Scultore** (zoom détachable C4, **205**) : salizzada San Samuele, San Marco, 3157 A. ☎ 041-528-56-94. ● liviodemarchi.com ● Sur la calle qui mène au palazzo Grassi. Tlj sf dim 9h-12h30, 13h30-16h. Parmi les boutiques de créateurs qui bordent cette rue, celle-ci a retenu notre attention. Sculpteur surréaliste sur bois et sur verre, Livio de Marchi est un artiste inclassable et hors normes. Ses œuvres sont chères mais rien que pour les yeux, ça vaut le détour. Possède un autre magasin dans Dorsoduro *(campo Santa Margherita, 2903)*. Et peut-être apercevrez-vous Livio, au volant de sa Ferrari... en bois et amphibie, sur l'un des canaux de Venise !

🏵 *La bottega di Giuliana Longo (zoom détachable D3, 226) :* calle del Lovo, San Marco, 4813. ☎ 041-522-64-54. ● giulianalongo.com ● Fermé dim. Ne pas confondre avec *Borsalino* en face. N'hésitez pas à pousser la porte de cette chapelière *(modisteria)* comme il n'en existe plus guère. La boutique existe depuis 1902. Même Louis Vuitton lui a rendu hommage ! On y donne des conseils avisés pour trouver le couvre-chef dont vous rêvez... Il y en a de toutes les formes et tous les styles, en tissu, en toile, en paille, toujours élégants. Chapeaux de carnaval, de gondolier, panama... Ils ne sont pas « made in China » mais « made in Venezia » !

🏵 *Rigattieri (zoom détachable C4, 207) :* calle dei Frati, San Marco, 3535. ☎ 041-277-12-23. Tlj sf dim 9h30-13h, 15h-19h30. Connaissiez-vous les céramiques de Bassano del Grappa, ce petit village de Vénétie ? Une profusion de vaisselle décorée de fruits et légumes colorés, des soupières en forme de chou... Ça plaît ou non mais ça vaut le coup d'œil. Également des lampes en verre de Murano.

# À voir

## LA PIAZZA SAN MARCO

*Vaporetti n°s 1 et 2, arrêt San Marco Vallaresso, ou n°s 4.1, 4.2, 5.1 ou 5.2, arrêt San Zaccaria.*
Avec ses deux espaces formant une équerre, c'est l'une des plus célèbres au monde. Vous noterez d'ailleurs que c'est la seule *piazza* de Venise. Toutes les autres places sont appelées *campo*. C'est par ici que l'on débarquait à Venise jusqu'au XIXe s, avant que soit construit le raccordement par la route avec la terre ferme. Le caractère unique de la place provient de la beauté des édifices qui la bordent. La basilique Saint-

### SI ÇA VOUS BOTTE...

*Point le plus bas de Venise, la place Saint-Marc se retrouve la première sous les eaux quand la lagune déborde, surtout de novembre à avril. Elle a été, et devrait être encore, progressivement surélevée pour échapper aux inondations. Vous pouvez toujours emporter vos bottes, mais ça prend de la place, et les Vénitiens, véritables marchands du temple, en ont toujours des paires à vendre (fluo ou à l'effigie de Venise !) aux touristes non étanches.*

Marc *(basilica di San Marco)*, le palais des Doges *(palazzo Ducale)*, la tour de l'Horloge *(torre dell'Orologio)* et le Campanile sont autant de merveilles architecturales que vous visiterez dans une atmosphère de faste ou de recueillement... C'est aussi le théâtre permanent de toute la vie publique. Il faut y venir tôt le matin ou le soir, après le départ des touristes d'un jour, pour en apprécier toute la majesté.

🏛🏛🏛 *Basilica di San Marco (plan détachable et zoom détachable D-E4) :* sur la pl. Saint-Marc. ☎ 041-270-83-11. ● basilicasanmarco.it ● Lun-sam 9h45-17h ; dim et j. fériés 14h-17h (16h nov-Pâques). *Attention, avt même de faire la queue pour entrer, dépôt obligatoire des sacs à dos à la consigne, dans une petite rue sur la gauche, comme un panneau l'indique. Tlj 9h30-17h (pas de dépôt possible après 16h45). Gratuit et sûr (de tte manière, il n'y a pas le choix !). Photos strictement interdites. Accès aux loggias au-dessus de la façade et au musée di San Marco : 6 €.*
Avr-oct, visite guidée liturgique gratuite en italien ou dans d'autres langues selon calendrier, lun-sam vers 11h. Rdv dans le grand vestibule d'entrée de la basilique.

*Un conseil, préférez la visite quand la lumière artificielle vient éclairer les mosaïques recouvertes d'or, spectacle époustouflant. Éclairage en sem 11h30-12h30, w-e tte la journée.*

C'est le joyau de la ville. Venir à Venise sans la visiter, c'est un peu comme boire un vin exceptionnel dans un verre à moutarde, ça manque de saveur !

*La façade*

La basilique Saint-Marc fut édifiée au XIe s après l'incendie d'un premier bâtiment en bois, construit au IXe s pour abriter les reliques de saint Marc. On voit clairement dans l'architecture même de la basilique les liens qui unissaient Venise et Constantinople. D'abord par sa forme en croix grecque, sur le modèle des églises orientales. Puis par les ajouts, à partir du XIIe s, de plaques de marbre et de matériaux précieux pillés lors des expéditions de la Sérénissime. L'édifice, au départ en brique, s'est enrichi au fil des siècles pour devenir un des plus beaux mélanges de styles au monde (byzantin, gothique,

## L'ART DE LA DÉROBADE

*En l'an 828, deux marchands vénitiens envoyés en mission par le doge à Alexandrie, en Égypte, dérobèrent le corps momifié de saint Marc, objet d'une très grande vénération. Pour le soustraire à la vigilance des gardiens, ils couvrirent la dépouille de porc salé ! Les musulmans laissèrent filer la très vénérable momie sans prendre le risque de manipuler la viande impure. La mosaïque située à droite sur la façade de la basilique Saint-Marc illustre cet épisode rocambolesque : on y voit même l'un des gardiens se pincer le nez, l'air dégoûté !*

Renaissance...). Et comme la basilique est également un formidable outil de propagande politique, sa richesse démontrant la puissance de la ville, la façade est percée de **cinq portails ornés de mosaïques** retraçant évidemment pour quatre d'entre eux un épisode de la vie du patron de la Sérénissime, saint Marc : l'arrivée de son corps à Venise.

Le **portail le plus intéressant** est celui de gauche, dédié à saint Alipius. Il abrite la seule mosaïque originale de la façade, représentant « la Translation du corps de saint Marc » (l'arrivée du corps à Venise, autrement dit !), et permet de voir la basilique telle qu'elle se présentait au XIIIe s avant l'ajout d'éléments gothiques. Les quatre autres portails comportent des mosaïques du XVIIe s pour les plus anciennes (à l'exception de celles de l'entrée principale, refaites au XIXe s). Les bas-reliefs des trois arcs qui forment ce portail central méritent un peu d'attention. Y sont représentés : les mois, les signes du zodiaque, les 13 corps de métiers traditionnels et d'autres détails que nous vous laissons découvrir. Ce superbe livre d'images a été gravé dans la pierre au milieu du XIIIe s par des artistes anonymes. On dit que le vieillard avec ses béquilles représente sur la gauche serait l'architecte de la basilique.

L'**étage supérieur de la façade** est constitué d'une terrasse d'où le doge assistait aux cérémonies et aux fêtes données sur la place. Au centre se dressent les quatre célèbres **chevaux de bronze** qui ont tant attisé les convoitises (les originaux sont conservés à l'intérieur de la basilique, au musée Marciano, pour éviter la corrosion). Dans un premier temps, ils furent volés à l'hippodrome de Constantinople lors de la quatrième croisade, en 1203. Puis, en 1797, ce fut au tour de Bonaparte de les dérober pour orner l'arc de triomphe du Carrousel à Paris... avant qu'ils ne retrouvent leur place d'origine en 1815 ! N'oubliez pas d'aller voir, piazzetta dei Leoncini, la **façade nord**, remarquable par sa *porta dei Fiori* surmontée d'une *Nativité*.

La **façade sud,** quant à elle, ouvre sur la *piazzetta* et sur la lagune. Sur le côté droit de la basilique se dressent deux pilastres de marbre, chefs-d'œuvre de l'art syrien du VIe s. Ces pilastres dits *de Saint-Jean-d'Acre,* provenant en réalité de Constantinople, ont été pris après la victoire des Vénitiens sur les Génois en 1256. La « pierre du ban », servait de piédestal pour proclamer les décrets et les lois. De Byzance provient probablement aussi le **groupe des Tétrarques,** sculpté au IVe s dans un bloc de porphyre rouge.

*Le narthex*

C'est le grand vestibule d'entrée qui précède le cœur de l'édifice. Il s'agit donc d'une introduction, où toutes les mosaïques qui couvrent les parois ont trait à l'Ancien Testament, alors que celles de l'intérieur de la basilique racontent des épisodes du Nouveau Testament. Sur la droite, la coupole de la Création est représentée comme une bande dessinée à lire dans le sens inverse des aiguilles d'une montre. Suit l'histoire du Déluge avec l'arche de Noé. Avec l'arc dit « du Paradis », dû à des cartons du Tintoret et de Titien, nous quittons temporairement l'Ancien Testament. Nous le retrouvons avec la tour de Babel, sur l'arche suivante, l'histoire d'Abraham et celle de Joseph, qui se poursuit après le comptoir de vente. La dernière coupole est consacrée à l'histoire de Moïse.

– Dans le narthex, sur la droite, se trouve également l'escalier qui conduit à la galerie supérieure et au *museo di San Marco.* Vous y admirerez de près les quatre fameux « chevaux voyageurs ». Extraordinaire aussi pour admirer de très près les mosaïques de la basilique ainsi que pour voir d'en haut l'intérieur de la basilique. De la terrasse, beau panorama sur la place Saint-Marc et le grand bassin de Saint-Marc.

*L'intérieur de la basilique*

L'affluence fait parfois perdre à ce lieu, en pleine journée, son côté mystérieux. On doit suivre la foule des visiteurs le long du chemin balisé par des tapis qui préservent le pavement du XIIe s. Ne boudons pas pour autant notre plaisir, ce que l'on voit est extraordinaire.

Les fastueuses mosaïques et les marbres les plus rares (on en a recensé 60 différents !) habillent l'ensemble des volumes intérieurs. Ces mosaïques sur fond d'or (d'où le surnom d'« église d'Or ») furent exécutées fidèlement d'après la tradition orientale codifiée au mont Athos. Arrivé au centre de la basilique, retournez-vous pour découvrir au-dessus de l'entrée celle qui représente le Christ avec la Vierge et... saint Marc, encore lui ! Normalement, il devrait s'agir de saint Jean, mais la politique à Venise a ses raisons... Puis, en levant la tête côté chœur, on découvre successivement le Christ bénissant, l'Ascension, la Pentecôte, le Jugement dernier, et, côté porte, le Paradis. Les côtés de la basilique sont dédiés à l'histoire de la vie des saints. Avec plus de 8 500 m², la plus grande surface au monde, il y a de quoi faire ! Derrière l'impressionnante iconostase (ou jubé) en marbre et l'autel, se trouve le *retable d'or* (la *pala d'Oro*) est un extraordinaire ouvrage d'orfèvrerie *(visite payante : 2 € ; lun-sam 9h45-17h, 16h en hiver ; dim et j. fériés 14h-17h, 16h en hiver).* Commandé en 976 apr. J.-C. et réalisé par des artistes byzantins, il s'agit d'un très grand (3,45 m sur 1,40 m) retable en or (plaques d'or massif) incrusté de centaines de pierres précieuses et de 80 émaux représentant la vie de Jésus et de saint Marc. Au fil des siècles, les doges l'ont enrichi en y ajoutant de nouveaux émaux. Bizarrement, il n'a pas été volé par Bonaparte en 1797...

– Les amateurs d'orfèvrerie religieuse ne manqueront pas la visite *(3 € ; lun-sam 9h45-17h, 16h en hiver ; dim et j. fériés 14h-17h, 16h en hiver)* du *trésor* de la basilique Saint-Marc : calices, reliquaires, brûle-parfum, coffrets, etc., finement ciselés et ornés de pierres précieuses. Objets rapportés principalement de Constantinople à l'issue de la quatrième croisade en 1203. Parmi les reliques les plus étonnantes du trésor, on trouve le

## ON A PERDU SAINT MARC !

*À peine arrivée à Venise, la précieuse dépouille fut cachée par les gardiens pour la soustraire à la convoitise. Mais ces derniers périrent lors de l'incendie qui détruisit en partie l'église au Xe s ! L'emplacement du tombeau fut perdu... jusqu'à ce qu'une paroi d'origine s'effrite et révèle en 1094 les reliques aux Vénitiens inconsolables. Aujourd'hui, saint Marc repose dans un sarcophage sous le maître-autel, c'est plus commode.*

pouce de saint Marc, des morceaux de la Vraie Croix du Christ, une fiole du sang du Christ, un doigt de Marie-Madeleine, des cheveux de la Vierge...

– *Autres curiosités de la basilique* : certains historiens prétendent que les colonnes encadrant les deux anges en mosaïque (sur les côtés de l'autel principal) viendraient de la maison de Ponce Pilate. D'autres que les colonnes noires et blanches de l'atrium (entrée principale) proviendraient du temple de Salomon à Jérusalem.

🎥🎥 *Les Procuratie* (zoom détachable D4) : ce sont les bâtiments reposant sur une série d'arcades qui bordent la place Saint-Marc. Ils furent construits pour installer les appartements et les bureaux des procurateurs, les dignitaires de la République qui secondaient le doge et s'occupaient de l'administration de la ville. Les *Procuratie Vecchie* (au nord de la place) furent édifiées au XVIe s et comptent une cinquantaine d'arcades qui s'étendent sur 150 m. Les *Procuratie Nove* (au sud) furent construites au début du XVIIe s, en reprenant le même schéma que l'autre façade. En temps de carnaval les Procuratie se transformaient naguère en lieu de débauche et de prostitution. Le président de Brosses, un voyageur français du XVIIIe s, le constate : « ... il y a sous les arcades des Procuratie autant de femmes couchées que debout... Dernièrement, on a arrêté 500 courtiers d'amour »... Difficile à imaginer aujourd'hui...

Au fond de la place, à l'ouest, on trouve les *Fabbriche Nove*, où Napoléon Ier, alors roi d'Italie, installa son palais royal (qui s'étendait d'ailleurs de l'aile ouest à toutes les *Procuratie Nove*, occupant l'actuel *musée Correr*). Pour bénéficier d'une grande salle de bal avec vue sur la place, il n'hésita pas à faire détruire l'église San Gimignano ! Actuellement, les Procuratie abritent toujours des bureaux et divers musées (voir plus loin). Sous les arcades, vous trouverez de nombreuses boutiques et quelques prestigieux cafés (le *Caffé Florian* notamment) devant lesquels de petits orchestres de chambre jouent à la belle saison.

🎥 *Torre dell'Orologio* (tour de l'Horloge ; zoom détachable D4) : c'est l'édifice qui se dresse au bout des Procuratie Vecchie. ● torreorologio.visitmuve.it ● Résa obligatoire : ☎ 848-082-000. Visite guidée en français lun-mer à 14h et 15h ; jeu-dim à 10h et 11h. Fermé 1er janv et 25 déc. Attention : cette visite n'est pas incluse dans le billet commun des monuments de la pl. Saint-Marc. Entrée : 12 € ; réduc (offrant l'accès gratuit au musée Correr, au Musée archéologique et à la bibliothèque Marciana). Sur résa. Billet en vente au musée Correr. Interdit aux moins de 6 ans et déconseillé en cas de problèmes cardiaques ou de claustrophobie. Porter de bonnes chaussures pour la grimpette. Photos autorisées.

La construction de la tour commença en 1496 et fut complétée par l'adjonction de deux parties latérales en 1506. La terrasse qui surmonte le tout ne fut ajoutée que bien plus tard, en 1755. Juste au-dessus de l'arc qui ouvre vers les *Mercerie* se trouve la grande horloge. Elle indique les heures, les phases de la lune, la course du soleil par rapport aux signes du zodiaque et les saisons. On raconte que le Sénat fit crever les yeux des deux horlogers qui avaient mis son mouvement au point, afin qu'ils n'en divulguent pas le secret de fabrication. Une chose, dans tous les cas, crève les yeux : la même légende court partout en Europe à propos d'horloges semblables.

La **particularité de cette horloge** est de compter 24h marquées de I à XXIV. La première heure du jour commence à 4h du matin (et non comme aujourd'hui juste après minuit). Ce système d'heure dite « **heure italique** » fonctionna jusqu'à l'invasion de Venise par Bonaparte en 1797. Celui-ci la remplaça par l'heure française avec une journée divisée en deux fois 12h.

Pour les cinéphiles, sachez que cette fameuse horloge est fracassée par James Bond dans le deuxième film de la série, tourné à Venise.

Au sommet de la tour, on retrouve le lion, emblème de Venise, puis, de part et d'autre de la cloche, les célèbres Maures (*Mori* en italien), les jacquemarts qui frappent les heures à l'aide de maillets. Le nom *Mori* viendrait du fait que le bronze utilisé pour le coulage de ces deux statues est particulièrement foncé.

🎥🎥 *Le campanile* (zoom détachable D-E4) : ☎ 041-522-40-64. Pâques-juin et oct, tlj 9h-19h ; juil-sept, tlj 9h-21h ; nov-Pâques, tlj 9h30-15h45. Attention, *horaires indicatifs, ils peuvent changer : ouv souvent plus tard l'été, et en fonction des conditions météo. Fermé 20 j. en janv pour travaux de maintenance. L'accès (8 €) se fait par un ascenseur. Audioguide : 3 €. Évitez le w-e, car l'attente peut être fort longue. Petite info si vous souhaitez ou non être aux premières loges : les cloches sonnent à 9h, 12h, 14h et 18h30. Attention, pensez à prendre une petite laine : il fait parfois plus frais en haut.*

La première construction de la tour remonte au IXe s. Elle prit sa forme actuelle au XVIe s. Galilée y présentera sa lunette astronomique le 21 août 1609. Haut de 98 m, l'ensemble fut entièrement reconstitué en l'état après son effondrement sur lui-même le 14 juillet 1902. Comme l'événement avait été anticipé, le monument ne fit qu'une seule victime en s'écroulant : le chat du gardien.

Chacune de ses cinq cloches avait, au temps de la République, une fonction particulière. Elles pouvaient aussi bien indiquer le début et la fin des réunions du gouvernement qu'annoncer une exécution capitale.

### BLOND VÉNITIEN, MODE D'EMPLOI !

*Du haut du campanile, on aperçoit des petites terrasses légères, les* altane. *Pour donner à leurs cheveux cette légendaire nuance « blond vénitien » (un blond cuivré), les Vénitiennes avaient l'habitude d'exposer leur chevelure aux ardents rayons du soleil depuis ces terrasses, tout en les enduisant d'une mixture faite d'urine de chat ou de cheval. Les dérivés d'ammoniaque contenus dans l'urine favorisaient l'éclaircissement des cheveux.*

Au sommet, splendide panorama sur les îles environnantes. Notez également le paysage toujours changeant des toits vénitiens dont vous découvrirez vite une des composantes : les célèbres *fumaioli*, ces cheminées évasées vers le haut qui évitaient les retombées de scories incandescentes. On les voit à profusion dans les tableaux de Carpaccio.

Au pied du campanile, sur le côté droit, remarquez le système qui mesure le niveau de la marée. Quand le voyant rouge s'allume, l'alerte est donnée ; chacun doit alors prendre ses dispositions !

🎭 *Piazzetta San Marco* (zoom détachable E4) : « le vestibule de la place Saint-Marc » est la placette accolée perpendiculairement à la *piazza San Marco*. Si elle n'est pas aussi majestueuse que sa grande sœur, elle offre néanmoins une vue magnifique sur l'île de San Giorgio Maggiore et la *punta della Dogana* (pointe de la Douane). D'un côté, elle est bordée par le *palais des Doges* et de l'autre par la bibliothèque *Marciana*. Au bord du *Molo* s'élèvent deux colonnes monolithiques rapportées d'Orient en 1125. Une troisième était prévue, mais elle est tombée dans la lagune lors de son transbordement ! Ces deux colonnes portent les emblèmes des patrons de la ville : saint Théodore terrassant un dragon, et le lion ailé de saint Marc. Les Italiens superstitieux ne passent jamais entre ces deux colonnes, car c'est là qu'on exécutait les condamnés à mort ! Sur le quai, à droite en quittant la *piazzetta*, se tient la *Zecca*, l'ancien palais de la Monnaie. Il est important de rappeler que les pièces frappées à Venise circulaient dans toute l'Europe et qu'elles contribuaient au rayonnement de la cité. Aujourd'hui, on y a installé les salles de lecture de la bibliothèque.

## Les autres monuments de la place Saint-Marc

*– Quelques infos utiles avant de partir à la découverte des autres monuments de la place Saint-Marc (billet commun) :* palais des Doges, musée Correr, Musée archéologique et salles monumentales de la bibliothèque nationale Marciana. *Pour ces 4 sites, il n'existe qu'un seul billet commun. Si vous souhaitez visiter slt l'un d'entre eux, vous paierez quand même le même prix global : 19 € ; réduc. Carte*

Rolling Venice *acceptée (et fortement conseillée pour les moins de 29 ans). Accès également avec le Museum Pass (voir la rubrique « Cartes ou forfaits de visites et transports » dans « Venise utile » en fin de guide). Fermés le Jour de l'an et à Noël.* De manière générale, ne faites pas la queue si vous avez déjà le billet. Autre chose : sachez qu'il n'est possible de faire qu'une seule visite par monument (donc attention à l'heure et n'espérez pas revenir le lendemain si vous n'avez pas eu le temps de tout voir). Ce billet est valable 3 mois.

– *Conseil de routard :* achetez votre billet au musée Correr plutôt qu'au palais des Doges (où la queue est souvent plus importante !). Les billets pour la visite guidée de la tour de l'Horloge s'achètent ici aussi (mais c'est en supplément).

🎭 *Museo Correr (zoom détachable D4) : San Marco, 52, au fond de la place, à l'opposé de la basilique Saint-Marc.* ☎ 041-240-52-11. ● correr.visitmuve.it ● *Avr-oct, tlj 10h-19h ; nov-mars, tlj 10h-17h. Nocturnes en saison ven-dim jusqu'à 23h. Fermeture des guichets 1h avt. Une cafétéria au décor agréable (et surtout profitant d'une superbe vue sur la place !), un vestiaire et une librairie sont à la disposition des visiteurs. Fiches explicatives sur les œuvres dans chaque salle. Bon à savoir : l'accès au Musée archéologique se fait par le musée Correr (par la salle 5) et la bibliothèque Marciana se trouve dans la continuité du Musée archéologique.*
C'est immense. Mais pas de panique, la visite des salles (près de 50, quand même !) se fait sans effort, au gré d'un parcours bien ficelé et jamais surchargé. Et comme les sujets sont multiples, traitant aussi bien de la Sérénissime que de l'art ou de l'histoire, on ne s'ennuie pas. Quant à Correr, c'est le généreux donateur issu du sérail vénitien qui a légué ses collections en 1830 ! Une excellente introduction à l'histoire de la ville.

*1er étage*
La visite commence par la vaste salle de bal et les **salles impériales** du palais royal. Quand bien même on conserve ici quelques meubles d'époque napoléonienne, la déco remonte à la période des Habsbourg. Ce sont les fameux appartements d'Élisabeth de Wittelsbach, plus connue sous le nom de Sissi. La belle, incarnée à l'écran par Romy Schneider, y séjournera quelques mois seulement, tandis que son « Franzy », le jeune souverain François-Joseph, lui rendra visite une bonne dizaine de fois. On découvre la salle à manger, la salle des audiences, puis des lieux plus intimes (cabinet d'études, boudoir) : beaux meubles de style Empire ou néobaroque, de splendides lustres de Murano (concurrencé par le cristal de Bohême à l'époque) ainsi qu'une tapisserie rouge et or refaite à l'identique. Au bout de l'enfilade de pièces, une porte ouvre sur un autre appartement tout aussi somptueux, celui de François-Joseph.

– On accède ensuite à une série de salles dédiées au sculpteur Canova, puis à une somptueuse bibliothèque en noyer du XVIIe s (salle 8) ainsi qu'à différentes sections qui regroupent toutes sortes de documents concernant les doges et l'histoire de la navigation vénitienne : magnifiques mappemondes anciennes (réalisées par Coronelli), maquettes de bateaux, etc. Admirez les énormes lanternes qui ornaient la proue des galères et les globes terrestres du XVIIe s. Les numismates trouveront également leur bonheur avec une belle collection de monnaies (dont les plus vieilles datent de Lodovico il Pio, empereur et roi d'Italie (810-840 apr. J.-C.). Dans un tout autre registre, on enchaîne dans la foulée avec une intéressante exposition d'armes et d'armures.
Retour en arrière pour découvrir un ensemble de salles consacrées aux petits bronzes et à la civilisation vénitienne avec différents objets de la vie quotidienne, notamment des jeux de société (à ne pas manquer !).

– *Les neuf salles de la Wunderkammer :* elles abritent une riche collection provenant du dépôt du musée. Peintures de doges, tableaux à thèmes religieux, coffrets en ivoire, statues, reliquaires, bijoux et camées de la Renaissance. Ne pas manquer la salle IX avec cette grande carte de Venise réalisée vers 1500 : « Venise à vol d'oiseau ». Son auteur Jacopo de' Barbari utilisa une matrice en bois de poivrier pour imprimer la carte. C'est cette matrice finement sculptée qui est exposée ici, c'est unique en Europe !

*2e étage*

Il est occupé par une **pinacothèque** *(quadreria)* rassemblant des œuvres majeures de la **peinture vénitienne depuis la fin du XIIIe s** jusqu'au XVIe s. Parmi les réalisations les plus marquantes, on note, salle 25, le travail de Paolo Veneziano (très actif au début du XIVe s) qui marie avec talent les schèmes iconographiques du byzantin (profusion des couleurs, visages allongés) à la finesse du détail et l'élégance des mouvements introduits par le gothique. Plus loin, quelques œuvres de style gothique flamboyant et on trouve, incarnant le *quattrocento,* Cosmè Tura. Très inspiré par la volumétrie magistrale de Piero de la Francesca, il nous livre une effrayante *Pietà.*

Plus loin, la peinture flamande n'est pas en reste avec Bruegel le Jeune (l'*Adoration des Mages*), qui jouxte quelques *Madone à l'Enfant* de Bartolomeo Vivarini. On enchaîne avec une autre *Pietà,* mais d'Antonello da Messina, cette fois. Son arrivée à Venise à l'hiver 1474 fut déterminante pour le développement de la peinture vénitienne de la Renaissance. Ensuite, place à Giovanni Bellini qui, attentif au message transmis par da Messina, prendra la tête d'un atelier extrêmement actif dans la seconde moitié du XVe s.

Enfin, on termine en beauté avec un **petit chef-d'œuvre de Carpaccio** connu sous le nom de *Deux Dames vénitiennes* (salle 38). On a pensé pendant longtemps que ce tableau représentait deux courtisanes attendant le client. Profonde méprise : on sait aujourd'hui qu'il s'agit de deux sœurs de très bonne famille (leur blason figure sur le vase) attendant le retour de leurs époux partis à la chasse. Mais les couples ne sont pas près d'être réunis : les maris se trouvent au musée Getty, à Malibu, sur la côte californienne (on a donné l'alerte, mais personne n'a réagi !).

🏛 **Museo Archeologico** *(Musée archéologique ; zoom détachable D4) :* piazza San Marco, 52. *Entrée par le musée Correr (inutile donc de revenir à la caisse). Même billet, mêmes horaires que le musée Correr.* La visite du musée Correr vous poussera naturellement vers cette succession de petites salles. On peut admirer de très belles statues des périodes hellénistique ou romaine. Également quelques amulettes et objets votifs égyptiens, des bas-reliefs et deux sarcophages, des cratères de la période étrusque, de la céramique attique à figures noires et rouges, une petite collection de bijoux en or allant du Ier s av. J.-C. au Ier s après, sans oublier quelques bronzes. Les plafonds et murs sont décorés par les grands peintres de l'époque.

– *Capsella di Samagher :* derrière son rideau noir, cette petite salle conserve une pièce rare, un petit reliquaire du Ve s, en ivoire et corne sculpté, provenant de Pula en Croatie (la Dalmatie était naguère sous mainmise vénitienne).

🏛🏛 **Biblioteca nazionale Marciana** *(appelée aussi Biblioteca Vecchia ; zoom détachable D4) :* piazza San Marco, 52. *Entrée dans la continuité du musée Correr, au 1er étage (même billet, mêmes horaires que le musée Correr)*

Construit par Sansovino au XVIe s (le plus grand architecte de son temps), ce monument abrite une bibliothèque dont on ne visite que les salles dites « monumentales ». Dès l'origine, le bâtiment abrita une collection de livres de la République (environ un millier de manuscrits grecs des plus précieux). Ses plafonds, ornés de grotesques sur fond d'or (petites scènes peintes à la mode à l'époque), ont été réalisés par Véronèse mais également par Bernardo Strozzi. Les murs ont été peints par Titien, Tintoret et d'autres artistes. De part et d'autre de la porte monumentale qui mène au vestibule, deux autres Véronèse !

Le vestibule est également à ne pas manquer. On y découvre la **mappemonde de Fra Mauro** (1450). Il s'agit non pas d'un globe terrestre (comme ceux de Coronelli) mais d'une représentation du monde du XVe s. L'ensemble a été peint et dessiné à plat dans un grand cercle vertical, par un moine qui n'était jamais sorti de San Michele de Murano. Cette mappemonde date d'avant la découverte du Nouveau Monde (1492). L'Afrique est encore très incertaine, les Portugais commençant à peine leur exploration des côtes de ce continent. Notez bien qu'à l'époque, Jérusalem était placée au centre du monde.

**✦✦✦ Palazzo Ducale** *(palais des Doges ; plan détachable et zoom détachable E4)* :
☎ 041-271-59-11. ● palazzoducale.visitmuve.it ● *Avr-oct, tlj 8h30-19h ; nov-mars, tlj 8h30-17h30 ; dernière entrée 1h avt fermeture. Nocturnes en saison ven-dim jusqu'à 23h. Fermé 1er janv et 25 déc. Astuce : acheter le billet au musée Correr plutôt qu'ici, cela évite de faire la queue pour entrer. Audioguide : 5 € (8 € pour 2). Pour les visites en français, téléphonez ou demandez à l'entrée, car les horaires changent souvent. Dans chaque salle, des panneaux en français détaillent les œuvres. Cafétéria et librairie.*

*La résidence des doges et de l'État*
C'est un chef-d'œuvre du gothique vénitien. Le volume imposant de la résidence des doges échappe à l'impression de lourdeur grâce à un habile procédé architectural : l'inversion des masses. Cette technique place aux niveaux supérieurs les volumes pleins, tandis que les galeries inférieures bénéficient d'une grande finesse de décor. Cela augmente la légèreté de l'ensemble, qui a l'air de reposer comme par miracle sur une dentelle de fines colonnettes. On en

### DANS LA GUEULE DU LION

*Au 1er étage du palais des Doges, on peut observer d'inquiétantes gueules de lion* (bocca di leone)*, encastrées dans le mur. Elles servaient de boîte aux lettres pour recueillir les dénonciations anonymes (il y en a d'autres en ville). Pour remédier aux abus, à partir du XIVe s, on exigea deux signatures. Et ceux qui dénonçaient à tort risquaient la peine de mort. Le nombre de lettres diminua alors considérablement...*

tremble presque devant la fragilité suggérée de l'édifice ! Mais c'est du solide, à l'image des énormes pieux de mélèze qui assurent la cohésion de l'îlot de sable sur lequel il est bâti.
Le palais n'était pas seulement la résidence du doge. En réalité, ses appartements (au 1er étage) ne représentaient qu'une infime partie du bâtiment. Les trois quarts étaient occupés par les organes politiques et judiciaires de l'État (le conseil des Dix, les Quarante, le Sénat, le Grand Conseil...). La police secrète y avait également ses bureaux. Quant au célèbre pont des Soupirs, il mène directement aux prisons.

*Visite*
La visite du palais s'organise autour de ces trois grands espaces : les **appartements**, les **salles institutionnelles** et la **prison.**
– On pénètre dans le palais par la *porte del Frumento,* en face du bassin de Saint-Marc *(bacino San Marco).* Cour intérieure magnifique avec son élégante aile Renaissance réalisée par Pietro Lombardo et ses deux fils, la façade de l'Horloge et les puits aux margelles de bronze.
– Pour accéder aux salles, emprunter le premier escalier à droite. On arrive sur les loges, magnifique dentelle de piliers qui donne sur la cour intérieure. C'est ici que s'ouvrent les inquiétantes gueules de lion encastrées dans le mur. À côté, la *scala d'Oro* (escalier d'Or) aux plafonds généreusement stuqués mène aux appartements du doge, première étape de la visite. Les feuilles d'or de l'escalier sont en vrai métal de 24 carats.

### PAS DE TROMPERIE SUR LA MARCHANDISE !

*À la cour du roi Charles IX (1560-1574), il était seyant de porter une robe dite « d'espoitrinement valois à la vénitienne », l'ancêtre de notre topless actuel. Ce costume, qui permettait aux courtisanes de mettre en valeur certains de leurs atouts, avait été imposé aux prostituées par le doge de Venise pour que les clients de ces dernières puissent les différencier des travestis qui les concurrençaient sévèrement à l'époque.*

*Les appartements du doge*
– À mi-hauteur de l'escalier sur la droite, on accède aux premières salles des appartements (ceux-ci abritant régulièrement

des expositions temporaires, ils peuvent être fermés lors des accrochages ou démontages). Ils n'avaient rien de très privé, puisque s'y déroulait aussi la vie publique du doge. Les appartements plus intimes se trouvent un peu plus loin. Le doge n'y pénétrait qu'après avoir déposé les insignes du pouvoir. Les salles n'ayant que peu de mobilier, il faut faire un effort d'imagination pour reconstituer la vie du doge. Voici les plus remarquables :

➤ **La salle des Scarlatti :** notez le plafond sculpté et une *Vierge à l'Enfant* de Titien.

➤ **La salle du Blason :** c'est ici que le doge recevait ses hôtes. On exhibait le blason du doge en charge. Cette vaste salle a la forme traditionnelle des demeures vénitiennes les plus anciennes. Les cartes peintes sur les murs visaient à impressionner les visiteurs à l'époque de la toute-puissance de la Sérénissime.

➤ **La salle Grimani :** une salle dominée par la figure du lion de Saint-Marc, que l'on retrouve sous le pinceau de Vittore Carpaccio *(Le Lion marchant)*. Le lion ailé étant bien sûr le symbole de Marc l'évangéliste.

➤ **La salle des stucs :** à la différence des autres, elle est décorée de stucs. Ne soyez pas surpris de découvrir un portrait du roi de France Henri III attribué au Tintoret. Il faisait alors une petite pause à Venise en 1574 avant de se rendre en France pour son couronnement.

➤ **La salle des philosophes :** une de nos préférées. Prenez la petite porte sur le mur qui mène à l'escalier privé du doge. Montez quelques marches et retournez-vous. Émerveillement ! *Saint Christophe* peint par Titien. L'originalité vient du fait que le saint traverse la lagune de Venise à pied, image insolite et interprétation très personnelle du peintre.

➤ **La salle Corner :** remarquez la frise sur la cheminée, les anges ailés chevauchant des dauphins aux mâchoires carnassières. Gigantesque arbre généalogique de la famille Foscarini en tableau.

*Les salles institutionnelles*

Reprendre la *scala d'Oro* (escalier d'Or) jusqu'en haut. Dans le vestibule, plafond du Tintoret *(La Justice offrant balance et épée au doge)*. Les visiteurs y faisaient antichambre avant d'être reçus.

➤ **La salle des Quatre Portes :** salle avec une belle fresque du Tintoret au plafond, ainsi qu'une toile de Tiepolo. C'est dans cette salle que patientaient les personnes qui étaient convoquées par le Conseil. Une peinture représente l'accueil du roi de France Henri III à Venise en 1574.

➤ **La salle de l'anticollège :** c'est la troisième salle d'attente (on pouvait attendre plusieurs jours avant d'être reçu par le doge !). Elle renferme la célèbre œuvre de Véronèse, *L'Enlèvement d'Europe* (remarquable luminosité). Du Tintoret toujours, série de scènes mythologiques *(La Forge de Vulcain, Mercure et les Trois Grâces, Ariane retrouvée...)*.

➤ **La salle du collège :** organe suprême de la République, composé du doge et de ses six conseillers (les sages), du président du conseil des Dix et du grand chancelier. On y recevait les ambassadeurs. Admirez la grande toile de Véronèse, *La Victoire de Lépante contre les Turcs*, qui célèbre cette fameuse bataille meurtrière qui se déroula en octobre 1571 sur les côtes de l'actuelle Grèce (Naupacte aujourd'hui). La victoire imposa la suprématie maritime de Venise en Méditerranée et freina l'avancée ottomane vers le sud de l'Europe. Plafond sculpté et doré avec peintures allégoriques du même artiste *(Mars et Neptune, Venise trônant avec Justice et Paix...)*.

➤ **La salle du Sénat :** le Sénat, composé de 120 sénateurs élus, détenait le pouvoir législatif. Dans cette salle, on assiste au triomphe du baroque. Plafond sculpté et doré, imbattable dans le genre pompeux et chargé. Ça en devient beau dans la démesure décorative. Afin de limiter la longueur des interventions, les deux horloges servaient à rappeler aux participants des débats le temps qui passait inexorablement. À partir de là, on entre dans la partie « pénale » du palais.

➤ **La salle du conseil des Dix :** de l'autre côté de la salle des Quatre Portes. Le conseil des Dix (ils étaient 17 !), sorte de service secret doté de pouvoirs judiciaires, avait été créé pour déceler les nombreux complots tramés ici et là. Il avait la faculté de révoquer le gouvernement et même le doge en personne. Toiles de

SAN MARCO

Véronèse et de Zelotti. Cette salle conduit à la petite *salle de la porte-tambour,* où l'imposante porte d'angle surmontée d'une statue de la Justice défend l'entrée du domaine des chefs du conseil des Dix et des inquisiteurs...

➢ *L'armurerie (armeria) :* impressionnante collection d'armes anciennes. Curieuses épées avec arme à feu incorporée et ancêtre de la mitrailleuse à 10 canons. Ne manquez pas les hallebardes ottomanes (Turcs) et l'armure du roi Henri IV offerte par la France à Venise. Voir aussi la superbe ceinture de chasteté en fer, recto et verso (!). Redescendre maintenant vers la salle du Grand Conseil, en passant par la *salle de la Quarantia Civil Vecchia* (sur le côté, fresque endommagée, mais d'envergure, de Guariento di Arpo, du XIV<sup>e</sup> s)

➢ *La salle du Grand Conseil*

Voici **la plus vaste salle du palais** (plus de 50 m de long et 25 m de large). On s'y sent tout petit ! Le Grand Conseil, sorte de parlement, a compté plus de 1 000 membres au XVI<sup>e</sup> s. Les plus fameux artistes (le Tintoret, Palma le Jeune, Véronèse, Bassano) réalisèrent les toiles du plafond. Mais ce qui retient le visiteur ici, c'est avant tout la gigantesque toile du fond, *Le Paradis,* réalisée par le Tintoret en 1590. Probablement **la plus grande huile sur toile du monde** (22 m sur 7 m !), avec un nombre incroyable de personnages. Au plafond, dans l'ovale, *Le Triomphe de Venise* par Véronèse. Remarquez les grosses

## UN DOGE SANS TÊTE

*Parmi les portraits des 120 doges représentés dans la salle du Grand Conseil, notez celui de Marino Falier, voilé de noir. En 1354, quelques mois après son élection, il fut destitué et décapité sur les marches de l'escalier qui avait servi de décor à son couronnement. Son crime : avoir conspiré pour conclure une paix infamante avec Gênes et voulu renverser les institutions républicaines pour les remplacer par un gouvernement personnel et autocratique. Enfin, c'est ce que ses détracteurs ont bien voulu faire croire...*

vis dans les encadrements, elles servent à tendre les toiles. Sous le plafond, une frise où figurent les portraits des 120 doges.

C'est dans cette salle du Grand Conseil qu'en juillet 1574 le roi de France Henri III fut convié au plus extravagant des banquets : « **un banquet en sucre** ». Les 3 000 invités se rassemblèrent autour d'un buffet géant atteignant la hauteur du plafond. Tout était en sucre : les mets, les plats, les couverts, les statues, les trophées... y compris les serviettes de table. Quand le roi de France voulut déplier la sienne, elle s'effrita entre ses mains...

Après une halte dans la *salle du Scrutinio,* où l'on procédait au dépouillement des votes pour l'élection des charges d'État, direction l'univers formidable des *Prigioni Nuove.*

### Les Prigioni Nuove

On parvient à ces fameuses prisons nouvelles en traversant l'emblématique pont des Soupirs (*ponte dei Sospiri*) par son couloir intérieur. Les « prisons nouvelles », un ensemble de geôles nues et sinistres, vinrent suppléer aux « plombs » (l'ancienne prison, appelée ainsi car elle était sous les toits couverts de plomb) et aux « puits » (la même chose en sous-sol, encore moins confortables à cause de l'humidité), lorsque ces derniers se révélèrent insuffisants. **Giacomo Casanova** fut détenu au dernier étage des plombs, d'où il s'évada le 31 octobre 1755.

⚙ 🍽 La fin de la visite vous projette sans ménagement dans l'univers mercantile de la librairie puis de la cafétéria, installée dans des salles voûtées.

### La sortie

En sortant, vous apercevrez l'**escalier des Géants,** flanqué de Mars (dieu de la Guerre) et de Neptune (dieu de la Mer) illustrant les origines de la richesse de Venise, placée sous la protection particulière du lion de l'évangéliste. L'intronisation des doges se déroulait sur cet escalier. On termine par la *porta della Carta,* parée des statues des vertus. Sur les montants du portail étaient affichés décrets gouvernementaux et ordres d'exécution. Au-dessus, sculpture du doge Foscari à genoux devant le lion ailé de saint Marc, dans un décor ciselé représentatif du gothique flamboyant.

➤ *Les secrets du palais des Doges :* *résas plusieurs j. à l'avance au* ☎ *041-427-308-92 ou* ● *palazzoducale.visitmuve. it* ● *Visite guidée tlj en français à 10h20 et 12h (aussi en italien et anglais à d'autres heures). Entrée : 20 € ; réduc. Carte Rolling Venice acceptée. Le billet donne droit à la visite classique du palais des Doges, mais celle-ci est à faire dans la foulée. Attention : ce billet ne donne pas accès aux autres monuments de la pl.*

## UNE PRISON DORÉE

*Malgré leur puissance, les doges étaient assignés à résidence. Pendant longtemps, Venise craignait les pirates barbaresques, de fieffés pilleurs de bateaux qui, par-dessus le marché, n'hésitaient pas à vous vendre comme esclave en Afrique. Certains doges n'avaient même pas le droit de sortir de leur palais, sauf en étant masqués. Un boulot pas si rigolo, tout compte fait.*

*Saint-Marc. Compter 1h15 pour la partie des secrets. Il faut être au min 2.* Si vous parvenez à la réserver, cette visite guidée en petit groupe permet de découvrir les passages secrets et les dessous de l'administration de la cité. Non seulement vous visiterez des lieux qui ne font pas partie du parcours classique (bureaux des fonctionnaires, archives secrètes, salles de justice, cachots, salle de torture, locaux de la police secrète du conseil des Dix, combles), mais vous apprendrez des tas de choses passionnantes sur l'histoire de la Sérénissime, État de droit à la modernité étonnante.

🎭 *Ponte dei Sospiri (pont des Soupirs ; zoom détachable E4) :* construit vers 1602, le pont des Soupirs est sans doute le pont le plus célèbre de Venise (avec le Rialto). Il reliait les locaux des juges d'instruction du palais des Doges aux « prisons nouvelles ». Ce n'est qu'au XIXᵉ s, sous l'influence du romantisme, que le nom « des Soupirs » fut attribué au pont. Beaucoup oublièrent les soupirs des prisonniers d'antan franchissant le *rio* et contemplant une dernière fois Venise à travers le treillis des fenêtres. On adopta la version sentimentale du soupir : soupirs des amoureux ou soupirs des nostalgiques de la grandeur passée de la Sérénissime.

– Vous pouvez l'admirer depuis le pont *della Paglia.* Mais vous ne serez sûrement pas tout seul... En attendant de grappiller un peu d'espace pour prendre une photo, vous pourrez tenir compagnie à Noé dans son ivresse. Le patriarche titubant y est en effet représenté, soutenu par ses fils, à l'angle du palais des Doges.

## DE LA PIAZZA SAN MARCO AU RIALTO

🎭 *Museo Diocesano (Musée diocésain ; zoom détachable E4) :* *fondamenta Sant'Apollonia, Castello, 4312.* ☎ *041-522-91-66.* ● *veneziaupt.org* ● *Avr-oct, tlj sf mer 10h-19h (dernière entrée 30 mn avt fermeture) ; nov-mars 10h-17h. Entrée : 5 € (avec le cloître) ; réduc. Pour les expos temporaires, consulter leur site internet.* À l'écart de l'agitation de la place Saint-Marc, le musée est installé au 1ᵉʳ étage du charmant petit cloître roman de Saint-Apollon. Il abrite une collection de tableaux empruntés à des églises aujourd'hui fermées, dont un Tintoret. Également des objets liturgiques comprenant de belles pièces en orfèvrerie et des sculptures en bois des XIVᵉ s et XVIᵉ s, dont deux impressionnants Jésus crucifiés.

🎭 *Les Mercerie :* cette enfilade de rues compose l'artère commerçante la plus active de Venise et relie la place Saint-Marc au pont du Rialto. À l'époque des doges, on vendait de tout dans les *Mercerie.* C'était d'ailleurs le seul endroit de Venise où les commerces n'étaient pas groupés par spécialités. C'était, en un sens, le « bazar » de la ville. Les *Mercerie* portent trois noms différents. À partir de la place

SAN MARCO

Saint-Marc, elles prennent le nom de *Merceria dell'Orologio* (la rue commence sous le porche de la tour de l'Horloge). Plus loin, on débouche sur le *campo San Zulian*, qui donne son nom au deuxième tronçon de la rue. En continuant, on atteint enfin le *campo San Salvador*. Malheureusement, les magasins originaux n'ont pas pu résister à la pression des grandes enseignes (et des boutiques tenues par des Chinois). Ceux qui restent vendent des articles beaucoup plus chers qu'ailleurs.

🏃 *Chiesa Santa Maria della Fava (zoom détachable D3) : calle della Fava, Castello.* ☎ *041-522-46-01. Lun-sam 9h30-11h30, 16h30-19h ; dim l'ap-m slt.* On raconte qu'une pâtisserie du quartier fabriquait des petites douceurs en forme de fève. Cette église du XVIII<sup>e</sup> s aurait pris par la suite le nom du gâteau ! À part cela, l'église est sans grand intérêt. Signalons tout de même *L'Éducation de la Vierge* de Giambattista Tiepolo (première chapelle à droite) et *L'Apparition de la Vierge à saint Philippe Néri* de Piazzetta (deuxième chapelle à gauche).
– En sortant, rejoindre le *campo San Bartolomeo,* juste à côté du pont du Rialto, où se dresse la statue en bronze de Carlo Goldoni, le grand homme de théâtre vénitien, réalisée en 1883 par Antonio Del Zotto.

# AUTOUR DE LA FENICE

En quittant la place Saint-Marc pour aller vers le théâtre La Fenice *(teatro La Fenice),* on traverse **le quartier le plus chic de Venise.** Finis, les petites échoppes et les petits artisans. Ici, c'est l'empire du business, avec ses boutiques de fringues de marque, ses magasins d'antiquités, ses banques, ses cafés huppés et ses restos B.C.B.G. Empruntez notamment la calle larga XXII Marzo, qui illustre parfaitement l'ambiance du quartier.

🏃 *Chiesa San Moisè (zoom détachable D4) : campo San Moisè, San Marco.* ☎ *041-528-58-40. Lun-sam 9h30-12h30, 15h-18h30 ; dim 9h30-11h, 15h-18h30.* Elle est consacrée à saint Moïse, le prophète de l'Ancien Testament (les Tables de la Loi c'est lui !). Édifiée en 1632, sa façade baroque de 1668 est richement sculptée. Il faut savoir que sa décoration était toute dévolue aux Fini, famille de nouveaux riches tardivement anoblis contre versement d'une somme rondelette. On peut voir le buste de Vincenzo Fini sur un obélisque au-dessus du portail. Le campanile date du XIII<sup>e</sup> s. À l'intérieur, belles peintures : *Cène* de Palma le Jeune et *Lavement des pieds* du Tintoret (toutes deux dans la chapelle de gauche). Autel là encore très chargé. Une curiosité dans l'allée centrale : la plaque tombale de l'économiste **John Law** (1671-1729). Ce banquier écossais fut ministre des Finances du royaume de France sous Louis XV, et inventeur du système de Law. Chassé de France, Law termina sa vie à Venise, vivant d'expédients et de jeu. Il y croisa Montesquieu en 1728.

🏃🏃🏃 *Teatro La Fenice (zoom détachable C-D4) : campo San Fantin, San Marco.* ☎ *041-78-66-72 (billetterie).* ● *teatrolafenice.it* ● *Vaporetti n<sup>os</sup> 1 ou 2, arrêt San Marco Vallaresso ; ou vaporetto n<sup>o</sup> 1, arrêt Santa Maria del Giglio ou Sant'Angelo. Tlj 9h30-18h. Visite avec audioguide : 10 € ; réduc ; réduc pour les familles (1 couple + 1, 2 ou 3 enfants) : 23-29 € le billet global. Se renseigner avt pour connaître les horaires de visite car ils changent tlj suivant les répétitions.*
Le célèbre théâtre La Fenice donne sur un adorable petit *campo* bordé également par une église à la très belle façade Renaissance. Il tire son nom du phénix, oiseau légendaire et immortel, capable de renaître de ses cendres. Ironie de l'histoire, le théâtre a brûlé deux fois, et il ressuscita deux fois de ses cendres, comme le phénix... Au cours de la visite, vous découvrirez une des plus étonnantes « bonbonnières » créées pour le plaisir des yeux et des oreilles.

*L'une des plus belles scènes du monde*
Avec son décor bleu clair argent, ce haut lieu du spectacle était considéré comme l'une des plus belles salles du monde. Détruit par un incendie qui dura 3 jours

en décembre 1835, il fut reconstruit dans le style rococo avec 174 loges et plus de 1 100 places assises. La plupart des grands noms de l'opéra italien ont vu leurs œuvres jouées pour la première fois sur cette scène : Rossini, Bellini, Donizetti ou bien sûr Verdi... Les plus grandes voix s'y produisirent. Parmi elles, Maria Malibran qui, dans les années 1830, se rendait aux représentations dans une gondole décorée d'or et de rouge (à sa mort, à 28 ans, l'un des théâtres vénitiens prit son nom). La cantatrice Maria Callas y interpréta en tout huit opéras, de 1947 à 1954, sans compter Pavarotti ou encore Montserrat Caballé, pour ne citer que les plus connus. Enfin, depuis 1930, la Fenice accueille un festival de musique contemporaine de haute volée où brillèrent Stravinski, Prokofiev ou Britten...

## UNE RÉSISTANCE ORCHESTRÉE

*Au XIX*e *s, durant l'occupation autrichienne, les Vénitiens profitaient des œuvres de Verdi qui étaient jouées à La Fenice pour faire vibrer leur élan patriotique. Leurs enthousiastes « Viva Verdi » cachaient en fait un message codé destiné à leur souverain, VERDI signifiant en fait « Vittorio Emanuele Re d'Italia » (Victor Emmanuel roi d'Italie).*

**SAN MARCO**

### 1996, le deuxième incendie

Le 29 janvier 1996, pour la deuxième fois de son histoire, un incendie – criminel, cette fois – ravagea à nouveau La Fenice. Pour éviter des pénalités de retard, une entreprise du bâtiment qui effectuait des travaux préféra mettre le feu à l'édifice. Les Vénitiens mettront 8 ans pour la reconstruire, *com'era, dov'era* (« tel qu'il était, où il était »). Les archives visuelles ont permis de reconstituer avec minutie les couleurs, les matières et la décoration. Lors de son inauguration officielle le 14 décembre 2003, le public eut la chance de découvrir les améliorations scéniques et techniques, à défaut d'apprécier toujours la mise en scène de *La Traviata,* trop moderne pour Venise. Car, il faut bien l'avouer, La Fenice reste l'Opéra avec un grand « O » d'une petite ville où les commerçants sont rois et où l'on vient plutôt pour se montrer.

## UNE RECONSTRUCTION STRICTO SENSU

*Suite à l'incendie de La Fenice en 1996, les archives de 1836 (date de la première reconstruction) se révélèrent vite insuffisantes pour rebâtir l'édifice à l'identique. Les architectes eurent alors recours au cinéma ! Ils utilisèrent en particulier les premières scènes du film Senso de Visconti, tournées en 1954 et qui se déroulent à l'intérieur de la salle... Ils s'appuyèrent également sur les scènes coupées, mais heureusement conservées, du troisième film sur Sissi.*

### La visite

La visite retrace les grandes étapes de son histoire, ponctuée d'anecdotes musicales, architecturales ou historiques. Elle donne surtout accès à l'intimité de cette salle fastueuse, aux dimensions somme toute plutôt modestes. Un million d'heures furent nécessaires pour sa reconstruction ! On apprend comment l'utilisation du papier mâché et l'installation d'une fausse coupole ont permis d'alléger la structure. Un coup d'œil à la maquette originale de l'édifice (1790), un passage par la loge impériale (fastueuse avec les velours rouges, les angelots et les miroirs à l'infini !). À noter que du temps des doges, il n'y avait pas de loge royale car le doge n'était pas un roi. La loge impériale fut créée par Bonaparte en 1807 puis détruite et reconstruite par les Autrichiens. On visite aussi cinq magnifiques salles dites apolliniennes, où l'on aperçoit encore les traces de l'incendie de 1996. Une visite intéressante qui permet de mieux saisir l'émotion que ce dernier incendie, vécu comme une tragédie, suscita chez les Vénitiens.

🐾 *Scala Contarini del Bovolo* (escalier du Bovolo ; zoom détachable D4) : San Marco, 4299. ☎ 041-309-66-05. ● *scalacontarinidelbovolo.com* ● Accès par la calle de la Vida o delle Locande. À partir du campo Manin (indiqué). Mar-dim 10h-13h30, 14h-18h. Entrée : 5 €. Dans la petite cour du *palais Contarini del Bovolo*, désormais démembré, se cache le célèbre escalier du Bovolo, dont les arcades et la balustrade rappellent un peu la tour de Pise. Son nom vient du vénitien et signifie « escalier de l'Escargot », en raison de sa forme en spirale. Il fut construit en 1499 et est enfermé dans une superbe tour à loggias. L'entrée est un peu chère, mais permet de profiter d'une vue géniale depuis le sommet.

🐾 *Chiesa Santa Maria del Giglio ou Santa Maria Zobenigo* (zoom détachable C-D4) : campo Santa Maria Zobenigo, San Marco. ☎ 041-275-04-62. ● *cho rusvenezia.org* ● À deux pas du théâtre La Fenice. Lun-sam 10h-17h (dernière entrée 16h45). Entrée : 3 €. Accès avec le Chorus Pass.
Cette église à la riche façade baroque (1683) fut édifiée initialement au Xe s. Dominant le portail principal, une statue d'Antonio Barbaro, « *capitano da mar* » (amiral de la mer), rappelle que ce généreux donateur contribua financièrement aux travaux de construction. Voir aussi, à la base des colonnes de la façade, les sculptures en relief représentant les villes, où la famille Barbaro servit les intérêts de la République.
À l'intérieur sur la droite, dans la chapelle Molin, une *Vierge à l'Enfant* et *Saint Jean-Baptiste enfant,* la seule peinture de Rubens (peintre flamand d'Anvers) conservée à Venise. Cette toile exceptionnelle est parfaitement mise en valeur par un bel éclairage. Jeter aussi un coup d'œil aux deux tableaux du Tintoret qui se cachent derrière l'autel, représentant les Évangélistes.
➤ En allant vers le Grand Canal se trouve, à gauche, l'entrée de l'*hôtel Gritti Palace.* Celui-ci fait partie des hôtels les plus célèbres du monde.

🐾 *Campo San Maurizio* (zoom détachable C4) : un *campo* calme, à l'image de l'ambiance générale du quartier. Il est bordé par une église du IXe s, reconstruite en 1806, dont la façade est assez surprenante : son fronton ressemble à celui d'un temple grec. Une brocante *(mercatino dell'antiquariato)* s'y tient plusieurs fois par an (à Pâques, à la Toussaint et juste avant Noël).

## CHEVALIERS SERVANTS

*De nombreux nobles veufs épousaient en secondes ou troisièmes noces des femmes beaucoup plus jeunes. Celles-ci trouvaient du plaisir ailleurs que chez leur vieil époux. Elles prenaient un amant appelé cavaliero servanti (chevalier servant). Au XVIIIe s, cette pratique était courante et reconnue.*

À gauche de l'église se dresse le *palazzo Bellavite de Baffo* qui fut la demeure de Giorgio Zorzi Baffo (1694-1768). Issu d'une famille patricienne, Baffo fut magistrat chargé des Affaires criminelles de Venise. Il est surtout connu pour ses œuvres licencieuses. Sur le mur, une plaque porte une épitaphe de Guillaume Apollinaire, faisant l'éloge de ce poète licencieux.

🐾 *Chiesa San Maurizio (museo della Musica* ; zoom détachable C4) : sur la place du même nom, avec son campanile penché (tte ressemblance avec un monument connu existant...). Tlj 9h30-19h30. À l'intérieur, intéressante exposition sur la lutherie et quelques explications sur Vivaldi. Les instruments italiens sont joliment mis en scène dans des vitrines. Voir notamment les violes de gambe (ancêtres du violoncelle) et la reconstitution d'un atelier du XVIIIe s (âge d'or de la lutherie italienne). Contrebasse du grand maître Amati (1670) au milieu de l'autel et des instruments de la famille des bois : flûtes traversières, hautbois, clarinettes... Une visite effectuée au son de la musique de Vivaldi.

🐾🐾 *Campo Santo Stefano* (zoom détachable C4) : l'une des plus jolies places de Venise, avec les *palais Loredan* et *Morosini.* Ne pas manquer la visite de l'*église*

*Santo Stefano* (voir ci-après). De l'autre côté de la place, l'**église San Vidal** (chiesa San Vidal) où sont donnés tous les soirs des concerts de très bon niveau (voir en fin de guide la rubrique « Spectacles : théâtre, musique et Biennale » dans « Hommes, culture, environnement »). En sortant de l'église, en face du *palais Loredan*, s'ouvre le *campiello Pisani*. L'édifice gigantesque qui le délimite abrite l'actuel conservatoire de musique, d'où s'échappent parfois quelques notes.

À partir de ce *campo*, l'itinéraire vous porte naturellement vers le *ponte dell'Accademia*.

**¶¶ Chiesa Santo Stefano** *(zoom détachable C4) :* ☎ 041-522-50-61. ● *chorus venezia.org* ● *Lun-sam 10h-17h. Entrée : 3 €. Accès avec le* Chorus Pass. C'est l'église qui borde la place au nord. Dans le pur style gothique, cette vaste église, dont la construction remonte à 1294, fut plusieurs fois modifiée. Ce qui donne un mélange d'éléments architecturaux plutôt heureux. Au XVᵉ s, elle fut agrandie et elle enjambe encore aujourd'hui le rio del Santissimo di Santo Stefano. Très beau portail de Bartolomeo Bon. À l'intérieur, remarquable plafond en forme de carène de navire renversée, peint et décoré de médaillons en damier. De nombreuses peintures à admirer, les plus remarquables étant dans la sacristie. Quelques belles œuvres du Tintoret et de Vivarini.

**¶¶¶ Palazzo Grassi** *(palais Grassi ; zoom détachable C4) :* campo San Samuele, San Marco, 3231. Rens et résas : ☎ 041-271-90-31. ● *palazzograssi.it* ● *Face à la Ca' Rezzonico. Vaporetto nᵒ 2, arrêt San Samuele ; ou vaporetto nᵒ 1, arrêts Sant'Angelo, Accademia ou Ca' Rezzonico (puis traghetto). Tlj sf mar et 24-25 déc, 10h-19h en principe, mais horaires variables selon expos. Billet combiné avec la Punta della Dogana (valable 3 j.) 20 € ; pour un seul site 15 € ; réduc ; gratuit jusqu'à 11 ans. Audioguide : 6 €, 8 € pour les 2 musées (palazzo Grassi et Punta della Dogana). Attention, fermeture totale lors de l'installation des expos, pdt plusieurs sem.*

Racheté (en usufruit pour 30 ans) en avril 2005 par François Pinault au groupe Agnelli, le palais Grassi a pour vocation de présenter uniquement des expositions temporaires, à partir de la collection d'art de l'homme d'affaires français (consulter le site internet pour connaître le programme) : morceaux choisis de la collection, expos d'art moderne et contemporain, ou encore grandes expos dites de « civilisations ». On n'y verra donc rien de permanent, autant le savoir.

*Historique*

Faute d'avoir pu installer sa Fondation sur l'île Seguin, à la place des anciennes usines Renault, à Boulogne, c'est à Venise, au bord du Grand Canal, que le célèbre homme d'affaires a choisi d'exposer l'une des 10 premières collections d'art moderne et contemporain au monde ! Le palais, qui, sous l'égide de la famille Agnelli, avait été aménagé par Gae Aulenti, a été rénové par l'architecte japonais Tadao Ando dans un parti pris de sobriété. Murs blanc cassé, sols gris, éclairage par spots intégrés dans des poutrelles métalliques côtoient des plafonds ornés de fresques du XVIIIᵉ s. On aime ou on n'aime pas, comme toujours avec le contemporain. Les salles s'ordonnent autour d'une cour centrale qui permet d'apercevoir les œuvres d'une pièce à l'autre.

*La collection Pinault*

La collection comprend plus de 7 000 œuvres (exposées par roulement) et qui rendent compte de la création artistique de 1945 à nos jours dans des domaines très variés allant de la peinture à la sculpture en passant par la photo et la vidéo. Parmi les œuvres privilégiées de Pinault (encore une fois, ne vous attendez pas à les voir toutes !), les maîtres désormais classiques du XXᵉ s comme Picasso, Mondrian et Sérusier, mais aussi Rothko, De Kooning, le courant minimaliste (Pinault est aujourd'hui le plus grand collectionneur de Judd au monde), Andy Warhol, Jeff Koons, Damien Hirst ou encore les photographies de Cindy Sherman qui peuvent être ludiques, provocantes, voire dérangeantes. D'ailleurs, certains tableaux peuvent parfois choquer les plus jeunes.

SAN MARCO

Mais le projet artistique de la Fondation Pinault ne s'arrête pas uniquement au *palazzo Grassi*. La Fondation a également fait l'acquisition de la *Punta della Dogana* (à la pointe du Dorsoduro), qui permet d'exposer les œuvres de très grands formats, impossibles à présenter à *Grassi*.

|●| ℸ Bar au 1er étage *(10h-18h30)*, pour rester dans l'ambiance, et un restaurant gastronomique.

– Après les réhabilitations du palazzo Grassi et de la Punta della Dogana, François Pinault a rénové le *Teatrino* en 2013 situé juste derrière le palazzo Grassi. Toujours en collaboration avec l'architecte japonais Tadao Ando, les travaux ont permis de conserver presque intact l'aspect extérieur de ce bâtiment rectangulaire, datant de 1961. Le Teatrino est un lieu d'échange et de rencontre culturelle. Cet espace de 1 000 m² propose des expos temporaires, des ateliers (les enfants sont les bienvenus), des projections audiovisuelles (l'acoustique de la salle est parfaite !) ainsi que des ballets et des pièces de théâtre.

**⚘ Museo Fortuny** *(zoom détachable C4)* **:** *palazzo Pesaro degli Orfei, campo San Beneto (appelé aussi San Benedetto), San Marco, 3780.* ☎ *041-520-09-95.* ● *fortuny.visitmuve.it* ● *Tlj sf mar 10h-18h (dernier billet à 17h). Ouv pdt les expos temporaires slt. Fermé 1er janv et 25 déc. Entrée : 10 € ; réduc.* Mariano Fortuny (1871-1949), andalou d'origine, était un artiste de talent et polyvalent : à ses heures photographe, peintre, sculpteur mais aussi couturier, décorateur et inventeur (notamment du fameux *dôme Fortuny* pour éclairer les scènes de théâtre), il fut particulièrement célèbre pour son atelier d'étoffes. Installé au 1er étage du palais Pesaro (style gothique du XVe s), le musée présente les différentes facettes de ce touche-à-tout de génie. L'esthétique et la mise en scène ont été privilégiées, entre tentures, objets hétéroclites, robes... Et pourtant, l'émotion est loin d'être au rendez-vous. Nudité voulue de certaines pièces et surtout manque criant d'indications pour les autres, on passe ici à côté de la complexité d'un homme qui méritait mieux que ce palais au final confus. C'est d'autant plus dommage quand on réalise que presque toutes les pièces exposées, quelles qu'elles soient, sont de Fortuny ou de son père ! En revanche, boutique bien mise en valeur, c'est déjà ça...

**⚘ Campo Manin** *(zoom détachable D4)* **:** c'est devant la *Cassa di Risparmio di Venezia,* l'une des rares verrues contemporaines de Venise (une honte aux yeux des Vénitiens, qui s'efforcent de la contourner au mieux !), que se trouve la statue de l'avocat Daniele Manin. Cet activiste nationaliste proclama la République vénitienne en 1849.

# DORSODURO

| | | |
|---|---|---|
| ● Où dormir ? ...................71 | ou un café ? | ● Le quartier de |
| ● Où manger ?...................74 | Où déguster une bonne | la Salute ● Le quartier de |
| ● Où boire un verre en | pâtisserie ?......................76 | l'Accademia ● Le long |
| mangeant sur le pouce ?..75 | ● Où déguster | des Zattere ● Le quartier |
| ● Où boire un verre ? | une glace ?.....................76 | de la Ca' Rezzonico |
| Où sortir ?......................75 | ● Achats ...........................77 | ● Des Zattere au quartier |
| ● Où boire un chocolat | ● À voir...............................77 | Santa Marta |

Code postal : 30123

Face à l'île de la Giudecca, dont il épouse à merveille les contours, Dorsoduro (« le Dos dur »), qui tire son nom du sol sur lequel il est bâti, est l'un des quartiers les plus agréables de Venise. On y prend un grand bol d'air, surtout quand on laisse derrière soi l'atmosphère saturée et les foules oppressantes de San Marco. Les rues et les canaux sont ici plus larges qu'ailleurs, mais ils donnent à cette partie de la ville un petit côté intimiste. C'est également l'un des *sestiere* les plus riches sur le plan culturel. On y trouve de prestigieux musées d'art : l'Accademia, la collection Peggy Guggenheim, la Punta della Dogana (collection contemporaine de François Pinault)... Pas étonnant que les artistes et autres créateurs y aient élu domicile ! Qui plus est, avec le petit côté riviera que lui confèrent les *Zattere* – ses quais orientés plein sud – et ses terrasses ensoleillées prises d'assaut dès que le printemps pointe le bout de son nez, il a depuis longtemps séduit étudiants et touristes. Le soir, le quartier de Santa Margarita est sans doute l'endroit le plus animé de Venise.

## Où dormir ?

### Institutions religieuses

🏛 *Istituto Canossiano San Trovaso (plan détachable B5, 39)* : fondamenta de le Romite, Dorsoduro, 1323. ☎ 041-240-97-11. ● info@collegio canossave.it ● collegiocanossave.it ● Vaporetti nº 1, arrêt Ca' Rezzonico, ou nº 2, arrêt Zattere. Couvre-feu vers minuit. Pour 1 pers 70 € ; double 110 € ; pas de petit déj. 🖥 📶 Ce couvent joliment restauré abrite une soixantaine de chambres d'une propreté irréprochable et très calmes. Organisées autour de 2 cours, toutes disposent d'une salle de bains et

d'un bureau (ambiance studieuse !). Cuisine à disposition. Certaines, au 1er étage, bénéficient d'un petit balcon. Mais les règles de vie sont un peu contraignantes et l'adresse pas donnée. Bon accueil en revanche.

🏛 *Centro culturale Don Orione Artigianelli (plan détachable C5, 40)* : campo di Sant'Agnese, Dorsoduro, 909 A. ☎ 041-522-40-77. ● info@donorione-venezia.it ● donorione-venezia.it ● Le long des Zattere, juste à côté de l'église des Gesuati. Vaporetto nº 2, arrêt Zattere. Couvre-feu à 1h. Doubles 150-190 € avec petit déj. Strictement *non-fumeurs.* 📶 Maison religieuse d'hospitalité. 2 cloîtres datant du XVᵉ s sont le principal attrait de ce centre d'hébergement où tout est très bien tenu mais sans aucun charme. Chambres fonctionnelles de 1 à 4 lits avec salle de bains et air climatisé, salle de petit déj style réfectoire. Un brin austère donc, mais l'accueil est souriant, et le rapport qualité-prix-situation est impeccable.

## De prix moyens à chic

🛏 *B & B Fujiyama (plan détachable B4-5, 93) :* calle lunga San Barnaba, Dorsoduro, 2727 A. ☎ 041-724-10-42. ● info@bedandbreakfast-fujiyama. it ● bedandbreakfast-fujiyama.it ● Vaporetto nᵒ 1, arrêt Ca' Rezzonico. Doubles 72-160 € selon saison, avec petit déj. 📶 Une charmante adresse à côté du campo San Barnaba, dans une ruelle tranquille. Quelques belles chambres très propres, aménagées dans un style européo-asiatique, donnant toutes sur le jardin. Belle terrasse, agréable aux beaux jours pour son petit déj. Fait également salon de thé, *Tea Room Beatrice (tlj sf dim).*
🛏 *Locanda Ca' Foscari (zoom détachable B4, 50) :* calle della Frescada, Dorsoduro, 3887 B. ☎ 041-71-04-01. ● locandacafoscari@hotmail.it ● locan dacafoscari.com ● Vaporetti nᵒˢ 1 ou 2, arrêt San Tomà. Couvre-feu à 1h. Doubles avec lavabo 60-100 € ; avec sdb 130 € (plus spacieuses) ; petit déj 4 €/ pers. 📶 Dans un quartier d'étudiants, un hôtel d'une douzaine de chambres dont la moitié seulement possèdent toutes les commodités. Ambiance familiale et joviale. Les chambres sont propres mais la déco est plutôt ordinaire. Les plus grandes d'entre elles, pour 3 ou 4 personnes, sont environ 35 % plus chères.

## De chic à très chic

🛏 *Hotel Galleria (zoom détachable C5, 51) :* rio terà Antonio Foscarini, Dorsoduro, 878 A. ☎ 041-523-24-89. ● info@ hotelgalleria.it ● hotelgalleria.it ● Vaporetti nᵒˢ 1 ou 2, arrêt Accademia. Juste à gauche en quittant le débarcadère. Réception au 1ᵉʳ étage. Fermé en janv. Doubles avec ou sans w-c privés 100-260 €.

*Réduc sur Internet.* 📶 Une maison du XVIIᵉ s très bien située et calme. Une petite dizaine de chambres petit format, mais confortables et joliment arrangées (tapisseries à grosses fleurs, tapis et parquet, plafonds d'origine). Celles donnant sur le Grand Canal sont nos préférées (d'autant que le petit déj est servi dans les chambres). Bien sûr, la vue se paie. Ambiance familiale. Un peu cher pour les chambres sans toilettes.

## De très chic à beaucoup plus chic

🛏 *La Calcina (plan détachable C5, 54) :* Zattere ai Gesuati, Dorsoduro, 780. ☎ 041-520-64-66. ● info@lacalcina. com ● lacalcina.com ● Vaporetti nᵒˢ 2, 5.1 ou 5.2, arrêt Zattere. Doubles avec sdb 170-380 €, avec petit déj-buffet. Également suites et chambres dans l'annexe (100-300 €). 🖥 📶 Ce fut la maison de John Ruskin, critique d'art et écrivain anglais, qui rédigea ici ses *Pierres de Venise.* C'est aujourd'hui un hôtel élégant, où l'on se sent aussitôt à l'aise : l'accueil est aux petits soins, les parties communes sont cosy, et les chambres joliment décorées de meubles d'époque et de quelques lithos. À l'arrière, une belle annexe dispose de grandes suites et d'autres chambres, avec salles de bains privées mais sur le palier pour certaines (donc plus économiques). Une belle adresse, d'autant qu'on y trouve un resto et une agréable terrasse sur le toit !
🛏 *Pensione Accademia (Villa Maravege ; zoom détachable C4-5, 82) :* fondamenta Bollani, Dorsoduro, 1058. ☎ 041-521-01-88. ● info@pensio neaccademia.it ● pensioneaccademia. it ● ♿ Vaporetti nᵒˢ 1 ou 2, arrêt Accademia. Doubles 150-350 € selon saison et standing. 🖥 📶 Une lune de miel en perspective ? Choisissez donc une chambre parmi la petite trentaine que compte cette superbe villa du XVIIᵉ s située au confluent de 2 canaux. Vous pourrez même vous faire déposer en bateau dans le petit jardin privé qui s'ouvre juste devant l'entrée. Les chambres, confortables et lumineuses, où le bois domine, sont parfois triples ou quadruples. Bar chaleureux et agréable. Accueil professionnel.

🛏 **Hotel Agli Alboretti** *(zoom détachable C5, 81)* : *rio terà Antonio Foscarini, Dorsoduro, 884.* ☎ *041-523-00-58.* ● *info@aglialboretti.com* ● *aglialboretti.com* ● *Vaporetti n^os 1 ou 2, arrêt Accademia. Congés : janv. Doubles 120-250 € selon confort, avec petit déj.* 🛜 *Familiale, accueillante et idéalement située, cette adresse parfaitement tenue occupe une belle demeure vénitienne et dispose d'une vingtaine de chambres climatisées, pas très grandes mais avec un charme classique. Certaines d'entre elles bénéficient d'un balcon, et parfois d'une vue sur des jardins. Belles affiches d'expos en déco. On peut prendre son petit déj dans un patio, protégé du soleil par une tonnelle. Un bon point de chute.*

🛏 **Hotel Locanda San Barnaba** *(plan détachable B4, 90)* : *calle del Traghetto, Dorsoduro, 2786.* ☎ *041-241-12-33.* ● *info@locanda-sanbarnaba.com* ● *locanda-sanbarnaba.com* ● *Vaporetto n° 1, arrêt Ca' Rezzonico. Doubles classiques 120-175 € (junior suites 160-215 €), avec petit déj.* 🛜 *Un palais de style gothique du XVIe s, dans une petite rue bien tranquille qui part du campo San Barnaba vers l'embarcadère. L'adresse ne manque pas de caractère. Une douzaine de chambres (dont 2 en rez-de-chaussée), toutes différentes, meublées avec goût. Elles s'ordonnent autour de l'ancienne salle de bal du palais et certaines donnent sur le petit canal. Les chambres supérieures ont conservé des fresques du XVIIIe s au plafond et l'une des junior suites dispose d'une belle mezzanine. Élégante salle à manger. Petit jardin aux beaux jours. Accueil très affable dans un beau hall d'entrée.*

## Très chic et coup de folie

🛏 **Ca' Pisani Hotel** *(plan détachable C5, 86)* : *rio terà Antonio Foscarini, Dorsoduro, 979 A.* ☎ *041-240-14-11.* ● *info@capisanihotel.it* ● *capisanihotel.it* ● 🛜 *Doubles standard 150-550 € ; junior suites 200-600 €. Réduc en réservant en ligne.* 🛜 *Grand palais vénitien du XVIe s aux murs rose pastel. Ici, tout a été savamment étudié pour un résultat remarquable. Quelques tableaux du mouvement futuriste italien ornent les murs. La déco des chambres mélange les matériaux les plus variés : lignes métalliques du mobilier et chaleur des lits en bois foncé, marbres bruns pailletés très originaux dans les salles de bains et lumière tamisée. Certaines chambres sont en duplex et beaucoup communiquent, c'est idéal pour les familles. Jacuzzi dans presque toutes les chambres et hammam au dernier étage. Terrasse vénitienne sur le toit mais malheureusement sans vue. Un hôtel digne d'une œuvre d'art !*

🛏 **DD. 724, Charming House** *(plan détachable C5, 94)* : *ramola Mula, Dorsoduro, 724.* ☎ *041-277-02-62.* ● *info@dd724.com* ● *thecharminghouse.com* ● *Doubles 300-450 € ; suites (4 pers max) 350-600 € ; avec petit déj. Offres sur le site internet (ouf !).* 🛜 *Au niveau du ponte del Formager, dans une ruelle en impasse aux abords du musée Guggenheim, cette adresse discrète semble vouloir s'affranchir des codes et standards vénitiens. Déco résolument moderne, tableaux contemporains, mobilier épuré en bois foncé habillent les chambres chic aux teintes beige-gris. Petit déj dans une salle mansardée. Accueil simple et généreux... à l'inverse des tarifs : profitez bien des promos.*

🛏 **Ca' Maria Adele** *(zoom détachable D5, 96)* : *Dorsoduro, 111.* ☎ *041-520-30-78.* ● *info@camariaadele.it* ● *camariaadele.it* ● ✗ *Vaporetto n° 1, arrêt Salute. Doubles sans ou avec vue 340-530 € ; chambres à thème 450-715 € ; avec petit déj (ouf !).* *À l'ombre de la basilique Santa Maria della Salute, une maison noble du XVIe s, entièrement réaménagée et décorée par ses nouveaux propriétaires. Héritiers d'une grande famille vénitienne, ils lui ont donné le prénom de leurs grands-mères. Des chambres classiques et confortables, pour les moins chères, mais aussi à thème, pour un séjour « luxe, calme et volupté » garanti. Chambre du Doge ou du Maure, chambre nuptiale ou orientale, à chacun son rêve... mais à quel prix !*

**DORSODURO**

DORSODURO

## Où manger ?

Les restos et bars sont légion ici dans le quartier, surtout du côté du campo San Barnaba et Santa Margherita. Attention cependant aux arnaques ! Certains restaurants se réclament du *Routard* et affichent sans vergogne des photocopies de plaques, ou des plaques datées (on peut en voir encore de 1997 !) alors qu'ils ont été retirés depuis bien longtemps du guide. Fuyez ! De nombreux lecteurs nous ont écrit pour dénoncer ces pratiques peu scrupuleuses (exemple de l'*Osteria San Barnaba*) : service horrible et piètre nourriture sont au rendez-vous...

### Sur le pouce

🍕 **Pizza Al Volo** (*plan détachable B4*, **107**) : campo Santa Margherita, Dorsoduro, 2944 A. ☎ 041-522-54-30. Tlj 11h30-2h. Part env 2 €. Pizzas normales env 4-8 €, familiales 8-14 €. D'excellentes pizzas à emporter et à grignoter assis sur un banc du *campo*. Pratique et économique. Pour votre ligne, n'oubliez pas qu'il y a un petit marché aux fruits et légumes tous les matins (sauf le dimanche) sur le *campo* !

### Bon marché

|●|🍕 **Bar alla Toletta** (*zoom détachable B5*, **121**) : calle Toletta, Dorsoduro, 1181. Tlj 7h-20h. Compter 10 € pour un plat, 5 € pour un *panino*. Un petit bistrot de quartier sans esbroufe et populaire, avec sa salle toute simple, son comptoir bien garni et sa radio qui chante... On ne fait pas le détour exprès, mais les copieux sandwichs et les bons *tramezzini* permettent de caler une petite faim à moindre coût. Les becs sucrés se régaleront dans la *pasticceria* d'à côté.

|●| 🍷 **Osteria ai Pugni** (*plan détachable B4*, **154**) : Dorsoduro, 2859. Tlj sf dim 7h-0h30. En venant du campo Santa Margarita, en direction du campo San Barnaba, passer le petit ponte dei Pugni, c'est juste après celui-ci. Un bar comme on les aime, avec une vraie ambiance chaleureuse. On peut aussi se sustenter de petits plats classiques sans pour autant vider son porte-monnaie. Excellents *cicchetti* et *taglieri* de charcutaille pour accompagner le traditionnel *spritz* du soir. Accueil affable.

### Prix moyens

|●| **Osteria alla Bifora** (*plan détachable B4*, **133**) : campo Santa Margherita, Dorsoduro, 2930. ☎ 041-523-61-19. Tlj 12h-15h, 17h-2h. Plats env 10-22 €. CB refusées. Ambiance taverne animée, avec de grosses tables communes en bois bien rustiques, éclairées par d'énormes lustres en verre de Murano. On y vient surtout pour les délicieuses sélections de charcuterie et de fromages. Mais plutôt que la sélection en assiette, on préfère les *taglieri*, qui reviennent moins cher à 2 : une très copieuse variété à partager, présentée sur une planche de bois format XL. Mieux vaut avoir faim ! Verres de vin très corrects et pas chers pour accompagner le tout. Une adresse qui marche fort.

|●| 🍷 **Impronta Cafè** (*plan détachable B4*, **108**) : crossera San Pantalón, Dorsoduro, 3815. ☎ 041-275-03-86. ● info@improntacafevenice.com ● Tlj sf dim 7h (8h sam)-2h. Env 20-25 € le repas. 🛜 Du bois brut, de l'inox et du verre dépoli pour ce café contemporain où jeunes et moins jeunes aiment se retrouver. Dans l'assiette, des sandwichs bien faits le midi, et le soir des plats traditionnels vénitiens gentiment revisités et préparés avec des produits de saison. Goûtez au tiramisù, il est très bon. Le soir, ça se prolonge avec musique *lounge* en fond sonore. Accueil sympa et dynamique.

|●| **Osteria da Codroma** (*plan détachable A4*, **142**) : fondamenta Briati, Dorsoduro, 2540. ☎ 041-524-67-89. Ouv le midi tlj sf dim, le soir jeu-sam slt. Compter 20-25 € le repas. C'est le genre d'endroit sincère et sans chichis où l'on se sent tout de suite bien : l'accueil est sympa et attentif, le cadre est simple et chaleureux (du bois, des

tables communes, un fond sonore jazzy), et la cuisine est fraîche et bien réalisée (carte courte, privilégiant des spécialités du genre poulpe et polenta, sardines marinées et agrumes...). L'été, on peut même s'installer en terrasse au bord du canal... et à l'écart des foules. Le bonheur !

|●| *La Bitta (plan détachable B4-5, 135) : calle lunga San Barnaba, Dorsoduro, 2753 A. ☎ 041-523-05-31. Tlj sf dim 18h30-22h30. Résa plus que conseillée, surtout le w-e. Autour de 30 € le repas. CB refusées.* Adresse labellisée *slow food*, grande comme un mouchoir de poche, avec une carte courte qui change quotidiennement et composée uniquement de produits frais et locaux. Comme son nom l'indique, prévoyez de l'attente ! L'été, on joue les prolongations dans la petite cour intérieure. Vins au verre.

|●| *Osteria 4 Ferri (plan détachable B4, 132) : calle lunga San Barnaba, Dorsoduro, 2754. ☎ 041-520-69-78. Tlj sf dim. Compter 25-30 € le repas. CB refusées.* Plébiscité par les Vénitiens, ce bistrot propose une cuisine locale typique et soignée, avec une carte qui change en fonction du marché. Convivialité et simplicité sont en principe les atouts de cette petite cantine de quartier, même s'il faut bien reconnaître qu'en fonction de l'affluence l'accueil est parfois un peu juste.

## Où boire un verre en mangeant sur le pouce ?

♈ 🍴 *Il Caffè Rosso (plan détachable B4, 170) : campo Santa Margherita, Dorsoduro, 2963. Tlj sf dim 7h-1h.* Le « rouge », c'est pour la petite devanture reconnaissable de loin. Mais c'est surtout LE *bacaro* (bar à vins) par excellence des étudiants et des artistes. Entre 2 verres, on grignote toasts aux crevettes, omelettes, salades, *tramezzini*, etc. L'été, en soirée, autant viser une table en terrasse, car se frayer un chemin dans la minuscule salle déjà occupée en partie par un piano relève de l'exploit ! Sinon, faites comme les autres : papotez et grignotez le verre à la main !

♈ 🍴 *Bar Adriatico Mar (plan détachable B4, 195) : calle dei Preti, Dorsoduro, 3771. ☎ 041-476-43-22. Tlj sf dim 10h-22h.* Un vrai bar de quartier tendance bobo cool, le rendez-vous des copains qui viennent en voisin écluser un verre parmi l'excellente sélection du patron. D'ailleurs, il faut connaître, il n'y a pas d'enseigne ! Mais ce repaire se repère : il est au pied du pont, et sa minuscule salle souvent bondée est prolongée par un ponton sur le canal. Vraiment sympa, d'autant que les planches de délicieuse charcuterie permettent de prolonger la fête !

♈ 🍴 *Cantine del Vino-Schiavi (zoom détachable B-C5, 173) : San Trovaso, Dorsoduro, 992. ☎ 041-523-00-34. Tlj sf dim 8h30-20h30.* Pittoresque *bacaro* au bord du rio San Trovaso. Vous y trouverez pêle-mêle les touristes et les gens du quartier, sirotant tranquillement une *ombra* autour de *cicchetti,* accoudés aux murets de pierre. Une bonne adresse pour acheter quelques bouteilles de *fragolino,* ce vin au goût de fraise que l'on déguste avec des petits gâteaux secs, en guise de dessert. Prix démocratiques.

♈ 🍴 *Osteria Al Squero (plan détachable B5, 179) : Dorsoduro, 943. ☎ 335-600-75-13. Tlj sf dim 10h-21h30.* Un petit troquet sympa comme tout à la déco rustique, qui fait salle comble dès l'heure de l'apéro lorsque touristes et locaux trinquent autour de *cicchetti...* et finissent par investir les quais dans la bonne humeur. Petits prix et bonne ambiance : c'est le carton plein !

## Où boire un verre ? Où sortir ?

Autour du campo Santa Margherita, de nombreux bars font le plein d'étudiants. Vous les repérerez facilement aux petits attroupements qui socialisent en prenant le frais un verre à la main.

🍽 🥖 **Corner Pub** (plan détachable C5, **174**) : calle della Chiesa, Dorsoduro, 684. À l'angle avec le ponte del Formager et le ramo da Mala. Tlj sf mar 8h-22h30. Petit pub sombre et patiné où règne une bonne ambiance, conviviale et animée. Grand choix de bières et bons vins. Sandwichs variés proposés en salle ou au bar. Accueil jeune et dynamique.

🍽 🎵 **Café Noir** (plan détachable B4, **262**) : crosera San Pantalón, Dorsoduro, 3805. Tlj jusqu'à 2h. Impossible de le rater. La devanture est... toute noire ! L'un des hauts lieux de la branchitude vénitienne, où la clientèle jeune vient papoter à l'heure de l'apéro autour d'un spritz et d'une grignote.

🍽 🎵 **El Chioschetto in Venice** (plan détachable B5, **249**) : fondamenta Zattere Ponto Longo, 1408. Tlj jusque tard (slt 18h ou 19h en basse saison). C'est juste un simple kiosque posé sur le quai. Mais quelle situation géniale face à la Giudecca ! S'il fait beau, sa vaste terrasse ne désemplit pas, surtout les soirs de concerts (presque tous les jours en haute saison). Un spot festif très apprécié des étudiants.

## Où boire un chocolat ou un café ? Où déguster une bonne pâtisserie ?

🥐 **Pasticceria Tonolo** (plan détachable B4, **262**) : San Pantalón, Dorsoduro, 3764. Tlj 7h45-20h (13h dim). Armez-vous de patience et faites la queue si vous comptez vous approcher de la vitrine réfrigérée de cette adresse de légende (1886). C'est, aux dires des Vénitiens, la meilleure de leur ville. Tonolo est réputée pour vendre à chaque fête la spécialité du moment, comme, à Pâques, la fugassa veneziana, par exemple.

☕ 🥐 **Imagina Café** (plan détachable B4, **264**) : rio terrà Canal, Dorsoduro, 3126. ☎ 041-241-06-25. • imagina_cafe@yahoo.it • Lun-sam 7h (8h dim)-21h (1h ven-sam). 📶 Pour une pause cosy et tranquille, direction ce joli café à la déco dépouillée-moderne, qui offre ses murs aux artistes locaux. Les fatigués et les amoureux prendront une place dans les épais canapés blancs de la salle du fond. Cafés très bons, aux recettes inventives et savantes.

☕ 🥐 🥖 **Majer** (plan détachable B4, **266**) : rio terrà Canal, Dorsoduro, 3108 B. ☎ 041-528-90-14. Tlj 7h (8h dim)-20h. C'est l'un des rejetons d'une chaîne locale de snack-pâtisseries. Qualité, variété et prix doux sont ici des valeurs sûres. Paninis, focaccie et salades dans cette boulangerie-pâtisserie-sandwicherie bien appétissante. Mais aussi tramezzini frais. Également des tartelettes et des frittole en période de Carnaval, sorte de beignets nature ou fourrés. En revanche, à la différence d'autres succursales où l'on peut s'asseoir, ici c'est seulement de la vente à emporter.

## Où déguster une glace ?

🍦 **Il Doge** (plan détachable B4, **253**) : campo Santa Margherita, Dorsoduro, 3058 A. Tlj 11h-minuit (ferme plus tôt hors saison). Excellent glacier proposant des dizaines de parfums différents. Ici, tout est garanti fait maison et reste à des prix doux.

🍦 **Gelateria Squero** (plan détachable B5, **261**) : Dorsoduro, 989/990. Un petit glacier qui ne paie pas de mine, mais une chose est sûre, c'est que tous les gamins viennent y lécher un cornet à la sortie de l'école (juste à côté) ! Glaces fameuses 100 % maison !

🍦 **Gelateria Nico** (plan détachable B5, **255**) : fondamenta Zattere ai Gesuati, Dorsoduro, 922. ☎ 041-522-52-93. Tlj sf jeu 7h-22h. Fermé quelques sem en déc-janv. Bar-glacier animé aux beaux jours, avec une grande terrasse donnant sur le canal de la Giudecca. Bonnes gelati que l'on peut emporter ou manger sur place (prix majorés). Spécialité : le gianduiotto, pavé de glace au chocolat praliné nappé de chantilly maison, à prix raisonnable.

🍦 **Gelateria Al Sole** (plan détachable B5, **254**) : fondamente Zattere Ponto Longo, 1472. Tlj 11h-23h (horaires restreints en basse saison). Un bon glacier qui constitue une bonne étape dans cette balade le long des Zaterre ! Plusieurs parfums aux fruits de saison et un excellent chocolat noir. La pistache n'est pas mal non plus. Accueil gentil tout plein.

## Achats

⊛ 🧸 **Signor Blum** (plan détachable B4, **209**) : campo San Barnaba, Dorsoduro, 2840. ☎ 041-522-63-67. Tlj sf dim 9h45-13h30, 14h15-19h15. Petite boutique qui offre un bel éventail de petits jouets en bois, des mobiles aux tableaux-puzzles représentant les palais et les ponts vénitiens. Une artiste pleine d'imagination et de dextérité !

⊛ **Ca' Macana** (plan détachable B4, **216**) : Dorsoduro, 3215. ☎ 041-277-61-42. Face au campo San Barnaba, en traversant le canal. Tlj 10h-18h30. Impossible de manquer cet atelier qui renferme une étonnante collection de masques. Il y a de tout : certains sont très classiques, d'autres plus originaux… voire complètement délirants (mieux vaut aimer le style cyber-punk !). Pour la petite histoire, la maison a fourni une partie des masques dans le film *Eyes Wide Shut* de Stanley Kubrick avec Nicole Kidman et Tom Cruise. Autre atelier un peu plus loin, juste en face de *Danghyra* (plan détachable B4, **229**), où l'on peut venir soi-même peindre ses masques.

⊛ **Il Grifone** (plan détachable A4, **231**) : fondamenta del Gaffaro, Dorsoduro, 3516. ☎ 041-522-94-52. Tlj sf dim-lun 10h-13h, 16h-19h (en continu et jusqu'à 18h mar et ven). Maroquinerie de qualité, où le très sympathique artisan travaille dans son atelier donnant sur la boutique. Beaux articles de cuir faits main, à tous les prix.

⊛ **Cose Vecchie e Nuove** (plan détachable B4, **217**) : calle lunga San Barnaba, Dorsoduro, 2748. Tlj sf dim 9h30-12h30, 16h-19h30. On ne trouve plus guère de boutiques de vraie dentelle de Venise. En voici une charmante et rétro, estampillée « *artigianato veneziano* », un gage de qualité. Certes, les modes évoluent, mais pourquoi ne pas craquer pour un chemin de table, des nappes ou des serviettes brodés, d'un autre temps ?

⊛ **Danghyra** (plan détachable B4, **229**) : Dorsoduro, 3220. ☎ 041-52-24-195. Mar-dim 10h-13h, 15h-19h. Une adresse qui se distingue des habituels magasins de verrerie et de masques. Superbe vaisselle au design contemporain et même quelques bijoux en céramique à prix abordables. Accueil affable.

⊛ **Marina e Susanna Sent** (zoom détachable C5, **232**) : campo San Vio, Dorsoduro, 669. ☎ 041-520-81-36. Un beau magasin consacré à la verrerie (et une de plus !). Les deux sœurs ont choisi d'associer la tradition du verre et la création contemporaine. Les objets sont résolument originaux comme les vases colorés ou les colliers sublimés par le verre de Murano. Pour s'offrir une petite folie, c'est ici ! Conseils avisés et accueil agréable. Une autre adresse située dans San Marco au niveau du *ponte San Moïsé*.

**DORSODURO**

# À voir

## LE QUARTIER DE LA SALUTE

Avis aux amoureux et aux contemplatifs, on peut faire le **tour de la Punta della Dogana (pointe de la Douane),** tout au bout du Dorsoduro, pour profiter à la fois du Grand Canal, de la place Saint-Marc, de San Giorgio Maggiore et de la Giudecca. Encore mieux au coucher de soleil : la vue est sublimissime !

🎭🎭🎭 *Punta della Dogana* (Pointe de la Douane ; zoom détachable D5) : à droite en sortant de l'église de la Salute, au bout du quai. ☎ 041-271-90-31. ● palaz zograssi.it ● Tlj sf mar 10h-19h (billetterie jusqu'à 18h). Fermé 24-25 déc. Billet groupé (valable 3 j.) avec le palazzo Grassi : 20 € ; pour 1 seul site 15 € ; réduc ; gratuit jusqu'à 11 ans. Audioguide : 6 € (8 € pour le supplément palazzo Grassi). Café au rdc, 10h-19h. Possibilité de visite guidée consacrée slt au bâtiment (en français). Attention à la fermeture totale mais temporaire lors de l'installation des expos, pdt plusieurs sem.

– *Petit rappel historique :* située à la pointe de Dorsoduro, la douane de mer offre un point de vue dégagé sur le bassin de Saint-Marc *(bacino San Marco).* Autrefois, les embarcations qui arrivaient à Venise devaient y dédouaner leurs marchandises avant de rejoindre le quartier du Rialto. Une chaîne était même tendue entre la tour et la rive opposée afin d'arrêter les navires... L'édifice a été construit en 1677. Il est surmonté d'un globe doré soutenu par deux atlantes en bronze et sur lequel une statue de la Fortune fait office de girouette. Situés derrière, les anciens entrepôts servaient à stocker le sel qui, à l'époque, était le seul moyen de conserver les aliments.

– *Visite :* c'est le deuxième lieu consacré à l'art contemporain rêvé et réalisé par François Pinault. Une vitrine encore plus large pour sa collection d'art moderne et contemporain, car ce lieu mythique, désaffecté depuis 40 ans et dans un état déplorable, était le dernier espace capable de contenir les œuvres de grande dimension, les sculptures et les installations que le *palazzo Grassi* ne pouvait accueillir (voir le chapitre « San Marco »). François Pinault est concessionnaire de ce site pour 30 ans. Il a pris en charge la totalité des travaux de réhabilitation (au total, 30 millions d'euros). Les six nefs des deux étages forment un centre d'art de 4 300 m², dont 3 000 m² d'exposition. Le projet a été confié à Tadao Ando (comme pour le *palazzo Grassi).* Le cœur du musée est constitué d'un cube, enchâssé dans le triangle du site, l'une des marques de fabrique de l'architecte japonais. Tout est d'origine, sauf le sol prévu pour se prémunir de l'*acqua alta.* Ici est présentée temporairement une centaine d'œuvres (sur les 3 000 que l'homme d'affaires français a rassemblées). Le rythme d'expo est plus long qu'au *palazzo Grassi* (2 ans).

## DE LA BOXE AU BÉTON...

*Tadao Ando, autodictate, a commencé à l'âge de 14 ans par agrandir la maison de sa grand-mère, puis, pour se faire un peu d'argent, débuta sa vie professionnelle comme... boxeur. Que de chemin parcouru pour cet architecte japonais de renom dont le maître incontesté est Le Corbusier ! Il est réputé pour avoir fait du béton une matière reconnue comme œuvre d'art...*

🎭🎭 *Santa Maria della Salute* (plan et zoom détachables D5) : à l'entrée du Grand Canal, presque en face de la piazzetta San Marco. ☎ 041-522-55-58. Vaporetto n° 1, arrêt Salute. Tlj 9h-12h, 15h-17h30.
La restauration de cette monumentale église fut financée par l'Association française pour la sauvegarde de Venise. L'église, construite de 1631 à 1687 après la fin de la terrible épidémie de peste qui décima près d'un tiers de la population, s'inscrit dans le paysage avec un bonheur qui tient du miracle. L'édifice repose sur un terrain consolidé par plus d'1 million de pilotis (imaginez la forêt morte que cela représente !). Longhena, l'architecte, l'a conçue de forme octogonale pour évoquer une couronne dédiée à la Vierge. Il y consacra 50 ans de sa vie et mourut quelques années avant l'inauguration. Son originalité architecturale réside dans l'emploi des *orecchioni* (grandes oreilles), sortes de volutes en spirale coiffées de statues qui assurent la transition entre les façades et le dôme. L'architecture intérieure, quant à elle, est belle mais austère. À noter, l'icône Madonna della Salute sur le maître-autel, qui aurait été réalisée, selon la légende, par l'évangéliste saint Luc.

– Le plus intéressant se trouve dans la sacristie *(accès payant : 3 €).* On peut y admirer, entre autres, *Les Noces de Cana* du Tintoret (à ne pas confondre avec celles de Véronèse qui se trouvent au Louvre), célèbre pour ses tentatives de perspective. Des miroirs sont mis à disposition afin de mieux observer les œuvres.

🎭🎭🎭 🕴 *Collezione Peggy Guggenheim* (plan et zoom détachables C5) : palazzo Venier dei Leoni, Dorsoduro, 701. ☎ 041-240-54-40/19. ● guggenheim-venice.it ● 🍴 Vaporetti n^os 1, arrêt Salute ou Accademia, ou 2, arrêt Accademia. Tlj sf mar et 25 déc 10h-18h. Entrée : 15 € ; réduc ; gratuit pour les enfants jusqu'à 10 ans. Consigne gratuite et obligatoire. Audioguide en français : 7 € ; miniguide papier : 5 €. Présentation gratuite de la vie de Peggy Guggenheim à 12h et 16h ; présentation de l'expo temporaire à 15h30. Présentation d'un tableau (10 mn) tlj à 11h et 17h. Sur résa slt (● atodesco@guggenheim-venice.it ● ou ☎ 041-240-54-40/19) : ts les dim à 15h, visite guidée et ateliers créatifs gratuits pour les 4-10 ans.

*Un palais inachevé*
Du Grand Canal, on voit que le palais où vécut Peggy Guggenheim, une remuante milliardaire, est resté inachevé. Il ne comporte qu'un seul étage. Les Vénitiens l'appellent d'ailleurs *il palazzo incompiuto*. La famille Venier, qui avait commencé les travaux, avait envisagé de construire un palais aussi haut que celui des Corner (sur l'autre rive). Est-ce le manque d'argent ou des pressions de la part de la puissante famille Corner, mécontente de voir un rival lui boucher la vue, qui obligèrent les Venier à abandonner le projet initial.

*La muse des Surréalistes*
Peggy Guggenheim hérita très jeune (son père eut la mauvaise idée de s'offrir un billet sur le *Titanic*). Elle mena une vie mouvementée, collectionnant beaucoup de peintures, d'amants et quelques maris. En 1921, à l'âge de 23 ans, elle quitte New York pour venir habiter à Paris. Après un premier mariage raté, elle ouvre un musée à Londres en 1938. En 1939 et 1940, elle consacre son temps à acquérir de nouvelles œuvres, avec l'intention d'acheter un tableau par jour ! Elle constitue à cette époque la base de la collection que l'on peut admirer aujourd'hui. Elle se marie avec Max Ernst, rencontré entre-temps, et repart à New York pour y installer un musée-galerie. Elle soutient financièrement des artistes (notamment Pollock pendant plus de 5 ans) et organise des expositions temporaires. En 1948, la Biennale de Venise l'invite pour présenter sa collection, en fait l'exposition du modernisme la plus cohérente qui n'ait jamais été présentée en Italie, et c'est la consécration. Et, suite logique, c'est en 1949 que Peggy Guggenheim rachète le palais pour y installer les peintures qu'elle a rassemblées.
En 1962, elle reçoit le statut de citoyenne honoraire de Venise (c'était la moindre des choses !) pour avoir offert à la Ville ses collections d'art moderne. Elle passera le reste de sa vie à Venise, mais son refus du pop art et le prix croissant de l'art contemporain lui firent interrompre sa collection au début des années 1960. En 1979, à sa mort, la Fondation créée par son oncle assuma la direction et la responsabilité de la collection.
Le musée est unique malgré une quantité d'œuvres somme toute modeste. Les plus grands et importants peintres du XX^e s y sont tous représentés, permettant une approche quasi complète et donc très instructive de tous les courants.

*Le jardin*
Avant d'entrer dans le musée proprement dit, prenez le temps de flâner quelques instants dans le jardin. Les cendres de la muse des Surréalistes y sont enterrées (vers le fond), à côté de ses chiens adorés (ses *beloved babies*). Le jardin abrite également un arbre de vœux planté par Yoko Ono (2003) et de belles expos de sculpture, dont une œuvre en granit noir (*Untitled*, 2007) du plasticien anglo-indien Anish Kapoor, spécialiste du travail sur le reflet. Allez jusqu'au quai donnant sur le Grand Canal, pour la vue, évidemment, et la provocante statue équestre de Marino Marini intitulée *L'Ange de la ville*. Pour clore la question du sexe des anges, le cavalier possède un pénis... démontable ! Dans ses mémoires, Rubinstein raconte que l'attribut masculin était retiré lors de la venue d'ecclésiastiques importants.

DORSODURO

*La collection*
Le cubisme est représenté par des tableaux de Picasso, Albert Gleizes, Metzinger, Braque, Duchamp. Mais aussi deux pièces d'art africain, dont une sculpture dogon. D'autres pièces sont consacrées au futurisme et à l'abstraction, avec notamment un célèbre Mondrian *(Composition)* et un Chagall *(La Pluie)*.
Quant à la section des Surréalistes, on y trouve de splendides Delvaux *(L'Aurore)*, Dalí *(Naissance des désirs liquides)*, Max Ernst (la célèbre *Toilette de la mariée*, ainsi que *L'Antipape)*. Notez cet inquiétant « couple zoomorphe ». Miró n'est pas oublié non plus. Deux coups de cœur à ne pas manquer, et qui comptent parmi les plus célèbres œuvres du musée : *L'Empire des lumières,* de Magritte, et *La Tour rouge,* de De Chirico. Le même De Chirico qui inspira et éveilla à la peinture surréaliste Yves Tanguy, qu'on retrouve ici avec *Le Soleil dans son écrin.*
Une salle rassemble plusieurs œuvres de Jackson Pollock, à observer de près pour le relief de sa pâte, presque de la sculpture *(Alchimie, Yeux dans la chaleur).*
La fille de Peggy, Pegeen Vail, était artiste. Ses tableaux sont exposés dans une petite salle à côté de la chambre de sa mère. Remarquez les teintes fleuries et la légèreté qui traduisent une certaine naïveté. Et dans la chambre, ne manquez pas l'exceptionnelle

## JACKPOT AVEC JACKSON

*En 1943, Jackson Pollock se retrouva au chômage pour alcoolisme. Peggy Guggenheim le prit sous son aile en lui faisant signer un contrat qui le rémunérait 150 $ par mois en échange de 60 % sur les ventes de tableaux. Quelques années plus tard, sa toile n° 5 fut vendue... 140 millions de dollars.*

tête de lit tout en argent réalisée par Calder.
Dans le long couloir, plusieurs œuvres représentatives de « l'art entre les deux guerres » : Kupka, Juan Gris, Klee, Tanguy encore... mais aussi les Constructivistes et les membres de l'école De Stijl avec Van Doesburg.
Intéressante collection Gianni Mattioli, exposée dans une aile du musée (prêt de longue durée à la fondation Guggenheim) : futurisme italien, Morandi et un portrait de Modigliani.
🍽 🍴 ***Cafétéria*** plaisante et agréable (elle donne sur le jardin), accessible uniquement pour les visiteurs du musée.
🛍 ***Deux boutiques d'objets design*** attendent elles aussi votre visite, l'une au-dessus de la cafétéria et l'autre un peu plus grande le long du petit canal, à droite après l'entrée.

# LE QUARTIER DE L'ACCADEMIA

Sur le chemin de l'*Accademia,* en venant de la collection Peggy Guggenheim, vous pouvez vous attarder sur le *campo San Vio,* l'unique *campo* qui s'ouvre sur le Grand Canal (la place Saint-Marc est une *piazza).* L'ensemble des constructions de la place côté canal avait été détruit pour permettre au cortège du doge de débarquer plus facilement lors des cérémonies de commémoration des victoires vénitiennes. Il offre aujourd'hui un point de vue dégagé sur le Grand Canal.

🏛🏛🏛 ***Galleria dell'Accademia*** *(musée de l'Accademia ; plan et zoom détachables C5) : campo della Carità, Dorsoduro, 1050.* ☎ *041-520-03-45.* ● *gallerieac cademia.org* ● *Vaporetti nᵒˢ 1 ou 2, arrêt Accademia. Lun 8h15-14h ; mar-dim 8h15-19h15 ; derniers tickets 1h avt fermeture. En hte saison, résa conseillée (la sécurité imposant un max de 300 visiteurs à la fois). Sinon, venir tôt le mat ! Fermé 1ᵉʳ janv, 1ᵉʳ mai et 25 déc. Entrée : 9 €, majorée d'env 50 % en cas d'expo temporaire (souvent de longue durée !) ; réduc ; gratuit pour les moins de 18 ans et pour ts le 1ᵉʳ dim du mois. Audioguide : 6 €. Cartels en anglais et en italien dans ttes les salles.*

C'est l'un des musées incontournables de Venise. Il est si riche que les interminables travaux de restauration entamés il y a des lustres ne gâchent pas la visite ! Alors, bien sûr, certaines salles ferment par roulement, mais il y a largement de quoi contenter les amateurs, même les plus gourmands : les principales œuvres se baladent au gré des chantiers et restent visibles !

– **Visite :** compter 1h30 à 2h pour la visite de l'une des plus belles pinacothèques au monde.

Elle rassemble des chefs-d'œuvre allant du XIVᵉ s au XVIIIᵉ s. L'*Accademia* occupe les lieux de l'ancienne église Santa Maria, du siège de la scuola de la Carità et de l'ancien couvent des chanoines de Latran. Ce lieu fut transformé en musée à la chute de l'Empire napoléonien pour recevoir les œuvres des peintres vénitiens. On ne va pas les détailler toutes (il faudrait un guide spécifique !), mais en voici quelques-unes qu'il ne faut pas rater. On rappelle que l'accrochage peut être modifié en raison des travaux.

*Salle 1*
Elle est entièrement consacrée à la peinture du XIVᵉ s. Dès l'entrée, on est attiré par le superbe plafond à caissons datant du XVᵉ s. Admirez le *Polyptyque de Santa Chiara,* superbe tempera sur bois de Paolo Veneziano, ou encore quelques *Couronnement de la Vierge,* dont celui d'Ercole Del Fiore, œuvre commandée par l'évêque de la cité, Antonio Correr, au XVᵉ s. Modeste, l'évêque s'est fait représenter dans la toile, en bas à droite, mais à genoux ! Beaucoup d'invités à la fête, on dirait presque une pièce montée. Au fond de la salle, magnifique polyptyque de Lorenzo Veneziano avec le Père éternel en haut bénissant les saints.

*Salles 2 à 7*
*Attention, certaines œuvres ont été transférées – le temps des travaux – dans l'église de la Charité (salle 23), il n'est pas sûr qu'elles aient ttes regagné leur accroche.*
Là, les amateurs de *Vierge à l'Enfant* vont pouvoir se régaler et démarrer par deux œuvres majeures *(salle 2)* : la *Madone à l'oranger (Madonna dell'Arancio)* de Cima da Conegliano, et la *Madonna in trono col Bambino e santi (Vierge en majesté sur le trône parmi les saints)* de Giovanni Bellini. Sur ce dernier tableau, remarquez la blancheur du visage de la Vierge et du corps de l'Enfant. Sur les côtés, les tons de la chair se réchauffent progressivement. Le tableau suscita un vif étonnement dès sa création. Il utilise une technique totalement novatrice pour l'époque : composition pyramidale et effets de contraste donnent du champ, créent de la profondeur et mettent ainsi en valeur le sujet principal. Il constitua un modèle pour les contemporains de Bellini et les successifs retables d'autel. La présence de saint Sébastien, dit « apotropaïque » (qui conjure le mauvais sort, voilà une bonne occasion d'enrichir votre vocabulaire), indique que ce tableau fut réalisé à l'occasion de l'épidémie de peste qui frappa la ville en 1478.

– Dans la **salle 3,** notez la superbe *Pietà* (gauche de l'entrée) par Giambattista da Conegliano, le Christ soutenu par Marie. L'absence totale de paysage rend cette scène encore plus émouvante, l'expressivité et la détresse des visages sautent aux yeux.

– **Salle 4,** on remarque aussitôt une Madone entre deux saintes de Bellini, dont les visages et les accoutrements font plutôt penser à des patriciennes romaines qu'à des créatures célestes. Ce traitement n'est pas étonnant pour la période ; en effet, la Renaissance a entraîné un regain d'intérêt pour l'Antiquité grecque et latine. Avant de poursuivre, un petit coup d'œil à la *Vierge à l'Enfant* de Bellini, très étonnante avec ses angelots rouges.

– Rendez-vous ensuite dans la **salle 5** pour contempler une série d'œuvres de Pietro Longhi, peintre vénitien actif au XVIIIᵉ s, très apprécié pour ses tableaux figurant des scènes de la vie quotidienne.

– **Salle 6 :** la spiritualité du Tintoret s'exprime dans la surprenante *Création des animaux* avec une figure divine en plein envol. Jetez un œil à son *Caïn et Abel* aux deux corps combattant dans un mouvement qui semble perpétuel.

Plusieurs tableaux de Véronèse également, aux formes harmonieuses, dont un *Couronnement de la Vierge* plus chaotique que les autres.
– Dans la **salle 7,** remarquez surtout le fascinant *Portrait d'un jeune homme* par Lorenzo Lotto, de facture très moderne ; la présence du lézard à côté de l'homme qui lit demeure un mystère, même si certains historiens de l'art voient là une recherche spirituelle, une quête de lumière divine.

*Salle 10*
*Le Repas chez Lévi* de Véronèse (1573) mérite toute votre attention, **sans doute une des œuvres les plus fascinantes** de la galerie. Ce tableau a fait scandale à l'époque car la scène représentée était trop profane aux yeux des censeurs du Saint-Office (le bureau de l'Inquisition). Il s'agissait au départ d'une *Cène*, réalisée pour le réfectoire d'un couvent de dominicains, mais traitée comme un repas en multipliant le nombre de convives. Notez comme tous les invités sont liés entre eux par un geste ou un regard. De loin, le tableau semble plongé dans des

### CÈNE DE MÉNAGE

*L'originalité du* Repas chez Lévi de Véronèse *vient de sa mise en scène un peu théâtrale, qui fait intervenir aussi bien des personnages mondains que des créatures grotesques autour d'un banquet. On soupçonna l'artiste d'hérésie, cette Cène étant jugée irrespectueuse envers le Christ. Devant l'outrage, les inquisiteurs lui demandèrent de modifier le tableau, en rajoutant sur les balustrades inférieures l'inscription : « Fit au messire Lévi un grand festin » (en latin) ! Mieux valait changer le titre que tout le tableau.*

tons homogènes, mais, dès qu'on s'approche, on aperçoit les couleurs vives et les détails. On dit que l'homme en vert près de Lévi (en rouge) serait Véronèse lui-même. Le Christ occupe toujours la place centrale, mais déjà il passe à l'arrière-plan au profit du peintre qui prend le devant de la scène. Vous avez dit anticonformiste ?
Toujours dans les scènes à forte charge dramatique, deux Tintoret étonnants par l'usage de la couleur et du mouvement hors cadre : *Saint Marc libérant l'esclave* et, dans un registre plus fantastique, *La Translation du corps de saint Marc*. Véronèse, le plus grand coloriste du XVIe s, éclate encore avec *Le Mariage de sainte Catherine* en saturant l'espace de personnages, ainsi qu'avec la plus discrète mais extraordinaire *Allégorie de la bataille navale de Lépante* (où l'issue du combat semble se jouer au ciel).

*Salle 11*
Tout aussi imposante que la précédente, et des formes de tableaux encore plus atypiques. D'immenses Tiepolo : une *Élévation de Croix* (mouvement vers le ciel assez vertigineux, personnages semblant comme aspirés), des tableaux incurvés (appartenant à une fresque en partie détruite par un bombardement en 1915) et le remarquable *Châtiment des serpents* (même si très abîmé). Dans la même salle, les fresques incurvées des angles sont particulièrement impressionnantes car on dirait des miroirs déformants. Plusieurs toiles du Tintoret également.

*Salles 16 à 20*
– *Salle 16 :* Tiepolo, l'un des plus grands peintres vénitiens du XVIIIe s, nous offre *Diane et Actéon*, *Enlèvement d'Europe* (superbe œuvre de jeunesse), *Diane et Callisto...* Deux toiles aux sujets légers dans la *salle 16a* : *La Devineresse* de Piazzetta et *Le Chatouillement* de Giuseppe Angeli.
– *Salle 17 :* un des rares Guardi subsistant à Venise, *Incendie à San Marcuola,* inspiré d'un fait réel de 1789.
– *Salle 20 :* plusieurs coups de cœur. Vues de Venise avec ses habitants et ses gondoles, notamment la *Procession sur la place Saint-Marc* de Gentile Bellini, d'une précision mathématique. Et puis, grand moment d'émotion avec la

découverte du magnifique *Miracle de la relique de la Sainte Croix* (1494) de Vittore Carpaccio, qui nous restitue merveilleusement l'atmosphère du quartier et du pont du Rialto avant qu'il ne soit reconstruit en pierre. Presque une narration à trois temps : la procession sur le pont, l'entrée du patriarche et le miracle dans la loggia.

### Salle 21, le cycle de sainte Ursule

Accès discret par le fond de la salle 19. **C'est l'un des points d'orgue de la visite,** avec plusieurs *teleri* (toiles de grandes dimensions) de Vittore Carpaccio (fin XVe s) racontant le cycle de sainte Ursule inspiré de la *Légende dorée.* Une histoire qui serait aujourd'hui quasiment insupportable sans le talent du peintre à restituer le quotidien de la vie de son époque. Préciosité méticuleuse, vie incroyable, un rêve passe... C'est peu dire que cette salle fait partie de celles que l'on adore dans ce musée. Elle entretient le mystère Carpaccio, un peintre sur lequel on connaît si peu de chose.

Bon, revenons à l'histoire qui nous est contée en images. La princesse chrétienne de Bretagne accepte les noces avec le prince d'Angleterre à condition qu'il se baptise et se rende avec elle à Rome. Non, ne tournez pas la page, c'est là que ça devient intéressant...

Dans *L'Arrivée des ambassadeurs,* le peintre décale le point de fuite vers la gauche afin de commencer le récit au moment où les ambassadeurs anglais débarquent pour se présenter au roi de Bretagne. Dans une pièce à côté, Ursule discute les conditions du mariage avec son père, tandis que sa nourrice attend au pied de l'escalier. La suite est racontée dans *L'Adieu des fiancés* avec, en fond, l'Angleterre du Moyen Âge (à gauche) et la Bretagne de la Renaissance (à droite). Bref, ces peintures somptueuses racontent une histoire très ancienne que le peintre place dans un décor typiquement vénitien de la fin du XVe s (architecture, costumes, scènes). Ce décalage dans le temps n'est pas choquant. N'hésitez pas à vous attarder et à scruter le moindre morceau de toile ! Vous frémirez ainsi à la présence inquiétante du singe et de la dinde au pied du trône dans *Le Retour des ambassadeurs.* Peinture à l'atmosphère d'apparence sereine, mais ces deux-là symbolisent l'imminence d'une guerre.

### Salle 23

Elle occupe l'intégralité d'une superbe et vaste chapelle (ancienne église Santa Maria della Carità), et renferme en majorité des toiles du « clan » Vivarini (Antonio, Alvise et Bartolomeo) et des triptyques des Bellini (Jacopo, Gentile et Giovanni) situés dans l'abside. Mais ne partez pas sans avoir admiré une sublime représentation de saint Georges en héros mythique cuirassé de Mantegna, et la célèbre *Tempête* de Giorgione. Remarquez l'atmosphère particulière qui entoure les personnages (le jeune homme et la Tsigane), totalement insolites dans le tableau et étrangers l'un à l'autre. Sur fond d'orage, de calme avant la tempête, pour la première fois dans l'histoire de la peinture, c'est un paysage qui est mis en avant.

### Salle 24

Fin de la visite en grande pompe par l'ancienne salle de réunion de la *Scuola Grande,* qui a retrouvé sa décoration fastueuse à l'issue des travaux de restauration (boiseries et luxueux plafond du XVe s, où le Christ est encadré par des médaillons sculptés figurant les Évangélistes).

🐾 ***Ponte dell'Accademia*** *(zoom détachable C5) : en face du musée de l'Accademia.* Le premier pont construit à cet endroit par les Autrichiens, au XIXe s, était en fer. Dans les années 1930, une structure provisoire a été érigée pour remplacer le précédent pont détruit. Cet ouvrage en bois, restauré en 1985, est devenu définitif au fil du temps. Il offre un point de vue imprenable sur le Grand Canal. Des milliers de touristes immortalisent cette perspective, qui change selon la lumière.

# LE LONG DES ZATTERE

Sur ces larges quais, face à l'île de la Giudecca, vous trouverez quelques bars et glaciers. C'est un beau lieu de promenade. Le matin, les sportifs y font leur

**DORSODURO**

jogging, quoique l'endroit se prête plus au farniente. Il ne faut pas non plus manquer d'y venir en fin d'après-midi ; l'atmosphère y est alors sereine.

🍴 **Chiesa dei Gesuati** ou **Santa Maria del Rosario** *(plan détachable C5) : fondamenta Zattere ai Gesuati, Dorsoduro.* ☎ *041-275-04-62.* ● *chorusvenezia.org* ● *Lun-sam 10h-17h (dernière entrée 16h45). Entrée : 3 €. Accès avec le Chorus Pass.* Les dominicains avaient acheté l'emplacement après que l'ordre des Gesuati avait été dissous, au XVIIe s, en raison de mœurs un peu légères... Seul le nom a été conservé. L'architecte Massari a construit l'église actuelle au XVIIIe s. La façade rappelle fortement celle des églises du Redentore et de San Giorgio Maggiore. Ici, l'œuvre à ne pas manquer, c'est le plafond rococo de Tiepolo (malheureusement un peu haut, un miroir est placé stratégiquement pour détailler l'ensemble). Il y retrace partiellement la vie de saint Dominique à travers *L'Institution du Rosaire, Gloire de saint Dominique* et *L'Apparition de la Vierge à saint Dominique.* Avec Michel-Ange, autre génie, peu d'artistes ont été aussi éblouissants dans l'art de peindre les plafonds ! La chapelle à gauche de l'autel abrite un retable du Tintoret représentant une crucifixion.

🍴 **Squero San Trovaso** *(plan détachable B5) : campo San Trovaso, Dorsoduro.* Mignon petit *squero* qui vaut le détour. Les *squeri* (pluriel de *squero*) étaient autrefois les ateliers qui servaient à la fabrication et à la réparation des embarcations marchandes. Petit à petit, cette activité s'est concentrée dans l'Arsenal (quartier du Castello). Aujourd'hui, il n'y en a quasiment plus, et les derniers se consacrent presque exclusivement aux gondoles. Le squero San Trovaso date du XVIIe s. Pour voir celui-ci de face, rendez-vous sur les fondamente Nani (de l'autre côté du petit canal) et tournez le dos au nº 944. Devant vous s'étend une rampe qui permet aux gondoles d'accoster directement à partir du rio San Trovaso. À droite, trois jolies maisons en bois. Deux servent à loger les ouvriers, la troisième est un atelier de réparation des pièces abîmées.

🍴 **Chiesa San Trovaso** *(plan détachable B5) : sur le campo San Trovaso.* ☎ *041-522-21-33. Lun-sam 8h-11h, 14h30-17h30.* Détruite par un incendie, cette église a été reconstruite en 1590 dans un style classique. Elle abrite quelques œuvres importantes de Giambono dans le pur style gothique international, de Palma le Jeune et du Tintoret.

## LE QUARTIER DE LA CA' REZZONICO

🍴 **Campo San Barnaba** *(plan détachable B4) : situé en bordure du rio San Barnaba.* C'est un *campo* caractéristique de Venise : rectangulaire, au bord de l'eau et fermé par une église. Le long du *rio* se tient chaque jour (sauf le dimanche) un petit *marché flottant de fruits et de légumes* qui ravira les amateurs de photos (ou de fruits !).

### UNE PLACE DE CINÉMA

*Pleine de charme, la place San Barnaba a inspiré de nombreux réalisateurs de cinéma. Les cinéphiles auront peut-être reconnu le décor d'une scène cruciale d'Indiana Jones et la dernière croisade de Spielberg : celle de la « bibliothèque » où Indi va trouver, en creusant, le tombeau du croisé ! Le site avait déjà été utilisé en 1955 par David Lean pour* Vacances à Venise *avec Katharine Hepburn.*

🍴 **Chiesa San Barnaba :** construite entre 1749 et 1776, elle est surmontée d'un campanile en pierre, doté d'une flèche du XIVe s. On n'y célèbre plus d'offices. Expos temporaires.

🍴🍴🍴 **Ca' Rezzonico e museo del Settecento Veneziano** *(plan détachable B4) : calle San Barnaba, Dorsoduro.* ☎ *041-241-01-00.* ● *carezzonico.visitmuve.it* ●

*Vaporetto n° 1, arrêt Ca' Rezzonico. Si le pont en bois est fermé, faire le tour du pâté de maisons jusqu'au campo San Barnaba. Tlj sf mar 10h-18h (17h nov-mars) ; dernière entrée 1h avt fermeture. Fermé 1er janv, 1er mai et 25 déc. Entrée : 10 € ; réduc. Audioguide : 4 €. Accès avec le* Museum Pass. *Carte* Rolling Venice *acceptée. Audioguide en français. Notice détaillée sur les œuvres en plusieurs langues dans chaque salle (à remettre après consultation).*

Ce palais, dont vous pouvez admirer la façade depuis le Grand Canal, a été commencé par Longhena (l'architecte de la Salute) en 1667. Mais la ruine de la famille Bon, qui avait commandé ces travaux, a laissé l'édifice inachevé. En 1712, la riche famille Rezzonico, fraîchement anoblie (pour 100 000 ducats !), le rachète et demande à Massari de finir les travaux. Sa visite donne une idée de ce que pouvaient être le faste et le luxe de la Sérénissime au XVIIIe s. On peut notamment y admirer de nombreuses œuvres de Tiepolo (père et fils), Guardi, Piazzetta, Longhi, mais aussi de Canaletto, dont les tableaux ne sont pas très nombreux à Venise.

– Après avoir gravi les marches du monumental escalier en pierre, on accède directement à la **salle de bal**, absolument magnifique. Notez les fresques en trompe-l'œil, qui donnent beaucoup d'espace et de volume. Les deux lustres à motifs floraux sont d'origine. Magnifiques statues de Maures en ébène et buis, œuvre de l'ébéniste Andrea Brustolon. Détail amusant : les chaînes des esclaves sur les porte-vases sont aussi en bois.

– La fresque de la **salle de l'Allégorie nuptiale** est signée Giambattista Tiepolo. Jetez un œil à la petite chapelle rococo tout en rondeurs. Cette salle abrite des portraits de Rosalba Carriera (peintre vénitienne qui enseigna la technique à ses homologues français). Les tables sont en onyx. Très beau lustre de Murano.

– Après la **salle des pastels** vient la **salle des tapisseries**, avec sa porte laquée aux couleurs acidulées jaune-vert couverte de motifs chinois, et la *salle du trône* avec ses fenêtres donnant sur le *Canal Grande*, sa cheminée et ses vases chinois. Les appliques au mur sont composées de miroirs biseautés sur lesquels on a dessiné des figures à la pointe de diamant. Elles diffusent une lumière tout à fait suggestive.

– Le **portego** (corridor), décoré de bustes de marbre, conduit à la **salle Tiepolo** magnifiquement meublée. La fresque au plafond représente les figures de la noblesse et de la vertu. Dans une pièce attenante au corridor trône une table de jeu ; le paradoxe de la Venise du *settecento,* un vrai Las Vegas mais toujours dévot (l'Amérique, au fond !).

– Après une halte dans la *bibliothèque,* aux impressionnantes armoires du XVIIe s remplies non pas de livres mais d'objets d'art du XVIIIe s, on pénètre dans la **salle de Lazzarini** (magnifique écritoire avec des incrustations en ivoire confectionnée à Turin par Pietro Pifetti, l'un des artisans les plus représentatifs de la Maison de Savoie) et la *salle consacrée à Brustolon* : fauteuils, chaises hautes, consoles porte-vases représentent des guerriers éthiopiens, meubles à petits tiroirs pour les collectionneurs en tout genre et un étonnant lustre polychrome de Murano. Admirez également une incroyable console soutenant des pots, représentant dans sa partie inférieure une allégorie de la Force, personnifiée par Hercule (avec, à ses côtés, Cerbère et l'hydre de Lerne).

– **Les salles du 2e étage :** on passe par le *portego* pour y accéder. On peut y voir des peintures de Guardi et de Canaletto représentant Venise au XVIIIe s. Sur une des peintures de Guardi *(Le Parloir des nonnes),* les religieuses ressemblent plus à des courtisanes qu'à des moniales... La chambre en alcôve (salle 21) et son boudoir sont délicieux (on y trouve même un berceau dans les tons assortis au reste de la pièce) ; juste à côté, belle salle aux laques turquoise (en fait, elles sont vraiment vertes), avec mobilier d'inspiration chinoise et statuettes en papier mâché. Dans une autre salle (salle 14), ne manquez surtout pas les très belles fresques de la villa Zianigo, exécutées par le fils de Tiepolo et qui sont restées, grâce au travail de ceux qui ont su les sauvegarder, d'un modernisme surprenant. Sur son tableau *Il Mondo Novo,* le peintre a représenté les spectateurs d'une séance de projection de lanterne magique vus de dos. On ne voit que peu de visages et surtout pas la lanterne.

DORSODURO

– Au *3e étage*, **remarquable pinacothèque** (la plus importante donation à Venise depuis le début du XXe s, par le collectionneur Egidio Martini). À conseiller à tous ceux qui n'ont pas eu encore leur compte de *Madone à l'Enfant* et de scènes bibliques ou mythologiques. Elle retrace de manière complète l'art vénitien du XVe au XIXe s, avec entre autres des œuvres de Vivarini, Tintoret, Bassano, Palma le Jeune, les Tiepolo, Longhi, Schiavoni... une magnifique collection ! Également une belle pharmacie intelligemment reconstituée.
– La visite s'achève par deux salles situées en face de la sortie du musée et qui exposent des œuvres de la collection Ferruccio Mestrovich (thème religieux).
– Jardin agréable en accès libre, idéal pour faire une pause. Cafétéria.

🏃 *Scuola Grande dei Carmini* (plan détachable B4) : sur le campo dei Carmini, Dorsoduro, 2617. ☎ 041-528-94-20. Tlj 11h-16h. Entrée : 5 € ; réduc. Carte Rolling Venice acceptée. Demandez la brochure explicative en français (à rendre en fin de visite). Construit au XVIIe s, le bâtiment abritait la confrérie des Carmélites. La Scuola fut la dernière école à se voir attribuer l'appellation de *Scuola Grande* par la République, en 1767 (il y en a moins d'une dizaine en tout à Venise). Au rez-de-chaussée, vous pouvez voir 19 monochromes de Bambini. Superbes plafonds stuqués dans les couloirs et les escaliers. Au 1er étage (salle du Chapitre), admirez l'extraordinaire plafond de Tiepolo, composé de neuf toiles : *La Vierge donnant le scapulaire au bienheureux Simon Stock* (le scapulaire étant un morceau d'étoffe avec deux rubans que les carmes portaient). Dans la salle des archives, superbes boiseries en noyer datant du XVIIIe s.

🏃 *Chiesa dei Carmini* ou *Santa Maria del Carmelo* (plan détachable B4) : à deux pas de la Scuola Grande et en bordure du rio di Santa Margherita. ☎ 041-522-65-53. Lun-sam 7h30-12h, 14h30-19h ; dim, juste un peu avt et après les offices. Les carmes s'y réunissaient avant la construction de la Scuola. Le cloître et le couvent abritent aujourd'hui un institut d'art. La façade de brique a été ajoutée au XVIe s. Poussez la porte et vous entrerez dans une église où la nef est formée de 24 colonnes aux arcades dorées et sculptées. On peut y admirer différentes œuvres retraçant la vie de l'ordre des Carmélites, notamment un très beau Véronèse dans la chapelle de droite et une nativité de Cima da Conegliano, qui fut parmi les premiers à introduire des paysages dans ses œuvres.
– Du parvis, prendre à gauche et aller jeter un petit coup d'œil sur les **palais Zenobio,** au no 2596, ou encore *Ariani* (de l'autre côté du canal), au no 2376 de la *fondamenta Briati,* à gauche en traversant le rio dei Carmini. On ne peut malheureusement pas les visiter, mais leurs façades valent vraiment le détour. Le *palais Ariani* est remarquable pour ses fenêtres à ogive.
Face au parvis de l'église, de l'autre côté du pont, se dresse le **palais** *Foscarini* (consulat de Belgique). Avec ses 200 pièces, ce palais était l'un des plus riches de Venise, rempli de trésors. Les Foscarini y reçurent le roi du Danemark au XVIIIe s. Il fut ébloui !

🏃🏃 *Campo Santa Margherita* (plan détachable B4) : le campo Santa Margherita forme une grande place, populaire et animée, en plein quartier universitaire. Il tire son nom de l'église Santa Margherita, à l'opposé des Carmini, aujourd'hui déconsacrée (repérer le campanile tronqué). Les habitations qui l'entourent sont certes sans prétention, mais on aime d'autant plus leurs façades colorées. Le matin (sauf le dimanche) s'y tient un petit marché aux poissons avec quelques étals de fruits et légumes. L'après-midi, il fait bon s'y reposer à la terrasse des cafés. Le soir ? Eh bien, la vie continue, dans une joyeuse effervescence estudiantine. On papote, on chante, on rit, avec toujours un petit verre à la main... ce qui ne fait pas forcément l'affaire des riverains, qui regrettent bien la tranquillité d'autrefois. Un décret a d'ailleurs été adopté pour limiter les heures de tapage nocturne. Cela reste l'un des lieux les plus agréables, avec son ambiance de place de village.

## DES ZATTERE AU QUARTIER SANTA MARTA

**✹✹ Chiesa San Sebastiano** *(plan détachable A5)* **:** *campo San Sebastiano.* ☎ *041-275-04-62.* ● *chorusvenezia.org* ● *Lun-sam 10h-17h (dernière entrée 16h45). Entrée : 3 €. Accès avec le* Chorus Pass. Édifiée au XVe s puis reconstruite au début du XVIe s, cette église rassemble principalement des œuvres de Véronèse. Certaines ont été réalisées alors qu'il n'avait qu'une vingtaine d'années ! L'artiste est inhumé dans l'église (à gauche du chœur). Admirez le plafond de la sacristie (par la porte située sous les orgues) représentant le Couronnement de la Vierge entourée des quatre évangélistes. Les trois grandes toiles encastrées dans le plafond de la nef représentent la vie d'Esther (dans la Bible, jeune juive ayant sauvé ses frères d'un pogrom). Dans la toile centrale, la plus belle, magnifiques drapés vert et bleu, perles et armures luisantes. Voir également les panneaux peints de l'orgue.

**✹ Le quartier de Santa Marta** *(hors plan détachable par A5)* **:** on est ici loin de l'agitation touristique. Autrefois, le lendemain de son élection, un délégué des marins du quartier, désigné par ses habitants, se rendait en audience au palais ducal, revêtu d'une toge rouge et accompagné d'un grand nombre de ses pairs. Il était reçu par le doge en personne, qui lui accordait un baiser confraternel, reconnaissant par cet acte l'importance de sa communauté de petites gens dans les structures de la République.

**✹ Chiesa San Nicolò dei Mendicoli** *(plan détachable A5)* **:** *campo San Nicolò, Dorsoduro, 1907.* ☎ *041-275-03-82. Tlj 10h-12h, 16h-18h.* L'église San Nicolò dei Mendicoli (Saint-Nicolas-des-Mendiants) est l'une des plus anciennes églises de la ville. À côté se dresse un campanile carré datant de la fin du XIIe s, dépourvu de cloches. À l'intérieur, le sol, 1 m en dessous du niveau de l'eau des canaux, a été entièrement refait. Cette église a la particularité de mélanger les époques. Décorée sobrement grâce aux modestes dons des pêcheurs, elle présente des éléments décoratifs allant du VIIe au XVIe s. La nef contient de nombreuses œuvres illustrant la vie du Christ. Dans le maître-autel, une statue du bon saint Nicolas (san Nicolò) qui bénit ses ouailles. Sur ses genoux, trois boules d'or qu'il aurait offertes à trois jeunes filles sans dot pour leur éviter de sombrer dans la prostitution.

DORSODURO

# SAN POLO ET SANTA CROCE

- Où dormir ? ...................88
- Où manger ?..................90
- Où boire un verre accompagné de *cicchetti* ? Où sortir ? ....92
- Où boire un chocolat ou un café ?

Où déguster une bonne pâtisserie ?.....................93
- Où déguster une glace ? ....................94
- Achats ............................94
  - Artisanat vénitien
  - Cartes et papier
  - Fromages

- À voir.............................95
  - Autour du campo dei Frari • Autour du campo San Polo • Du pont du Rialto à la Ca' Pesaro
  - De la Ca' Pesaro vers le piazzale Roma

Codes postaux : 30125 et 30135

Exception faite du marché du Rialto et de ses *bacari* (bars à vins), bondés le soir à l'heure de l'apéro, San Polo et Santa Croce forment un quartier plutôt calme. Pourtant, c'est ici, sur le campo San Polo, qu'est né le Carnaval. Cette place revêt d'ailleurs une

grande importance pour tous les Vénitiens. L'hiver, on y installe même une patinoire ! Mais ce sont plutôt les églises de ce vaste *sestiere* qui poussent les amateurs à venir s'y perdre : *Santa Maria dei Frari, San Giacomo dell'Orio*, et autres monuments comme la *Scuola Grande di San Rocco*...
Santa Croce, lui, est plus intimiste, avec ses ruelles imbriquées et ses grandes maisons qui se penchent au-dessus comme pour s'embrasser. Des petits commerces de proximité y trouvent encore clientèle, tandis que sur le Grand Canal, les entrepôts d'antan abritent désormais des musées ou des lieux d'expo.

## Où dormir ?

### Auberge de jeunesse

🏠 **Domus Civica** (plan détachable B3, 36) : San Polo, 3082. ☎ 041-72-11-03. ● info@domuscivica.com ● domuscivica.com ● À l'angle de la calle de le Chiovere et de la calle Cimesin. Fermé oct-mai. Couvre-feu 0h30-7h. Compter env 25-35 €/pers. 📶 Immeuble cossu et austère, à deux pas de l'église des Frari. Il abrite une résidence étudiante, sorte de grande auberge de jeunesse, gérée par un institut catholique. On ne peut y loger qu'en été *(juin-sept)*, en dehors de l'année universitaire. Plus de 120 lits

répartis par chambres simples, doubles ou triples sur 4 étages (ascenseur), certaines donnant sur le jardin. Sanitaires communs et terrasse sympa à l'étage. Bref, c'est spartiate et pas de la première jeunesse, mais c'est correct et bien situé.

### De prix moyens à chic

🏠 **Albergo Marin** (plan détachable B3, 46) : ramo delle Chioverete, Santa Croce, 670/B. ☎ 041-71-80-22. ● info@albergomarin.it ● albergomarin. it ● ♿ Doubles 60-190 €, avec petit déj. 📶 Ne vous fiez pas à la façade fanée de cet hôtel ; passez la porte, vous découvrirez une petite vingtaine de chambres simples, mais fort bien aménagées et suffisamment confortables. Les « supérieures » sont vraiment agréables, ton sur ton, et leurs salles d'eau, avec aromathérapie et douche écossaise, sont particulièrement réussies. La salle du petit déj est pimpante et l'accueil de Michela et son fils Giacomo, avenant. Quant à l'apéro, on le prend le soir en terrasse sur la placette. Une bonne petite adresse.

🛏 *Hotel ai Tolentini* (plan détachable B3, 53) : calle Amai, Santa Croce, 197/G. ☎ 041-275-91-40. ● info@ albergoaitolentini.it ● albergoaitolentini.it ● À pied depuis la gare. Doubles 50-170 € selon confort et saison, avec petit déj. 📶 Caché derrière la chiesa San Nicolà da Tolentino, cet hôtel de poche dispose d'une dizaine de chambres simples et classiques, toutes bien tenues et d'un bon niveau de confort. 4 possèdent un lit rabattable pour l'invité de dernière minute. Un détail, le petit déj est à prendre au café du coin, ce qui n'est pas un gros inconvénient. Accueil charmant.

🛏 *Albergo Casa Peron* (plan détachable B4, 55) : salizzada San Pantalón, Santa Croce, 84. 📱 333-848-30-28 ou 328-033-31-88. ● albergocasaperon@ gmail.com ● hotelcasaperon.com ● Vaporetti nos 1 ou 2, arrêt San Tomà. Doubles avec ou sans w-c privés 50-150 € selon saison, avec petit déj. 📶 Un hôtel pour routards. Côté chambres, c'est sommaire, style années 1970, avec un confort à minima : un lit, la douche, et les w-c sur le palier pour quatre d'entre elles. Cela dit, l'ensemble est propre, équipé de la clim, et le double vitrage apporte un petit plus dans ce quartier qui peut être animé en soirée. Au final, c'est un bon rapport qualité-prix, d'autant que l'accueil est sympa.

🛏 *Hotel Iris* (zoom détachable B4, 31) : calle del Cristo, 2910 Santa Croce. ☎ 041-522-28-82. ● info@hotelirisvenice.com ● hotelirisvenice.com ● Vaporetti nos 1 ou 2, arrêt San Tomà. Doubles 50-140 € selon saison. Petit hôtel discret à l'angle d'une ruelle et d'un quai tranquille, près du campo San Tomà. Ne pas s'attendre à un romantique hôtel de charme : dans l'ensemble, c'est vieillot,

et les sanitaires communs (pour les chambres qui n'en disposent pas) ne sont pas toujours nickel. Pas terrible donc, mais c'est bien situé, et les tarifs sont très compétitifs à certaines dates.

## De chic à très chic

🛏 *Ca' Bonvicini* (zoom détachable C3, 60) : calle Ca' Bonvicini, Santa Croce, 2160. ☎ 041-275-01-06. ● info@ cabonvicini.com ● cabonvicini.com ● Vaporetto no 1, arrêt San Stae. Près du ponte de l'Agnella, à 5 mn à pied du Rialto. Doubles 70-250 € selon confort et saison, avec petit déj (servi en chambre). 📶 À la Ca' Bonvicini, l'atmosphère intimiste et conviviale est bien celle d'un B & B, mais l'accueil et les services sont dignes d'un hôtel ! Aménagée dans une maison de caractère, elle propose une demi-douzaine de chambres chic et cosy sur 2 niveaux : parquet, voilages et dorures, beaux lustres et murs clairs où quelques œuvres contemporaines viennent contrarier la touche romantique. Salles de bains bien conçues pour tout le monde... et la vue sur le canal, pour les chanceux !

🛏 *Ca' San Giorgio* (zoom détachable C2, 66) : salizzada del Fontego dei Turchi, Santa Croce, 1725. ☎ 041-275-91-77. ● info@casasangiorgio.com ● casasangiorgio.com ● Vaporetto no 1, arrêt San Stae. Doubles 90-280 € selon confort et saison, avec petit déj. 📶 Un hôtel de charme dans un petit palais de style gothique, organisé autour d'une adorable courette. Les 8 chambres réparties sur 3 niveaux sont résolument cosy, sans luxe ostentatoire. Certaines doubles du rez-de-chaussée peuvent être un peu petites, mais dans l'ensemble, elles sont toutes impeccables. Certaines disposent même d'un balcon... mais c'est sans comparaison avec la terrasse géniale de la junior suite du dernier étage ! Une belle adresse pour épater sa Colombine.

🛏 *Pensione Guerrato* (zoom détachable D3, 58) : calle drio la Scimia, San Polo, 240 A. ☎ 041-528-59-27. ● info@pensioneguerrato.it ● pensioneguerrato.it ● Vaporetto no 1, arrêt Rialto mercato. À 2 mn du Rialto, juste à côté du marché aux légumes.

*Réception au 1er étage. Doubles 100-145 €, avec petit déj.* 🛜 Un hôtel convivial à taille humaine idéalement installé dans un joli petit palais vénitien. Mobilier et livres anciens décorent les chambres (une vingtaine), toutes climatisées, celles du 4e étage profitant d'une belle vue sur les toits. Et pour les moins chères, les w-c et la douche sont sur le palier (1 pour 3). Petit déj servi dans une belle salle baignée de musique lyrique. Une adresse simple et très agréable où l'on est reçu avec le sourire.

🛏 *Albergo Doge (plan détachable B3, 59) :* Lista Vecchia dei Bari, Santa Croce, 1222. ☎ 041-244-87-52. ● hoteldoge@libero.it ● albergodoge. com ● Vaporetto nº 1, arrêt Riva di Biasio. Doubles 90-250 € selon saison, avec petit déj (servi en chambre). 🛜 Ce n'est pas le charme qui l'étouffe, mais on retiendra cette adresse pour son bon rapport qualité-prix en basse saison et sa situation à proximité de la gare. L'hôtel compte une dizaine de chambres un peu datées, mais convenables et d'un niveau de confort suffisant. Évidemment, quand on réhabilite ce genre de vieille maison, certaines chambres sont plus petites que les autres.

🛏 *Hotel Falier (plan détachable B4, 78) :* salizzada San Pantalón, Santa Croce, 126-130. ☎ 041-71-08-82. ● reception@hotelfalier.com ● hotel falier.com ● Vaporetti nºs 1 ou 2, arrêt

Piazzale Roma ou San Tomà. Doubles 80-250 € selon saison. 🛜 Bien situé, pas très loin de la gare ferroviaire et de la station de bus, un hôtel modeste et bien tenu, avec une vingtaine de chambres un peu datées mais convenables. Celles du rez-de-chaussée sont tout de même un peu sombres. Au dernier étage, petite chambre (nº 41) avec terrasse pour prendre le petit déj sur les toits. Agréable jardin sous la glycine. Accueil aimable et en français.

## Beaucoup plus chic

🛏 *Hotel San Cassiano (Ca' Favretto ; zoom détachable C3, 85) :* calle della Rosa, Santa Croce, 2232. ☎ 041-524-17-68. ● info@sancassiano.it ● san cassiano.it ● ♿ (3 chambres au rdc). Vaporetto nº 1, arrêt San Stae. Fléché depuis la calle della Regina. Doubles à partir de 200 € selon taille et saison, avec petit déj. Promos régulières. 🛜 Cet hôtel élégant très central, mais à l'écart des foules, propose une quarantaine de chambres soignées, toutes décorées à la vénitienne, dans un style tirant sur le rococo. Certaines ont vue sur le Grand Canal mais elles sont franchement très chères. Il faut dire que cet ancien palais, conservé presque comme à l'origine, avec tableaux, lustres et meubles d'époque, joue à fond la carte du style « rétro chic ». Surveillez les promos, sinon le rapport qualité-prix n'est pas justifié.

---

## Où manger ?

Entre le pont du Rialto et le campo della Pescheria (le marché aux poissons), les anciens bâtiments du commerce de gros ont été joliment réhabilités, accueillant quelques restos dont les terrasses donnent avantageusement sur le Grand Canal. Offrez-vous avant un aperitivo dans l'un des excellents bacari du quartier. Les autres adresses dans le reste de San Polo sont plus classiques.

### Sur le pouce

|●| *Acqua e Mais (zoom détachable C3, 165) :* campiello dei Meloni, San Polo 1411/1412. 📱 393-691-91-57.

● acquaemais@gmail.com ● Tlj 10h-20h. En hiver (nov-mars), fermé lun. Congés : 2 sem en janv. Compter 5 € le cornet. Cette petite échoppe propose des cornets garnis à emporter de friture avec de la polenta (pas de panique, la fourchette est fournie !). Préférez ceux avec la morue (bacala). On peut aussi craquer pour des arancini, des polpete, ou une portion de pommes de terre au four. C'est un régal et on ne perd pas de temps !

### Bon marché

|●| 🎷 *Novecento Jazz Club (zoom détachable C3, 105) :* campiello del Sansoni, San Polo, 900.

☎ 041-522-65-65. Tlj sf lun 12h-15h30, 19h-2h. Pizzas 7-11 € ; repas env 20-25 €. Ça swingue au *Novecento Jazz Club* ! Ambiance chaleureuse et jazzy, dans un très beau cadre rustique où la déco alterne vieux instruments de musique et photos d'artistes. Impeccable pour avaler dans la bonne humeur une pizza très convenable en compagnie des habitués.

I●I 🚍 **Muro San Stae** (*Murovenezia* ; *zoom détachable C3, 112*) : campiello delle Spezier, Santa Croce, 2048. ☎ 041-524-16-28. Tlj sf lun 12h-15h, 18h-23h. Pizzas 9-15 €, grande friture de poisson 25 €. Cette pizzeria moderne a investi une jolie placette tranquille. À la carte, une quarantaine de pizzas goûteuses et bien faites, à déguster en terrasse aux beaux jours. Autre adresse : rio dei Frari, 2604, San Polo.

## De bon marché à prix moyens

I●I 🚍 **Pizzeria-trattoria Ae Oche** (*zoom détachable C3, 116*) : calle del Tentor, Santa Croce, 1552 A/B. ☎ 041-524-11-61. Derrière le campo San Agostino. Tlj. Pizzas 8-12 € ; carte 15-30 € ; service 12 % plus couvert 1,70 €. 🌿 Rien de gastronomique (c'est une chaîne), mais l'endroit est très apprécié par les étudiants pour ses pizzas de belle taille (et sans gluten si besoin !), mais aussi pour son cadre rustique sympa façon ranch mâtiné de pub. Bruyant, festif et très convivial, malgré le surcoût du service. 2 autres adresses dans Venise.

I●I 🚍 **Il Refolo** (*zoom détachable B3, 139*) : campo San Giacomo dell'Orio, Santa Croce, 1459. ☎ 041-524-00-16. Tlj sf midi lun et mar. Pizzas 9-15 €. Carte env 25-30 €. Sur une adorable petite place à l'écart des foules et près de l'église San Giacomo dell'Orio, cette modeste trattoria-pizzeria nous a bien plu pour sa terrasse sur le quai, un endroit vraiment délicieux quand il fait beau. C'est un peu plus quelconque côté cuisine, mais les pizzas et les plats traditionnels vénitiens restent tout à fait convenables.

I●I **Taverna da Baffo** (*zoom détachable C3, 137*) : campiello Sant'Agostin, calle della Chiesa, 2346, Santa Croce. ☎ 041-524-20-61. Tlj midi et soir jusqu'à 23h. 25-30 €. « Baffo », ce n'est pas le patron, c'était un sénateur et un poète libertin du XVIIe s ! Rien de luxueux ici, juste une cuisine sincère et fraîche et un décor d'auberge de quartier, et un accueil simple et souriant.

I●I **Al Ponte Del Megio** (*zoom détachable C3, 110*) : calle Larga, Santa Croce, 1666. ☎ 041-71-97-77. Tlj sf dim. Plats 12-22 €. 🌿 Taverne populaire proposant une cuisine classique sans prétention mais sincère et bien faite. La déco rustique n'invite pas à la rêverie romantique mais l'accueil est jovial, et l'addition reste raisonnable. Aux beaux jours, quelques tables sont disposées au bord du canal : très agréable.

I●I 🚍 **Birraria La Corte** (*zoom détachable C3, 117*) : campo San Polo, San Polo, 2168. ☎ 041-275-05-70. ● info@birrarialacorte.it ● Tlj 12h-15h, 18h-22h30. Fermé 1 sem en nov. Carte 20-25 €. La grande salle, bruyante et tout en longueur, ne permet pas de grandes fantaisies dans la disposition des tables. Mais c'est la terrasse qui vaut le coup, déployée sur le vaste et paisible campo San Polo. Bonnes pizzas, pâtes et tiramisù (dont plusieurs options sans gluten).

I●I 🚍 **Osteria al Vecio Pozzo** (*plan détachable B3, 123*) : corte Canal, Santa Croce, 656. ☎ 041-524-27-60. ● info@veciopozzo.it ● Tlj sf sam midi 12h-14h30, 18h30-1h. Résa conseillée. Formule déj en sem env 10 €. Pizzas 7-14 € ; carte 30-40 €. Situé entre le campo de la Lana et le rio Marin, à l'écart des foules, ce resto très animé est connu des Vénitiens pour ses pizzas (il y en a plus de 200 !). On ne vient pas ici pour le style de la déco mais pour la cuisine. Le maître des lieux vous proposera quelques *affettati* (charcuterie) maison (à partager), et vous aidera à découvrir sa *cucina veneziana* où les classiques figurent en bonne place.

## De prix moyens à chic

I●I **Osteria La Zucca** (*zoom détachable C3, 122*) : ponte del Megio, Santa Croce, 1762. ☎ 041-524-15-70. Tlj sf dim, midi et soir jusqu'à 22h30 (attention, soyez dans les clous, la cuisine ferme tôt). *Résa indispensable, 1 ou 2 j. au moins à l'avance.* Carte 35-40 €. *Zucca* veut dire « citrouille ». Excellent resto au cadre simple et chaleureux, où le chef concocte une cuisine imaginative et savoureuse, magnifiée par les épices les plus belles et les plus goûteuses. La carte change toutes les semaines, et fait la part belle aux plats de légumes (mais pas que !). Attention, venez à l'heure prévue, sinon vous risquez de vous retrouver, en fin de repas, poussé gentiment mais fermement vers la porte par les serveurs. Service aimable et organisé. Une adresse incontournable.

|●| **Osteria Trefanti** *(plan détachable B3, 126)* **:** *rio Marin, Santa Croce, 888.* ☎ *041-520-17-89.* ● *info@osteriatrefanti.it* ● *Tlj sf lun midi et soir. Formule déj en sem env 15 € ; carte env 45 €.* Cette toute petite adresse chaleureuse aux allures de café chic fait surtout dans le poisson. En fonction de l'arrivage, on se régale de crustacés, de *pasta vongole,* ou d'un filet de bar et ses petits légumes. C'est bien maîtrisé, simple et savoureux : impeccable... surtout avec l'un des vins choisis par le patron, très fan des crus bios et nature. Quant au rapport qualité-prix de la formule déj, il est tout simplement parfait dans sa catégorie.

|●| **Al Sacro e Profano** *(zoom détachable D3, 119)* **:** *San Polo, 502.* ☎ *041-523-79-24.* ● *alsacroeprofano@libero.it* ● *Passer sous les arcades au débouché du Rialto et s'engouffrer dans une ruelle à gauche. Tlj sf mer 11h30-15h, 18h-minuit. Congés : juil et déc (ouv après Noël). Plats env* 12-20 €. *CB refusées. Café offert sur présentation de ce guide.* Le profane, c'est l'apéro accompagné de *cicchetti* et de délicieuses *bruschette,* nul besoin de s'asseoir. Le sacré, c'est l'art d'accommoder pour le mieux les mets vénitiens comme les inévitables sardines *a soar.* Ambiance jazz et... petites bougies, forcément. On apprécie le soin apporté aux plats et l'accueil. Tout cela à des prix acceptables, compte tenu de sa situation à deux pas du très touristique Rialto. En revanche, c'est riquiqui et souvent bondé.

|●| **Ristorante Ribot** *(plan détachable B4, 114)* **:** *fondamenta Minotto, Santa Croce, 158.* ☎ *041-524-24-86.* ● *info@ristoranteribot.com* ● *Tlj sf dim. Plats env 13-22 €.* Voici un restaurant au nom original (celui d'un cheval qui a gagné de nombreuses courses sur les hippodromes français !). C'est une bonne adresse, à l'écart du brouhaha touristique. La carte réduite garantit la qualité des ingrédients et donne un bon aperçu de la cuisine inventive et légère du chef, qui marie la mer et la terre. Belle cour ensoleillée aux beaux jours.

|●| ♟ **Naranzaria** *(zoom détachable D3, 156)* **:** *campo San Giacometto, San Polo, 136.* ☎ *041-724-10-35. Tlj sf lun 12h30-15h, 19h30-22h30. Carte 40-50 €.* Bar à vins et resto aménagé dans des vieux bâtiments où le patron a mis une touche design sur des murs patinés par le temps, et un fond musical moderne qui ne choque pas. La carte est une union libre et originale entre l'Italie et le Japon. Belle petite terrasse.

## Où boire un verre accompagné de *cicchetti* ? Où sortir ?

C'est le moment ou jamais de vous lancer dans la tournée des bars à vins *(bacari) !* Certaines n'ont pas de nom ni même de téléphone, on les repère aux attroupements festifs qui envahissent la rue. Certains *bacari* font aussi resto, d'autres ouvrent selon l'humeur du propriétaire.

♟ 🍽 **All'Arco** *(zoom détachable D3, 178)* **:** *calle Arco, San Polo, 436.* ☎ *041-520-56-66. Emprunter la rue face à l'église San Giovanni Elemosinario, en passant sous un porche. Lun-sam 8h-19h30 (17h hors saison). Fermé en août et j. fériés. Verres de vin à partir de 2,50 €, cicchetti à partir de 1,50 €.* Parmi les meilleurs *cicchetti* de la ville, à prendre d'assaut avant que les habitués y déboulent. À choisir, selon l'arrivage, les *moscardini,* les *castraure* (pousses d'artichaut) de Sant'Erasmo servis tièdes ou le copieux *fritolin* (friture de poisson) avec un verre de vin de pays. Bons *tramezzini*. Le tout se déguste debout, au comptoir, à moins d'avoir la chance d'harponner l'une des rares tables dans la ruelle.

🍷 🍽 *Al Mercá* (zoom détachable D3, 171) : campo Bella Vienna, San Polo, 213 (repérez la Casa del Parmigiano, c'est à côté). Tlj sf dim 9h30-14h30, 18h-21h30. C'est minuscule, il n'y a rien pour s'asseoir, mais c'est l'un de nos bistrots préférés près du marché, avec ses vins au verre, et ses *cicchetti* au comptoir. Goûtez ceux au lard de Colonnata, un délice. Le lieu où tout le monde se retrouve, à un moment ou à un autre, pour le verre de *spritz* de l'amitié. Le genre d'adresse qui donne une raison de plus d'aimer Venise.

🍷 🍽 *Hostaria Vecio Biavarol* (plan détachable A-B3, 181) : fondamenta dei Tolentini, Santa Croce, 225. ☎ 041-522-56-15. Tlj 9h30-21h (23h ven-sam). Le sympathique patron de cette minuscule échoppe se réclame du *slow food*. Ce qui est sûr, c'est que les produits sont choisis avec soin, et lui permettent de préparer de savoureuses planches de charcuterie et de fromages, et de concocter des *cicchetti* d'excellentes qualité et parfois originaux. Un régal, d'autant que les vins sont tout aussi bons, et que le cadre rustique et chaleureux est idéal pour un apéro gourmand. Mais pour faire la fête, on viendra le vendredi : c'est en général jour de concert !

🍷 🍽 *Osteria Bancogiro* (zoom détachable D3, 160) : campo San Giacometto, San Polo, 142. ☎ 041-523-20-61. ● osteriabancogiro@hotmail.it ● Tlj sf lun 9h-minuit. Compter 45 € pour un repas complet. Quel emplacement !

La terrasse, la vue sur le canal, le va-et-vient des *vaporetti* : tout est indiqué pour en faire une halte de choix à l'heure du *spritz*. Bien pour l'apéro donc, mais pour un vrai repas, les prix grimpent vite.

🍷 🍽 *Cantina Do Mori* (zoom détachable D3, 164) : San Polo, 429 ; ou ramo primo de la Galiazza, 401 (2 entrées). ☎ 041-522-54-01. Emprunter la rue face à l'église San Giovanni Elemosinario, en passant sous un porche. Tlj sf dim 8h30-20h (8h-14h, 16h30-19h30 hors saison). La taverne existe depuis 1462, soit 30 ans avant la découverte de l'Amérique par Colomb... et ça se voit : bonbonnes de cuivre pour le vin, collection de marmites au plafond, anciens journaux sur les murs, des bouteilles partout... glorieuse patine des siècles ! Bons *cicchetti* et vins de qualité pour faire du surplace jusqu'à plus soif. Bonnes fritures de poisson. Accueil variable et addition un peu salée, mais qui le vaut bien.

🍷 🍽 *Caffè dei Frari* (zoom détachable B3, 180) : fondamenta dei Frari, San Polo, 2564. ☎ 041-524-18-77. Situé en face de l'église Santa Maria dei Frari. Lun 8h30-16h, mardim 9h-21h30. Petit café rouge pétard tenu par une équipe souriante, dans un décor chargé qui rappelle un peu la Belle Époque (banquettes confortables, peintures du Venise d'antan). À l'étage, une mezzanine de style plus contemporain (jolie vue sur la place et l'église). Sympa pour une étape.

🍷 🎵 *Osteria da Filo* (zoom détachable C3, 248) : calle del Tentor, Santa Croce, 1539. ☎ 041-524-65-54. Tlj 17h-23h (11h-23h le w-e). Salle colorée, mobilier de récup' et fond sonore de qualité, c'est le bar jeune et sympa du coin, très prisé des étudiants... surtout les soirs de concerts.

SAN POLO ET SANTA CROCE

## Où boire un chocolat ou un café ? Où déguster une bonne pâtisserie ?

🍴 🍽 *Pasticceria-bar Rizzardini* (zoom détachable C3, 256) : campiello dei Meloni, San Polo, 1415. Tlj sf mar 7h-20h. Les amateurs de gâteaux seront attirés par la vitrine de cette petite échoppe vieille école.

À l'intérieur, ils seront comblés. Assortiment de douceurs vénitiennes : *mandorle, pavana, essi*... Si vous voulez rapporter au pays les biscuits secs que l'on trempe dans un verre de *fragolino*, nous vous conseillons de les acheter ici, ils sont délicieux. Possibilité de prendre un café ou un thé, debout au comptoir... à condition de trouver de la place !

☙ |●| **Caffè del Doge** (zoom détachable D3, **257**) : calle dei Cinque, San Polo, 608. ☎ 041-522-77-87. Ouv 7h-19h. Ruelle étroite, quelques tables dehors, et une vitrine placée sous le signe du café ! Cette petite boutique colorée et rétro ravira les amateurs. La salle est parfumée par une délicieuse et alléchante odeur de café, lequel est torréfié par la maison (pas sur place, mais dans les locaux de Mestre). Cafés de Colombie, du Brésil, de Cuba, et même de l'île de Sainte-Hélène (rareté). Par curiosité, testez la *Giacometto*, savoureux mélange de café et chocolat, ou le *Marocchino*. Également quelques petits snacks, des pâtisseries et des jus de fruits pressés. Et pour les vrais accros, belle sélection des meilleurs crus à emporter.

## Où déguster une glace ?

♥ **Grom** (zoom détachable B4, **268**) : campo dei Frari, San Polo, 3006. ☎ 041-522-71-94. Avr-sept, ouv 11h-minuit (1h w-e) ; oct-mars, 11h-21h (22h30 w-e). Le célèbre glacier turinois fait des petits dans la Sérénissime. C'est toujours aussi bon, léger et savoureux, dans un esprit nature et bio. Autre adresse : strada Nuova, Cannaregio, 3844.

♥ **Millevoglie Da Tarcisio** (plan détachable B4, **258**) : salizzada San Rocco, San Polo, 3033. Tlj, en principe 7h-minuit. Juste derrière l'église des Frari. 2 comptoirs : un pour les glaces, avec un grand choix de parfums et portions généreuses. L'autre comptoir sert des calzone.

## Achats

### Artisanat vénitien

⊛ **Tabarro San Marco (Monica Daniele** ; zoom détachable C3, **201**) : calle Scaleter, San Polo, 2235. ☎ 041-524-62-42. Tlj sf dim. Monica Daniele, la maîtresse des lieux, confectionne des chapeaux de toutes les formes, de tous les styles, y compris les tricornes du XVIIIe s et le couvre-chef du poète Ezra Pound. Elle vend aussi les fameuses capes noires *(tabarro)* vénitiennes. Quant à son mari, il s'active pour l'ouverture d'un musée dédié à Casanova : une plaque sur le mur rappelle que ce fut autrefois ici un café où passa l'illustre et galant Vénitien.

⊛ **Benor** (plan détachable B3, **210**) : Lista Vecia dei Bari, Santa Croce, 1164. ☎ 041-71-78-98. Tlj sf mar 10h-13h, 14h30-19h. Fermé en déc. Les masques que l'on fabrique ici ne sont pas les plus rares, mais ils sont assez originaux, très bien confectionnés et pas très chers (belles compositions). Demandez à visiter l'atelier. On y parle le français.

⊛ **Tragicomica** (zoom détachable C4, **212**) : calle dei Nomboli, San Polo, 2800. ☎ 041-72-11-02. ● tragicomica. it ● Juste en face de la casa Goldoni. Tlj 8h-19h. Superbe magasin où l'on se croirait dans les coulisses d'un théâtre baroque du XVIIIe s. On y trouve des masques faits main (essentiellement en papier mâché) et des marionnettes uniques faites main. Possibilité de louer de somptueux costumes. Cher, voire hors de prix, mais c'est l'un des plus beaux du genre à Venise. Vaut vraiment une petite visite.

⊛ **Amadi Bruno** (zoom détachable C4, **213**) : calle dei Saonéri, San Polo, 2747. ☎ 041-523-80-89. Mar-sam 9h-17h. Cet atelier est spécialisé dans la fabrication d'objets miniatures. La boutique est elle-même minuscule ! L'artisan travaille devant vous. Il faut presque une loupe pour voir certains objets. Très cher mais idéal pour les collectionneurs d'animaux et de figurines en tout genre (chouettes, éléphants, papillons...). Quand on aime, on ne compte pas !

⊛ **Casanova** (zoom détachable C3, **208**) : calle del Cristo, San Polo, 2210. ☎ 041-476-30-86. ▤ 335-843-94-62. Lun-sam 10h-18h, fermé dim ap-m. L'un des rares artisans vénitiens à perpétuer la tradition du masque en papier mâché. Ici pas de « made in China », rien que du vrai et du local, dans un style très classique et soigné (pas d'extravagances modernes !). Grand choix à tous les prix. Accueil sympa.

✿ **La Scialuppa – Gilberto Penzo** (zoom détachable C3, **214**) : calle seconda dei Saonéri, San Polo, 2681. ☏ 347-514-15-37. Tlj sf dim 8h-12h30, 15h-19h. Un magasin unique en son genre qui vend des maquettes de gondoles en bois, y compris en kit, ainsi que des forcole sculptées (dames de nage des gondoles). Tout est fait à la main.

✿ **Piedàterre** (zoom détachable D3, **228**) : San Polo, 60. Sous les arcades. Tlj sf dim 10h-12h30, 14h30-19h30. Mal aux pieds après une longue journée de marche dans la cité des Doges ? Vous trouverez ici les friulane, ces chaussons originaires du Frioul et adoptés par les gondoliers, la semelle de gomme évitant d'abîmer la peinture de la gondole. Pas donné mais typique (compter env 45-55 € la paire).

### Cartes et papier

✿ **Legatoria Polliero** (zoom détachable B3-4, **227**) : campo dei Frari, San Polo, 2995. ☏ 041-528-51-30.

Lun-sam 9h30-19h. Une idée de cadeau ? C'est ici qu'il faut venir ! Boutique familiale de papier marbré vénitien. Atelier sur place (odeur de colle en prime) et toute une panoplie de carnets, albums photos, marque-pages...

✿ **Mare di Carta** (plan détachable B3, **206**) : fondamenta dei Tolentini, Santa Croce, 222. ☏ 041-71-63-04. Tlj sf dim 9h-13h, 15h30-19h30 (9h-12h30, 15h-19h30 sam). Une véritable mer de cartes nautiques et de la ville, auxquelles s'ajoute une littérature conséquente sur la lagune et la grande bleue. Cristina, parfaite francophone, collabore également avec le musée d'Histoire navale.

### Fromages

✿ **Casa del Parmigiano** (zoom détachable D3, **171**) : campo Bella Vienna, Rialto, 214/215. ☏ 041-520-65-25. Lun-mer 8h-13h30, jeu-sam 8h-19h30. Belle adresse en plein marché du Rialto. Pour ceux qui ont une furieuse envie de fromages italiens, il y en a de tous les affinages et à tous les prix : pecorino (brebis), parmigiano (parmesan), gorgonzola, provolone (vache)...

# À voir

## AUTOUR DU CAMPO DEI FRARI

🎭🎭 **Chiesa San Pantalón** (plan détachable B4) : campo San Pantalón, Dorsoduro. ☏ 041-523-58-93. Lun-sam 10h-12h, 13h-15h (ferme plus tard certains j.). Rebâtie sur d'anciennes fondations par Comini entre 1668 et 1686, cette église se distingue par son étonnante illustration du martyre de San Pantalón (au plafond), peinte par Fumiani. Les colonnes qui soutiennent l'ensemble s'y prolongent dans un effet de perspective assez époustouflant. En levant la tête, on se sent littéralement aspiré par le décor. Le travail de montage de ces 40 toiles sur châssis prit près de 25 ans. Dans la chapelle du Sacré-Cœur, ne ratez pas le triptyque de Paolo Veneziano (entrez et retournez-vous, il est au-dessus de la porte). Mais le clou, c'est la chapelle du Saint-Clou (cappella del Santo Chiodo), à droite du chœur (entrée 1 €). Elle abrita pendant des siècles un clou sacré qui aurait été un des clous de la croix du Christ. Il avait été offert à Venise en 1270 par Saint Louis, roi de France. Malheureusement, cette relique a été volée au début des années 2010...

🎭 **Chiesa San Rocco** (plan détachable B3-4) : campo San Rocco, San Polo. Avr-oct, 7h-12h, 15h-17h ; nov-mars, lun-ven slt le mat, w-e 8h-12h30, 14h-16h. Bartolomeo Bon eut à charge la construction de cette église, à partir de 1489. Mais une grande partie de l'édifice ainsi que la façade (agrémentée d'un bas-relief) furent reconstruites au XVIIIᵉ s. À l'intérieur, belles toiles du Tintoret retraçant la vie de saint Roch (notamment les quatre de part et d'autre du chœur), dont Saint

*Roch guérissant les pestiférés* et *Saint Roch dans le désert* (toutes deux à droite). L'église abrite aussi les reliques du saint dans une urne surmontée d'une statue (dans le chœur).

🎭🎭🎭 *Scuola Grande di San Rocco* *(plan détachable B4) :* campo San Rocco, San Polo, 3052. ☎ 041-523-48-64. ● scuolagrandesanrocco.it ● Vaporetti nᵒˢ 1 ou 2, arrêt San Tomà. Tlj 9h30-17h30 (dernière entrée 17h). Fermé 1ᵉʳ janv, à Pâques et 25 déc. Entrée : 10 € ; réduc ; pour les familles, entrée gratuite pour les moins de 18 ans. Carte Rolling Venice acceptée. Audioguide.

La plus riche des *scuole* vénitiennes. L'intérieur est vraiment magnifique, d'un faste pudiquement dévoilé par une lumière douce et presque intime. La Scuola constitue en fait un véritable temple dédié aux **œuvres du Tintoret** (près d'une cinquantaine de tableaux !). Après tout, rien de plus normal... il en était lui-même membre. Elle fut édifiée au début du XVIᵉ s et en partie financée par de riches banquiers vénitiens soucieux de se concilier le ciel afin de se protéger de la peste (belle façade à colonnes corinthiennes).

– Au *rez-de-chaussée,* nombreuses œuvres du peintre illustrant l'histoire de Marie, mère du Christ *(La Fuite en Égypte, L'Adoration des Mages...).*

– Au *1ᵉʳ étage* (somptueux escalier d'accès) s'ouvre une immense salle, où **le plafond et les murs sont entièrement décorés par le Tintoret** (épisodes de l'Ancien Testament au plafond et du Nouveau sur les murs). Des miroirs sont mis à la disposition des visiteurs pour mieux admirer les plafonds sans se tordre le cou. N'oubliez pas de faire le tour de la salle pour découvrir l'extraordinaire boiserie composée de sculptures représentant les vices et les vertus humaines. Côté opposé au grand escalier, une bibliothèque, plus vraie que nature, avec la plume d'oie et les lunettes, encadrée (ces vices-là, on ne peut s'empêcher de vous les livrer) de « la fureur » et de « l'espion ». Vous découvrirez aussi une admirable *Annonciation* de Titien et *Les Anges rendant visite à Abraham,* œuvre de jeunesse de Tiepolo, dont les nuances de rouge sont très belles.

– Il ne faut pas rater le **vaste tableau** *La Crucifixion,* l'un des chefs-d'œuvre du Tintoret, qui se cache dans la *salle de l'Albergo* (au fond à gauche). Notez les effets géniaux de perspective et de troisième dimension. Dans la même salle, dans la *Montée au Calvaire,* remarquez le rythme de la composition (lignes en dents de scie). Au contraire, dans le *Christ devant Pilate,* tout semble figé.

🎭🎭🎭 *Chiesa Santa Maria dei Frari* *(plan et zoom détachables B3-4) :* campo dei Frari, San Polo. ☎ 041-272-86-11 ou 041-275-04-62. ● chorusvenezia.org ● Vaporetti nᵒˢ 1 ou 2, arrêt San Tomà. Lun-sam 9h-18h, dim 13h-18h (dernière entrée 17h30). Entrée : 3 €. Accès avec le Chorus Pass. Audioguide en supplément (2 €).

L'église des Frères Mineurs (les franciscains) a été édifiée à partir de 1231 et reconstruite plusieurs fois en brique rouge dans le style gothique tardif, avec des ornements en pierre blanche d'Istrie. Son campanile carré de 70 m de haut est le plus élevé de Venise après le campanile de San Marco. À l'extérieur, vous admirerez le chevet, la partie la plus ancienne de l'église. Le portail, un peu austère, est flanqué de deux piliers ouvragés. À l'intérieur, le vaisseau à trois nefs, immense (pas de bancs), scandé de 12 colonnes massives et coiffé d'un entrelacs de poutres, contient une **nécropole des grands noms vénitiens** et, tout simplement, les **plus grands chefs-d'œuvre de Venise.** Le premier d'entre eux, au point focal de la perspective, l'*Assomption,* de Titien, réalisé en 1516, trône de ses 7 m de haut au-dessus de l'autel. Mais commençons le petit tour, vous verrez le tableau de plus près un peu plus tard.

– Au début de la nef (sur la droite juste en entrant par le portail principal), on trouve le **tombeau de Titien,** probablement mort de la peste en 1576, et, en face, celui du sculpteur *Antonio Canova.* Titien, qui a tant contribué à l'art, méritait peut-être mieux, même si son corps ne fut pas jeté à la fosse commune. En face du tombeau de Titien se dresse une insolite pyramide en marbre : c'est le **tombeau de Canova,** œuvre néoclassique détonante dans ce décor. C'est le sculpteur lui-même qui la dessina en la dédiant initialement à Titien. Ses élèves reprirent le projet pour le maître en collectant des fonds dans l'Europe entière. Les figures allégoriques éplorées se traînent en cortège vers une inquiétante porte entrouverte. En fait, seul son cœur repose sous la pyramide.

– À la droite du tombeau de Canova, un autre premier prix de grandiloquence dans l'art funéraire est accordé sans hésitation au **tombeau baroque du doge Giovanni Pesaro,** avec ses squelettes et géants noirs courbant l'échine sous le poids du tombeau et du chagrin (mais un coussin allège leur souffrance !).

– À côté trône un autre chef-d'œuvre de Titien : le **retable** *Madonna di Ca' Pesaro.* Là encore l'artiste innove en ne donnant pas la position centrale à la Vierge. Explosion de couleurs. Sur le tableau figurent l'évêque Jacopo Pesaro et sa famille, venant remercier la Vierge d'une victoire navale sur les Turcs (dans l'ombre surgit le turban d'un prisonnier maure). Ne vous laissez pas surprendre, un personnage du tableau vous observe, et, une fois que vous aurez accroché son regard, vous remarquerez qu'il est difficile de s'en détacher.

– Admirez ensuite les 124 stalles sculptées du chœur (1468) et sa clôture Renaissance qui isolait les frères franciscains de la communauté laïque. Seuls leurs chants parvenaient aux fidèles. Exceptionnel travail de marqueterie sur les dossiers des stalles.

– Au fond du chœur, en face de l'autel, voici l'***Assomption** de Titien,* au centre du chœur. Flamboiement des couleurs (rouges sublimes !), splendeur du mouvement d'élévation vers le ciel, grâce et rythme des gestes, beauté des drapés... Première œuvre religieuse de Titien, qui surprit tout le monde par sa liberté d'interprétation : la Vierge n'est plus représentée implorante et mains jointes, mais, au contraire, épanouie, gracieuse, bras ouverts, visage doux et serein, corps souple s'élevant en tournoyant dans un bain de lumière, vers le visage plein d'humanité de Dieu le Père. On raconte que Titien vint souvent revoir cette œuvre quand il manquait d'inspiration. À droite de l'autel, toujours dans le chœur, à mi-hauteur, le tombeau du doge Foscari datant de 1457 et, en face, celui de Niccolò Tron.

– Dans les chapelles absidiales, repérez dans l'avant-dernière à gauche (la chapelle des Milanais) la tombe du compositeur Claudio Monteverdi, mort en 1643 ; au-delà, la chapelle Corner ou San Marco, avec le triptyque de Vivarini représentant saint Marc.

– Dans la première chapelle à droite du presbytère, celle de *Saint Jean-Baptiste,* avec une statue polychrome de Donatello. Dans la troisième chapelle de droite, *Vierge à l'Enfant,* superbe polyptyque de Vivarini.

– Dans la sacristie, à droite du chœur, allez saluer la *Vierge en majesté,* retable en triptyque de Giovanni Bellini (1488). Saisissant effet de perspective. Notez comme la Vierge présente un visage tout à la fois suave et moderne, révélant presque une expression désabusée dans le regard. Face à la porte, autel des reliques d'un baroque assez fou (on peut le dire).

– La salle du chapitre, à côté, donne sur un large cloître. Orfèvrerie religieuse. Sur la console à gauche, *Présentation du doge à la Vierge* de Paolo Veneziano (1339). Ce peintre fut un des premiers à signer ses peintures.

🏹 *Scuola Grande di San Giovanni Evangelista (plan détachable B3) :* campiello di San Giovanni, San Polo, 2454. ☎ 041-71-82-34. ● scuolasangiovanni.it ● *On y accède par un portique en marbre qui donne sur une cour. Visite 9h30-17h (dernière entrée 45 mn avt fermeture) mais slt pdt les expos temporaires (consulter leur site internet pour avoir les jours d'ouverture). Interdit au public pdt les conférences (il y en a souvent). Entrée : 8 € ; réduc.*
Cette *scuola,* fondée au XIIIe s, était l'une des plus anciennes de Venise avant que Napoléon la supprime tout simplement en 1806. À l'origine, le bâtiment abritait un hospice dont le saint patron était saint Jean l'Évangéliste (san Giovanni Evangelista). À l'intérieur, au rez-de-chaussée, s'ouvre une superbe salle aux colonnes avec son remarquable pavement en marbre. Notez le bel escalier de Mauro Codussi. Au 1er étage, plusieurs tableaux du Tintoret (fils), de Tiepolo, de Longhi et de Vincentino ornent la salle Saint-Jean. Dans l'*oratorio della Croce* (oratoire de la Croix)

SAN POLO ET SANTA CROCE

est conservée, sur l'autel, la relique de la Sainte Croix. Malheureusement, on ne peut guère la contempler qu'un seul jour de l'année (le 14 septembre : fête *dell'esaltazione della Santa Croce* ou exaltation de la Sainte Croix). Juste derrière, la salle de l'Albergo avec une peinture sur bois du XIIIe s représentant la Vierge et (de gauche à droite) saint Pierre, saint Paul et saint Jean. Saint Matthieu, qui figurait également aux côtés de la Vierge, eut moins de chance puisque la partie droite du tableau fut découpée et volée !

## AUTOUR DU CAMPO SAN POLO

🕯 **Campo San Polo** (zoom détachable C3) : c'est l'un des plus grands de la ville. Du fait de sa superficie importante, on y organise des fêtes et des manifestations en tout genre. Quand vous arriverez des petites rues adjacentes, vous serez tout d'abord surpris par une impression d'espace. Remarquez l'harmonie qui se dégage de l'ensemble ! C'est assez étonnant, car les édifices qui bordent le *campo* sont d'époque et de style très différents : en arrivant par le sud, on trouve à gauche le *palais Corner-Mocenigo* (du XVIe s), puis à droite le *palais Soranzo* (XVe s) ; au fond se tient le *palais Tiepolo-Maffetti* (XVIIIe s).
Un petit détail : si vous vous tenez face au *campo*, dos à l'église, et que vous criez très fort, vous remarquerez un effet d'écho. Ne répondez pas, sinon vous n'en finirez plus.

🕯 **Chiesa San Polo** (zoom détachable C3) : campo San Polo. ☎ 041-275-04-62. ● *chorusvenezia.org* ● *Lun-sam 10h-17h (dernière entrée 16h45). Entrée : 3 €. Accès avec le* Chorus Pass. Cette église de style gothique à la voûte en carène de bateau, dont les origines remontent au IXe s, fut malheureusement remaniée au début du XIXe s. Elle renferme quelques œuvres intéressantes (de Véronèse, Tiepolo, le Tintoret et Palma le Jeune). Chemin de croix du fils de Tiepolo dans la chapelle du Crucifix (au fond de la nef). Face à l'église, le campanile date de 1362.

🕯 **Casa Goldoni** (maison Goldoni ; zoom détachable C4) : calle dei Nomboli, San Polo, 2794. ☎ 041-244-03-17. ● *carlogoldoni.visitmuve.it* ● *Avr-oct, tlj sf mer 10h-17h (16h en hiver) ; dernier ticket 30 mn avt fermeture. Entrée : 5 € ; réduc. Accès avec le* Museum Pass. *Carte* Rolling Venice *acceptée.*
Située dans le *palais Centani* (XVe s), c'est la maison natale de Carlo Goldoni. Il y vécut de 1707 à 1719, soit jusqu'à l'âge de 12 ans. À l'époque, il y avait plus de théâtres à Venise qu'à Paris. En 1762, Goldoni quitte Venise pour Paris où il touche une pension de Louis XVI. Il est alors « l'Italien de la cour ». La Révolution française le plonge dans la misère, sa pension est supprimée. Ironie de l'histoire, elle est rétablie le 7 février 1793, le lendemain de sa mort... Il fallait bien un musée pour cet extraordinaire auteur de théâtre qui fut souvent comparé à Molière, non sans raison.
À l'entrée, traversez la cour avec son ravissant petit puits et l'escalier extérieur avec, tout autour, les sols à l'ancienne, faits de briques posées en chevron. L'étage abrite trois salles qui présentent un film (en italien seulement) et quelques documents relatifs à la vie de Goldoni et au théâtre à Venise : joli petit théâtre de marionnettes du XVIIIe s, différents portraits de Goldoni et, bien sûr, quelques livres d'époque.
– Pour prolonger cette courte visite, vous pourrez faire un tour dans le magasin de masques *Tragicomica (zoom détachable C4, 212)* qui se trouve juste en face de l'entrée (voir plus haut la rubrique « Achats »).

## DU PONT DU RIALTO À LA CA' PESARO

🕯🕯 **Ponte di Rialto** (zoom détachable D3) : vaporetti n[os] 1 ou 2, arrêt Rialto.
Avec le pont des Soupirs, le Rialto est le pont le plus photographié de Venise ! Même lorsqu'il est en travaux, c'est dire... C'est l'un des endroits les plus connus

de la cité pour sa double vue sur le Grand Canal, alors que ce n'est pas le plus agréable ni le plus beau, surtout en pleine journée. Le lieu est souvent envahi par la foule, mais ce n'est pas une raison pour ne pas l'admirer... Le soir offre un peu de répit, et la nuit lui rend sa magie !

Les premiers habitants qui s'installèrent sur la lagune avaient qualifié ce site de *rivo alto* (« la haute rive »). Le nom *Rialto* est venu des déformations successives du langage et d'une contraction des deux termes. Avant la construction du premier pont, on passait du Rialto au quartier San Marco en gondoles (les *traghetti*), lesquelles faisaient l'aller-retour toute la journée. Aujourd'hui, les Vénitiens utilisent toujours ces *traghetti* pour passer, debout, d'une rive à l'autre. Faites de même au moins une fois, vous aurez l'impression de vivre à la vénitienne. Mais ne vous accrochez pas au voisin en voulant faire une photo, vous risqueriez de finir dans l'eau !

Le premier pont, construit vers la fin du XIIe s, était en bois, ce qui le rendait particulièrement vulnérable aux incendies. Il fut d'ailleurs plusieurs fois détruit et reconstruit. Il était constitué de deux pans qui pouvaient se soulever. Ce système de pont-levis permettait aux caraques et autres galions d'emprunter le Grand Canal pour déposer les marchandises près des marchés.

Au début du XVIe s, après un dernier incendie, on décida de construire un nouveau pont, mais cette fois-ci en pierre d'Istrie. Suivant le bon vieux principe du concours, plusieurs architectes furent mis en compétition. Des noms prestigieux comme Michel-Ange, Palladio, Sansovino ou encore Scamozzi présentèrent un projet, mais c'est finalement Da Ponte qui remporta les faveurs du jury. L'ouvrage fut construit entre 1588 et 1591, sensiblement au même endroit que les précédents, au point le plus étroit du Grand Canal. Long de 48 m, large de 22 m et haut de 7,50 m, il repose de part et d'autre sur deux plates-formes, soutenues chacune par 6 000 pilotis. Au-dessus, on trouve trois rampes d'escaliers pour piétons et une double rangée de boutiques qui vendent, pour la plupart, des babioles pour touristes tragicomiques (et on ne se place pas seulement d'un point de vue théâtral).

🏛 **Chiesa San Giacomo di Rialto** (zoom détachable D3) **:** *ruga degli Orefici, San Polo.* En principe, tlj 10h-12h, 16h-18h. L'origine de l'édifice remonte au XIe s, mais cette petite église (appelée souvent *San Giacometto* en raison de sa taille réduite) fut presque entièrement reconstruite au XVIIe s. Une légende voudrait qu'elle ait été consacrée l'année de la fondation de Venise, pour que les premières personnes à s'installer dans le coin du Rialto aient un lieu de culte. Aujourd'hui, il ne reste plus de traces de l'ancien édifice (juste les chapiteaux et les colonnes en marbre). Sur la place, en face de l'entrée de l'église, jetez un coup d'œil au fût de granit rose coiffé d'une plate-forme, d'où le crieur public proclamait les édits publics. Sur le côté, remarquez l'escalier soutenu par une statue qui plie sous l'effort, d'où son appellation *Il Gobbo del Rialto* (« le Bossu du Rialto »). Enfin, à deux pas, le nº 456 de la calle de l'Arco se distingue par sa curieuse porte dont les montants sont en arc de cercle dans la partie basse. Rien à voir avec la taille du chien de la maison... c'était pour faciliter le passage des tonneaux qu'on faisait rouler depuis les bateaux ! Malin !

🏛 **Chiesa San Giovanni Elemosinario** (zoom détachable D3) **:** *ruga Vecchia San Giovanni Elemosinario, San Polo, 479.* ● chorusvenezia.org ● Lun-sam 10h-17h (dernière entrée 16h45). Entrée : 3 €. Accès avec le Chorus Pass. Son origine remonte au Xe s. L'église fut détruite puis reconstruite après l'incendie de l'hiver 1514. À cette époque de l'année, l'eau des canaux était gelée ; presque tout le quartier du Rialto fut ravagé par les flammes. C'est du clocher que les ancêtres des pompiers volontaires sonnaient le couvre-feu. À l'intérieur, dans le chœur, très beau *San Giovanni Elemosinario* de Titien.

🏛🏛 **Mercati di Rialto** (marchés du Rialto ; zoom détachable D3) **:** *marché aux fruits et légumes des Fabbriche Nuove lun-sam 7h-13h. Marché aux poissons (campo della Pescheria) mar-sam 6h-11h30.*

SAN POLO ET SANTA CROCE

Historiquement, le quartier du Rialto rive droite (en allant de la gare vers la place Saint-Marc) fut la plaque tournante du commerce à Venise. C'était le centre financier et économique de la ville. Les grands commerçants y vendaient les marchandises rapportées d'Orient et y négociaient les gros contrats ; parallèlement, les petits artisans s'occupaient du commerce de détail. On pouvait y trouver à peu près de tout : des étoffes aux pierres précieuses, en passant par les épices et les denrées alimentaires. À l'époque, le quartier était extrêmement actif. Les banques côtoyaient les comptoirs de change, et les différentes activités étaient réparties par ensembles homogènes. Les nombreux bars à vins du quartier étaient le siège de discussions animées entre vendeurs et acheteurs. C'était aussi le quartier des dames de bonne compagnie...

> ## DU MONDE AU BALCON !
>
> *Le ponte delle Tette (le « pont des Tétons », zoom détachable C3), sur le rio di San Cassiano, doit son nom aux prostituées vénitiennes qui travaillaient au-delà du rio terà della Carampane. Les carampane, comme on les appelait alors, étaient obligées d'exhiber leurs seins nus (tette) au balcon, aux yeux de tous, afin d'attirer les potentiels clients. En effet, ces derniers avaient une fâcheuse tendance à se consoler entre eux. L'exhibition mammaire par les prostituées avait alors été rendue obligatoire par une loi du Sénat visant à freiner l'homosexualité masculine, très répandue durant la Renaissance. Malin !*

Aujourd'hui, le lieu est toujours bien vivant. La *ruga degli Orefici* (dans le prolongement du pont du Rialto) est certes envahie de vendeurs de t-shirts « I love Venice » et de tabliers ou chapeaux d'un goût douteux, mais il ne faut pas hésiter à fuir cette artère en passant par le *campo Battisti* (tourner le dos à l'entrée de l'église *San Giacomo di Rialto*, prendre le passage au fond de la petite place sur la droite). On peut longer les **Fabbriche Vecchie** (bâtiments à arcades du XVIe s) avant de rejoindre les **Fabbriche Nuove**. On découvre alors des étalages de fruits et légumes qui offrent un spectacle aussi coloré que réconfortant. Tôt le matin, au moment où les commerçants installent leurs stands, l'atmosphère encore calme a quelque chose de magique. C'est ici que de nombreux Vénitiens viennent faire leur marché. À quelques mètres de là se dresse la **Pescheria** *(mercato del pesce Al Minuto)*, une halle médiévale construite en... 1907 (belle leçon d'urbanisme !). C'est l'un des marchés aux poissons les plus typiques d'Italie, avec ses mouettes et ses vendeurs qui haranguent le client.

Pour ceux qui souhaitent visiter la Ca' d'Oro (sur l'autre rive), empruntez le *traghetto* qui part de la Pescheria. C'est beaucoup plus rapide que de repasser sur le pont du Rialto.

🕯 **Chiesa San Cassiano** *(zoom détachable C3) :* campo San Cassiano, San Polo, 1852. Vue de l'extérieur, cette église ne présente rien d'extraordinaire. Elle a été dédiée à sainte Cécile, la patronne des musiciens. Pour l'anecdote, on raconte que cette sainte avait des mœurs un peu légères, mais que l'on ne s'en aperçut qu'après l'avoir canonisée. Flûte alors ! Les *addicts* du Tintoret s'y précipiteront quand même pour voir, dans le chœur, une magnifique *Crucifixion* et *La Résurrection du Christ entouré de saints*.

## DE LA CA' PESARO VERS LE PIAZZALE ROMA

🕯🕯🕯 **Ca' Pesaro** *(zoom détachable C2-3) :* fondamenta Mocenigo, Santa Croce, 2076. ☎ 041-72-11-27. ● capesaro.visitmuve.it ● Vaporetto n° 1, arrêt San Stae. Tlj sf lun 10h-18h (17h nov-mars) ; dernière entrée 1h avt fermeture. Entrée : 10 € (ticket commun avec le museo d'Arte Orientale) ; réduc. Accès avec le Museum Pass. Carte Rolling Venice acceptée.

Palais construit au XVIIe s par Longhena (le même architecte que la *Ca' Rezzonico*) et Gaspari pour la famille des doges et des procurateurs Pesaro. L'une des plus belles façades baroques de Venise (bien visible du Grand Canal). On y entre par une cour splendide.

### 1er étage

– **Galleria d'Arte Moderna** *(musée d'Art moderne) : notices en français dans chaque salle.* Ce musée abrite les œuvres des plus grands artistes des XIXe et XXe s. Accès par un imposant escalier, surveillé par un cardinal hermétique et pyramidal dont le seul trait d'humanité s'exprime à travers la main qui sort de sa cape.
Les **premières salles** sont consacrées à la peinture vénitienne des XIXe et XXe s. On y trouve notamment une toile d'Ippolito Caffi représentant les feux d'artifice en face de la place Saint-Marc. Notez le jeu d'ombres qui se reflètent dans les visages anonymes des spectateurs. Dans la salle suivante, admirez le plafond de Bambini, peint à la demande de la famille Pesaro. Deux œuvres assez poignantes de Morbelli et de Signorini mettant en scène des exclus, une préfiguration du néoréalisme.
On traverse ensuite la **salle centrale** où sont exposées les œuvres acquises à la Biennale depuis ses origines jusqu'aux années 1950 : Klee, Kandinsky, Bonnard, Matisse, Zadkine, mais également Max Ernst, Matta, Raoul Dufy... On peut se laisser tenter tout de suite ou bien attendre la fin du parcours des salles contiguës pour la visiter. En tout cas, ne pas rater le *Judith II* de Klimt, le *Rabbin de Vitebsk* de Chagall avec un jeu subtil entre le noir et le blanc, la superbe sculpture du Belge Minne (corps de jeune aussi fluide que l'eau qu'il fait couler) et une étonnante procession bretonne débordante de couleurs dans le tableau de Cottet. Également un casque amusant de Henry Moore datant de 1950, en pleine période d'après guerre. Immense toile de l'Espagnol Joaquin Sorolla y Vastida, *Cucendo la vêla.* Remarquable travail sur la lumière et les rayons du soleil sur la voile cousue par toutes ces femmes (reculez-vous pour mieux l'apprécier, sentez-vous le parfum des fleurs ?). Dans la *salle III,* le magnifique plafond et les mosaïques du sol donnent du relief aux sculptures grandioses d'Adolfo Wildt, longilignes, légèrement défigurées, voire morbides, mais toujours élégantes et expressives. *Salle IV :* des œuvres surréalistes de Miró, Kandinsky, De Chirico, Tanguy, léguées par un collectionneur privé. La savoureuse interprétation de la folie de Martini laisse perplexe.
Les salles suivantes *(V et VI)* contiennent des œuvres du mouvement de la Ca' Pesaro, dont *Le Signorine* de Casorati. Comme dans la tradition de la Renaissance, les éléments symbolisant la féminité sont étalés par terre.
*Salles VIII et IX :* triomphe de l'abstraction avec les artistes italiens des années 1950. Superbe *Vent et Soleil* de Zoran Music. On en a plein les yeux !

### 2e étage

Malheureusement souvent fermé. Fresques géantes et réalistes de Giulio Aristide Sartorio (début du XXe s) et des exemplaires de deux des bronzes les plus connus de Rodin : *Les Bourgeois de Calais* et *Le Penseur* (ils sont en plâtre). Il se peut qu'ils soient déplacés ailleurs dans le musée.

### 3e étage

– **Museo d'Arte Orientale** *(musée d'Art oriental) : se renseigner pour des visites guidées gratuites au ☎ 041-524-11-73.*
Ce musée abrite l'une des plus grandes collections européennes d'art japonais de la période *Edo* (entre 1600 et 1868). Les pièces ont été rassemblées en grande partie par Henri de Bourbon, comte de Bardi, à la fin du XIXe s, lors de ses voyages en Orient (30 000 pièces collectées en 2 ans !). On peut y voir des armures, une incroyable collection d'armes blanches : des *katanas* (sabres) et des *kriss* (poignards) et toutes sortes d'objets insolites. Accès par un escalier en bois sombre flanqué de lances et de hallebardes. Ambiance *Sept Samouraïs* garantie !
Ne pas rater le paravent incrusté de nacres et le palanquin, cette chaise de portage laquée et dorée, dans la *salle IV.* Magnifiques peintures sur soie, vases et

SAN POLO ET SANTA CROCE

porcelaines. Collection impressionnante de boîtes en bambou, de *netsuké* (petits boutons et fermetures pour vêtements) et d'*inro* (boîtes à herbes médicinales). Un jeu d'échecs en ivoire, dont chaque pièce est en soi une œuvre d'art.

Dans la *salle VIII,* des instruments de musique japonais, et, dans la *salle XIII,* belle collection de *kriss* indonésiens (sortes de dagues), de *batiks* javanais et de marion-nettes. Aussi impressionnant qu'inattendu à Venise !

🦌 **Chiesa San Stae** *(zoom détachable C2-3) :* campo San Stae, Santa Croce. ☎ 041-275-04-62. ● chorusvenezia.org ● *Lun-sam 10h-17h (dernière entrée 16h45) ; pdt les expos temporaires, horaires totalement différents. Entrée : 3 €. Accès avec le Chorus Pass.* C'est un enchantement que de débarquer du *vapo-retto* à la nuit tombée, devant la superbe façade baroque (1709) éclairée ! Celle-ci n'a été terminée que 30 ans après le début des travaux, en raison de problèmes financiers. Église dédiée à saint Eustache. À l'intérieur, des œuvres d'artistes fin XVIIᵉ-début XVIIIᵉ s tels que Tiepolo, Niccolò Bambini, Piazzetta ou encore Pittoni.

🦌🦌 **Palazzo Mocenigo** *(musée des Parfums et du Costume ; zoom détacha-ble C3) :* salizzada San Stae, Santa Croce, 1992. ☎ 041-72-17-98. ● mocenigo. visitmuve.it ● *Tt droit en sortant de l'embarcadère. Tlj sf lun 10h-17h (16h nov-mars) ; dernière entrée 30 mn avt fermeture. Entrée : 8 € ; réduc. Accès avec le Museum Pass. Carte Rolling Venice acceptée. Brochure en français à l'entrée.*

Ce beau palais abrite un musée du Costume, mais également un musée du Par-fum et des Essences. Ce fut le lieu d'habitation des Mocenigo, l'une des plus anciennes familles patriciennes, qui a laissé sept doges ! Le dernier résident de la famille, Alvise Nicolo, y habita jusqu'en 1945. Puis il a offert le palais à la ville. On raconte que Lord Byron y séjourna en compagnie de perroquets, de singes et d'un renard, pour y écrire son *Don Juan.*

*Visite*

De tous les palais visitables de Venise, celui-ci est sans doute celui qui reconstitue le mieux le décor somptueux et l'existence d'une famille patricienne à travers les nombreuses pièces aménagées avec un grand soin.

Tableaux et fresques des XVIIᵉ et XVIIIᵉ s. Petite collection de costumes du XVIIIᵉ s présentés sur des mannequins : les hommes portent des tricornes et des gilets en soie richement brodés... Une partie du palais abrite le remarquable musée du Parfum. Dans le passé, le transport du parfum était assuré par les *mude* (convois de bateaux) qui rapportaient d'Inde ou d'Amérique du Sud des épices ou des ingrédients particuliers. Une salle de distillation nous montre les différentes étapes de la réalisation d'un parfum. Savez-vous que c'est à Venise que le savon en barre est né ? C'est pourtant Marseille qui a revendiqué sa paternité : les Vénitiens n'ont pas été assez rapides pour déposer le brevet !

Dans chaque pièce, vous remarquerez (ou plutôt humerez) un diffuseur de parfums (ambre, fleur d'oranger, menthe), agréable et discret. À travers les salles, on peut aussi observer des instruments parfumés comme un rosaire pour les femmes lors des messes (d'ailleurs reproché par l'Église !). L'hygiène est aussi évoquée : l'idée de se parfumer (à la lavande) fait son chemin. On peut aussi admirer la jolie collec-tion offerte par une société allemande au musée. Plus de 200 flacons aux formes originales ont trouvé leur place dans les vitrines. Enfin, dans la dernière salle, on peut humer un éventail de flacons aux senteurs connues ou moins connues (essayez donc le *zibetto*...).

🦌🦌 🦌 **Museo di Storia Naturale** *(musée d'Histoire naturelle ; zoom détacha-ble C2) :* salizzada del Fontago dei Turchi, Santa Croce, 1730. ☎ 041-275-08-13. ● msn.visitmuve.it ● *1ᵉʳ juin-31 oct, tlj sf lun 10h-18h ; 1ᵉʳ nov-31 mai, mar-ven 9h-17h, w-e 10h-18h ; dernière entrée 1h avt fermeture. Entrée : 8 € ; réduc. Museum Pass et carte Rolling Venice acceptés. Visites guidées possibles sur résa :* ☎ 848-082-000.

Entièrement refondu, ce musée d'Histoire naturelle est un modèle du genre. On y conjugue les explorations récentes menées notamment en Afrique saharienne à celles plus anciennes du XIXe s.

Notons la salle entière consacrée à l'explorateur vénitien Giovanni Miani, un auto-didacte musicologue, poète et patriote, parti à la recherche des sources du Nil en 1859. Les Anglais lui raviront la primeur de cette découverte 3 ans plus tard. Cela dit, il a rapporté une **extraordinaire collection d'objets rituels africains** : des armes, des bijoux, des outils, sans compter une curieuse momie datant de la période ptolémaïque, flanquée de deux crocodiles guère plus fringants.

Dans la salle suivante, nous sommes en pleine période coloniale. Un éminent poli-tique vénitien, Giuseppe de Reali, a tiré sur tout ce qui bougeait dans la brousse ! La salle est bardée de trophées.

La visite se poursuit vers quelques **fantaisies de la nature** : veaux à deux têtes, chamois albinos, etc. Puis elle embraie vers une section plus scientifique, qui retrace assez bien ce que pouvait être un cabinet de curiosités de l'époque. Une collection à mettre au crédit de Nicolò Contarini, un Vénitien contemporain de Darwin, qui fit don du fruit de ses recherches en biologie marine, entomologie et ornithologie à la ville de Venise. On aime bien les vitrines d'anatomie comparée (notez l'écorché en pleine forme).

Enfin, on aborde des problèmes plus actuels de protection de l'environnement à travers l'étude de différents biotopes et leur interaction sur la chaîne alimentaire. Le seul problème, c'est que c'est en italien. Une visite qui toutefois intéressera vos charmantes têtes blondes.

🏃 *Campo San Giacomo dell'Orio* (zoom détachable B-C3) **:** en sortant du musée d'Histoire naturelle, vous traversez un dédale de ruelles pour parvenir, presque par hasard, à ce *campo* aéré. C'est l'un des plus charmants de Venise avec ses platanes (les rares arbres de la ville !), son campanile vénéto-byzantin des XIIe et XIIIe s et ses quelques terrasses de cafés où il est agréable de faire une pause. Autrement, y venir lors du Carnaval pour apprécier la fête communale organisée par les habitants du quartier, loin du tapage de la place Saint-Marc.

🏃 *Chiesa San Giacomo dell'Orio* (zoom détachable B-C3) **:** ☎ 041-275-04-62. ● chorusvenezia.org ● Lun-sam 10h-17h (dernière entrée 16h45). Entrée : 3 € ; réduc. Accès avec le Chorus Pass. Cette petite église discrète, construite aux IXe et Xe s, conserve encore quelques éléments d'origine (l'abside notamment). Toute simple, à défaut de grande famille pour la doter de riches éléments déco-ratifs, elle a été plusieurs fois remaniée au cours des siècles. Le mélange des styles à l'intérieur lui donne un cachet et un charme que l'on aime bien. Certaines colonnes de marbre proviennent de butins rapportés de Méditerranée orientale. Le plafond est en carène de navire (rare à Venise). Dans la sacristie (à droite du chœur) et la chapelle (à gauche), quelques tableaux de Francesco Bassano, Titien et Palma le Jeune.

SAN POLO ET SANTA CROCE

# CANNAREGIO

| | | |
|---|---|---|
| ● Où dormir ? .................104 | ● Où boire un excellent café ? ..........................110 | ● Du Ghetto à l'église della Madonna dell'Orto |
| ● Où manger ?...............107 | ● Où déguster | ● Du ponte delle Guglie |
| ● De la gare à la Ca' d'Oro ● De la Ca' d'Oro au Rialto | une glace ? ..................110 | à la Ca' d'Oro |
| | ● Achats ........................110 | ● Le quartier du Rialto rive gauche |
| ● Où boire un verre ? Où manger sur le pouce ? ..109 | ● À voir...........................111 | ● Les *Fundamente Nove* |
| | ● Le quartier de la gare | |

Codes postaux : 30121 et 30131

Un des quartiers les plus authentiques de Venise, encore habité par des familles vénitiennes. Le Cannaregio constitue la porte d'entrée de Venise quand on arrive par le train ou par le bateau qui assure la liaison directe depuis l'aéroport. Battu par le vent

du nord en hiver, ce quartier populaire est quadrillé par une série parallèle de larges *rii* (des canaux) bordés de *fondamente* (quais). Cannaregio dessine une géographie urbaine douce et propice à la promenade, avec ses larges quais ensoleillés ponctués de gargotes et ses passages secrets qui vous propulsent, comme par miracle, d'une rue ombragée à un *campiello* inondé de soleil. C'est un quartier chargé d'histoire aussi, qui constitua dès le début du XVIe s une ville dans la ville avec le Ghetto. Un quartier vivant, où subsistent encore aujourd'hui une poignée d'échoppes d'artisans, de *bacari* et d'épiceries...

## Où dormir ?

### Auberge de jeunesse et maison d'accueil

🛏 **Ostello Santa Fosca (Casa Studentesca ; plan détachable C2, 33) :** fondamenta Daniel Canal, Cannaregio, 2372. ☎ 041-71-57-75. ● ostello@santafosca.it ● ostellosantafosca.it ● Vaporetto n° 1, arrêt San Marcuola. Au bout de la rue, passer la porte en pierre. Accueil et résas 9h-12h, 15h-20h (en continu en été). Par pers selon saison, en dortoir 10-30 € ; en chambres doubles privatives 60-80 € avec douche et w-c ; petit déj non inclus. Obligation de quitter la chambre tlj après 10h. L'été, couvre-feu à 0h30. 🛜 Cette AJ accueillante reçoit des étudiants de

tous les pays dans un décor sobre, presque dépouillé : carrelage, murs blancs, lits métalliques... Ce n'est pas le grand luxe mais c'est propre et on y rencontre d'autres jeunes. Au total, 90 places en dortoirs de 3 à 7 lits et chambres doubles. Possibilité d'utiliser la cuisine *(8h-10h, 14h-23h)*. Autrement, petit déj à... 1 €. L'ambiance est jeune, voire assez festive. En été, c'est vite saturé.

🛏 **Casa Per Ferie L. Murialdo** (plan détachable C1, **35**) **:** fondamenta Madonna dell'Orto, Cannaregio, 3512. ☎ 041-71-99-33. ● anspive@tin.it ● Juste à côté de l'église della Madonna dell'Orto (arrêt vaporetto). Accueil au 2e étage. Doubles 60-70 € sans ou avec sdb, pas de petit déj. 🛜 Enfin une maison paroissiale dans laquelle vous avez une entière liberté sur les horaires ! D'octobre à juin, on trouve 2 chambres avec salle de bains pour 2 à 4 personnes et 5 chambres dans un appart avec salle de bains commune sur le palier. En été, quand les étudiants sont en vacances, une demi-douzaine de chambres en plus. Pas de petit déj, mais une cuisine qu'on peut utiliser.

## De prix moyens à chic

≜ **Hotel Eden** (plan détachable C2, 80) : rio terà Maddalena, Cannaregio, 2357. ☎ 041-524-40-03. ● info@htleden.com ● htleden.com ● Vaporetti n^os 1 ou 2, arrêt San Marcuola. Doubles 50-180 € selon saison. ☎ (payant). En passant sous un porche, on accède au campiello Volto Santo puis à une cour minuscule avec un vieux puits. C'est un hôtel proche de la gare et relativement bon marché en basse saison. On est accueilli en français par le jovial Gherardo Toso, qui a vécu longtemps à Paris. Les chambres sont classiques et équipées comme il se doit. Une seule a la douche sur le palier (un peu moins chère). Pour la déco, c'est fleuri, excepté pour les plus grandes (2 à 4 personnes) qui donnent sur le canal. On a bien aimé la n° 207 (avec 2 grandes fenêtres ouvrant sur le canal).

≜ **Hotel Villa Rosa** (plan détachable B2, 65) : Lista di Spagna, calle della Misericordia, Cannaregio, 389. ☎ 041-71-65-69. ● info@villarosahotel.com ● villarosahotel. com ● ♿ Vaporetti n^os 1, 2, 4.1, 4.2, 5.1 ou 5.2, arrêt Ferrovia. Congés : Épiphanie-Carnaval. Doubles 60-180 € selon saison. Prix avantageux pour les triples et quadruples et offres sur le site. ☎ Petit hôtel accueillant et non dénué de caractère. Dans une ruelle calme, à l'écart de la rue principale, la Villa Rosa abrite des chambres aux tissus colorés, chacune ayant sa nuance de couleur. Elles sont impeccables, et bien arrangées. Certaines ont même une petite terrasse. Patron sympathique.

≜ **Ca' Dogaressa** (plan détachable B2, 67) : fondamenta de Cannaregio, Cannaregio, 1018. ☎ 041-275-94-41. ● info@cadogaressa.com ● cadogaressa.com ● À 10 mn à pied de la gare ferroviaire. Doubles et junior suites 50-250 € selon saison, avec petit déj. Promos à partir de 3 nuits. ☎ Idéalement situé, cet hôtel de charme possède une demi-douzaine de chambres de capacités et de tailles différentes. Têtes de lit capitonnées, voilages, dorures et passementeries confèrent à l'ensemble une personnalité typiquement XVIII^e s mais on pourrait aussi se croire aussi chez un antiquaire de talent (ce sont des copies parfaites). 2 chambres (un peu plus chères) donnent sur le canal. Salles de bains impeccables. Sinon, agréable petit solarium au 3^e étage. Le petit déj est servi en chambre ou en terrasse au bord de l'eau. Accueil au diapason de l'établissement.

≜ **Casa Boccassini** (zoom détachable E2, 61) : calle del Fumo, Cannaregio, 5295. ☎ 041-522-98-92. ● info@hotelboccassini.com ● hotelboccassini.com ● Vaporetti n^os 4.1, 4.2, 5.1 ou 5.2, arrêt Fondamenta Nove. Congés : déc. Doubles avec sdb 60-160 € (à partir de 40 € sans sdb en basse saison). ☎ Une demeure des années 1960 transformée en hôtel, à l'écart de l'agitation touristique, avec une dizaine de chambres (avec ou sans salle de bains). Les plus grandes donnent sur le petit jardin intérieur envahi par la glycine, et la vigne (il y a aussi un beau palmier). Accueil francophone et jovial. Déco soignée dans un style vénitien. Les chambres avec salle de bains ont l'AC, les autres non. Agréable petit déj à l'extérieur en été.

≜ **Hotel Bernardi Semenzato** (zoom détachable D2-3, 62) : calle dell'Oca, Cannaregio, 4363/66. ☎ 041-522-72-57. ● info@hotelbernardi.com ● hotelbernardi.com ● Congés : 2 sem en janv. ♿ Vaporetto n° 1, arrêt Ca' d'Oro. Doubles 50-130 € selon saison. ☎ Réduc de 10 % sur le prix de la chambre sur présentation de ce guide si résa en direct. Une de nos plus vieilles adresses à Venise qui a gardé son rang et son bon rapport qualité-prix. Un hôtel de taille modeste, situé dans un quartier

CANNAREGIO

populaire. Abrite une trentaine de chambres réparties dans 2 lieux différents. La plupart sont climatisées, les plus économiques partageant une salle de bains. Celles situées au niveau de la réception sont plutôt classiques, alors que celles de l'annexe sont plus spacieuses et bénéficient d'une touche de déco vénitienne (miroirs dorés, meubles d'époque, baldaquins, etc.). Certaines ont vue sur un jardin ou un canal.

🛏 **Hotel Rossi** (plan détachable B2, 63) : Lista di Spagna, Cannaregio, 262. ☎ 041-71-51-64. • info@hotelrossi. ve.it • hotelrossi.ve.it • À 5 mn de la gare. Vaporetti n°⁵ 1, 2, 4.1, 4.2, 5.1 ou 5.2, arrêt Ferrovia. Congés : janv. Dans une impasse, à gauche juste avant d'arriver sur le campo San Geremia. Doubles 50-100 € selon saison, avec ou sans sdb ; avec petit déj. 📶 On pénètre dans la ruelle par une belle porte gothique à arc d'ogive. Il compte une quinzaine de chambres rénovées de bon aloi, confortables, propres et à prix sages. Toutes ont la douche et les w-c à l'intérieur. Bon accueil.

🛏 **Hotel Mignon** (zoom détachable D3, 43) : SS. Apostoli, Cannaregio, 4535. ☎ 041-523-73-88. • info@ mignonvenice.com • mignonvenice. com • Vaporetto n° 1, arrêt Ca' d'Oro. Doubles env 50-200 € selon saison, petit déj inclus ; également 2 apparts pour 6 pers. 📶 À seulement 10 mn du Rialto. Mignon, quel nom ! Le quartier est populaire et animé, mais l'hôtel est tranquille. Côté déco, on est dans le classique vénitien, avec meubles peints, lustres en verre de Murano... Un bon plan en basse saison, avec des prix à la hausse en haute saison comme partout ailleurs. Néanmoins, ça reste une bonne adresse. Personnel accueillant.

## De chic à beaucoup plus chic

🛏 **Domus Orsoni** (plan détachable B2, 91) : calle dei Vedei, Cannaregio, 1045. ☎ 041-275-95-38. • info@domusor soni.it • domusorsoni.com • À 10 mn à pied de la gare ferroviaire. Du ponte delle Guglie, prendre la fondamenta di Cannaregio, puis à gauche le sottoportico dei Vedei. Doubles 100-250 € selon saison. 📶 Dans l'ancienne maison de maître du XIXᵉ s de la fabrique de mosaïques Orsoni (qui fonctionne toujours). 5 chambres aménagées au 1ᵉʳ étage avec un ameublement design aux tons clairs, chacune décorée (y compris les salles de bains) par un céramiste différent. L'ensemble, résolument contemporain, est très réussi et dégage une impression de grande sérénité. Le hall d'entrée au rez-de-chaussée abrite différentes réalisations en mosaïques. Petit déj dans une salle à manger très sobre, ou en terrasse aux beaux jours.

🛏 **Palazzo Abadessa** (zoom détachable D2, 87) : calle Priuli, Cannaregio, 4011. ☎ 041-241-37-84. • info@aba dessa.com • ♿ (pas de pont à franchir depuis le vaporetto !). Vaporetto n° 1, arrêt Ca' d'Oro (avec ponton privé pour les arrivées en taxi depuis l'aéroport). Doubles 125-275 € selon saison. 📶 Îlot de calme dans un quartier animé, ce palais des XVIᵉ et XVIIᵉ s abrite une quinzaine de chambres arrangées avec beaucoup de goût, dans l'esprit raffiné de Venise. Entrée majestueuse, surtout pour qui arrive de nuit (un palais illuminé comme pour une fête !). Les fresques du XVIIᵉ s et les lustres de Murano s'accommodent de touches originales. L'accueil est plus celui d'une maison d'hôtes que d'un hôtel classique. Adorable petit jardin pour boire un verre au calme.

🛏 **Ca' San Marcuola** (zoom détachable C2, 68) : Cannaregio, 1763. ☎ 041-71-60-48. • info@casanmarcuola. com • casanmarcuola.com • ♿ Juste en face de Fondaco dei Turchi mais sur l'autre rive du Grand Canal. Vaporetti n°⁵ 1 ou 2, arrêt San Marcuola. Doubles 100-140 €, triples et quadruples 130-200 € selon saison. Emplacement idéal car l'arrêt du vaporetto est à côté de l'entrée de l'hôtel. Adresse familiale d'une quinzaine de chambres, toutes rénovées et différentes, desservies par un petit ascenseur (assez rare à Venise). Déco intérieure dans un style vénitien classique mais sans trop de prétention pour une fois. Bon petit déjeuner, comportant du salé, servi dans une toute petite salle. Excellent accueil.

## Où manger ?

### De la gare à la Ca' d'Oro

#### Très bon marché

|●| **Brek** (plan détachable B2, **127**) : Lista di Spagna, Cannaregio, 124. ☎ 041-244-01-58. Tlj 7h-22h pour le bar-snack, slt midi et soir pour le resto. Plats du jour et pâtes 6-10 €. 📶 Rien de bien vénitien pour ce self de chaîne, moderne, propre, pratique, et de bon rapport qualité-prix dans une rue où les menus touristiques abondent. C'est frais et ça tourne, toujours très fréquenté. Plats de cafétéria dans la salle au fond, paninis à emporter avant de prendre le train et quelques pâtisseries appétissantes.

|●| **Caffetteria di Museo Ebraico** (plan détachable B2, **129**) : campo di Ghetto Nuovo, 2902. 📱 340-104-68-58. Vaporetti nos 4.1, 4.2, 5.1 ou 5.2, arrêt Ponte delle Guglie. Dim-ven 10h-17h. Fermé sam et j. de fêtes juives. Plats 6-10 €. Quelques tables dans un coin de la librairie du Musée juif de Venise. Entouré de livres, on y déguste des raviolis, des falafels, des gâteaux faits maison, tout en regardant le petit canal qui passe en dessous. C'est bon, frais, économique, tout en étant historique car on est ici au cœur du Ghetto de Venise.

#### De bon marché à prix moyens

|●| **Trattoria Bar Pontini** (plan détachable B2, **120**) : ponte delle Guglie, Cannaregio, 1268. ☎ 041-71-41-23. Tlj sf dim 6h30-22h30. carte 20-30 €. Dans la petite salle ou sur les bords du canal quand il fait beau, cette adresse familiale sert une cuisine simple, très bonne et typiquement vénitienne. Vally, la chef, propose des plats à base de poisson mais aussi de légumes et de fromages pour les végétariens. Les prix sont raisonnables, le service est rondement mené. Bref, on s'y sent bien.

|●| **Gam-Gam** (plan détachable B2, **109**) : fondamenta di Cannaregio, 1122 ; juste à côté du porche qui mène au Ghetto Vecchio. ☎ 041-523-14-95. Service non-stop dim-jeu 12h-22h, ven 12h-15h, sam 19h-22h. Antipasti israéliens avec falafel 10 € ; plats 9-18 €. Pour ceux qui veulent manger casher à des prix pas chers (sauf les jours de sabbat). Ce resto est un classique de la cuisine juive de la ville, il est souvent plein d'habitués et de visiteurs.

|●| **Al Timon** (plan détachable C2, **98**) : fondamenta degli Ormesini, Cannaregio, 2754. 📱 346-320-99-78. Ts les soirs sf mar. Carte 20-30 € ; secondi piatti un peu chers. Une petite adresse héritière des antiques trattorie avec quelques tables en terrasse au bord du rio. Cuisine traditionnelle et emplacement charmant. Carte simple mélangeant pâtes et poisson. Bonne carte des vins.

|●| **Osteria Paradiso Perdito** (plan détachable C2, **113**) : fondamenta della Misericordia, 2540. ☎ 041-72-05-81. ● osteriaparadisoperdito@gmail. com ● Tlj sf lun midi et mar-mer. Résa conseillée. Plats env-15-25 €. Un bistrot chaleureux connu de longue date pour son patron haut en couleur et son ambiance festive. Côté cuisine, on ne fait pas dans la grande gastronomie, mais ça tient la route et l'atmosphère est au rendez-vous ! Une adresse très prisée des locaux.

#### Chic

|●| **Trattoria Da' Marisa** (plan détachable A2, **128**) : fondamenta di San Giobbe, Cannaregio, 652 B. ☎ 041-72-02-11. Fermé le soir lun, mer et dim. Résa indispensable. Menu 15 € le midi avec ¼ de vin et café. Carte env 35-40 €. CB refusées. Loin du tohubohu et hors des sentiers battus ! Minuscule resto populaire tenu par Wanda, la fille de Marisa. Toute petite terrasse sur le quai. Pas de carte, les plats du jour sont annoncés à table ; soit on se fait aider par un francophone présent dans la salle, soit on sourit et on acquiesce. Franche cuisine goûteuse qui associe terre et mer comme souvent à Venise. Accueille une clientèle d'habitués, les gondoliers

entre autres. Demandez bien le prix des plats pour éviter une mauvaise surprise...

### De la Ca' d'Oro au Rialto

### Très bon marché

|●| 🥪 **Chez Fanfan** *(zoom détachable D2, 101)* : Cannaregio, 3850. 📱 334-248-75-94. *Au fond d'une placette donnant sur la Strada Nova, à deux pas de la Ca' d'Oro. Tlj 12h-minuit. Sandwichs env 5-8 €.* Ici, on fait dans le sandwich, mais avec un grand S ! Car la boutique est tenue par 2 restaurateurs français qui ne manquent pas de savoir-faire. Tous les matins, Fanfan fait son marché, tandis que son mari réfléchit à de nouvelles recettes et à des associations originales. Tout est frais, bon, cuisiné (gésiers confits maison, sardines marinées, tartares...), et préparé minute à la commande. Vraiment top dans sa catégorie ! Et il y a même quelques tabourets pour faire la pause.

### De prix moyens à chic

|●| **Alla Vedova** *(zoom détachable D2, 131)* : ramo Ca' d'Oro, Cannaregio, 3912/3952. ☎ 041-528-53-24. *Tlj sf jeu et dim midi. Fermé de mi-juil à mi-août. Plats 12-18 €. Carte env 30 €. CB refusées.* C'est une des adresses préférées des Vénitiens depuis maintenant près de 130 années. Dans un cadre chaleureux et authentique, on se régale de *cicchetti* originaux à l'heure de l'*aperitivo*. Bon choix de vins de la région. Les serveurs sont souvent affairés surtout aux heures de pointe. Quand il y a du monde, on est un peu les uns sur les autres, mais ça reste une très bonne table, y compris pour déjeuner. Cuisine rôdée qui ne triche pas, demandez le plat du jour et bien sûr ne manquez pas les spaghettis.

|●| **La Bottega ai Promessi Sposi** *(zoom détachable D3, 124)* : calle dell'Oca, Cannaregio, 4367. ☎ 041-241-27-47. *Tlj sf lun midi et mer midi. Carte env 25-30 €.* Il n'y a parfois que quelques pas à faire pour s'éloigner des grands axes et trouver une excellente adresse de quartier. En voici une justement, fréquentée par des Vénitiens amateurs de bonne cuisine. La carte change tous les jours. Préparée avec les produits du marché, elle privilégie une cuisine locale pleine de goût et soignée. Délicieuse sélection de *cicchetti*. Et un service charmant et attentif pour clore le tout. Pour cuisiner heureux, cuisinons caché !

|●| **Osteria da Alberto** *(zoom détachable D-E3, 115)* : Cannaregio, 5401. ☎ 041-523-81-53. *Tlj 10h30-15h, 18h30-23h. Carte 25-35 €.* À deux pas de *Santi Giovanni e Paolo*, au pied du *ponte de la Panada* ! Tonneaux au-dehors, casseroles en cuivre à l'intérieur, dame-jeanne et collection de gousses d'ail suspendues au plafond... pour cette auberge de quartier, rustique et chaleureuse, servant une nourriture saine et fraîche. Dans l'assiette, des plats simples vénitiens et sans fioritures : morue, sèche noire, poulpe... Accueil mitigé.

|●| 🚄 **Trattoria Casa Mia** *(zoom détachable D2-3, 130)* : calle dell'Oca, Cannaregio, 4430. ☎ 041-528-55-90. *Tlj sf mar. Congés : août. Carte 25-30 €.* Une adresse discrète, mais bien connue des locaux et des touristes. Il faut dire qu'on y déguste une cuisine traditionnelle simple et bien mijotée, dans une salle rustique et chaleureuse : chaudrons et lanternes au plafond. Un bon choix de pâtes aux fruits de mer et de pizzas classiques.

### Chic

|●| **Osteria Giorgione** *(zoom détachable D2, 140)* : calle larga dei Proverbi, Cannaregio, 4582/A. ☎ 041-522-17-25. *Tlj sf lun. Plats 10-25 €. Repas complet 30-40 €.* À 5 mn du campo dei SS. Apostoli, dans un coin tranquille, voici une *osteria* fondée en 1885 où la tradition du « bien manger » s'est perpétuée avec bonheur jusqu'à aujourd'hui. Dans un décor de bistrot élégant, on savoure une cuisine vénitienne de marché qui suit le rythme des saisons. Le chef a de l'imagination et de la personnalité dans ses choix, mais la règle d'or est la fraîcheur. Gnocchis aux coquilles Saint-Jacques, tagliatelles

aux fruits de mer, riz façon Riviera avec scampis et légumes... un régal !

|●| **Osteria Boccadoro** *(zoom détachable D-E3, 106) : campo Widmann, Cannaregio, 5405.* ☎ *041-521-10-21.* ● *info@boccadorovenezia.it* • *Tlj sf lun.* Compter 35-40 € pour un repas complet. Sur un petit *campo* tranquille, à 10 mn de l'agitation du Rialto, voici un resto où l'on a tout de suite envie de s'attabler après une journée de promenade. Bonne cuisine vénitienne spécialisée dans le poisson, produits frais, carte évoluant selon le marché, et assiettes joliment présentées. Ajoutons à cela l'accueil prévenant du patron, et la jolie terrasse aux beaux jours... Parfait, même si les portions sont parfois un peu justes.

## Où boire un verre ? Où manger sur le pouce ?

Les bars à vins fourmillent dans le Cannaregio. Non seulement on y boit, mais on y mange aussi, et souvent très bien. À notre goût, une des meilleures façons de se restaurer pas cher tout en abordant le quotidien des gens du quartier. La **fondamenta degli Ormesini** est un de nos coins préférés. Quelques petites salles bien typiques dans cette rue, comme la **Cantina da Marco** *(plan détachable C2, au 2839 ; tlj 6h-21h).* Minuscule troquet tenu par une patronne affable.

♟ 🛥 **Cantina Aziende Agricole** *(plan détachable C2, 185) : rio terà Farsetti, Cannaregio, 1847.* 📱 *333-345-88-11. Tlj sf dim 9h-14h30, 17h-22h.* Congés : 15 j. début août. CB refusées. Plats du jour env 7-12 €. L'une de nos adresses préférées dans le quartier ! Dans ce local minuscule et chaleureux (à peine 3 tables hautes, un comptoir et des bouteilles sur les murs), Roberto Berti fait tout lui-même, à commencer par la cuisine. Ici ce sont les meilleurs *cicchetti* et *crostini* qui soient : frais et savoureux, avec du pain complet ou du pain toasté. Et en cas de grosse faim, on peut aussi se jeter sur les bons plats du jour ! Vins au verre corrects et pas chers.

♟ 🛥 **Cicchetteria Venexiana** *(plan détachable B2, 183) : rio terà San Leonardo, Cannaregio, 1518.* ☎ *041-71-61-70. Tlj sf mar 9h-22h. Plats 7-14 € ; menu du jour 13,50 €.* Une *cicchetteria* typique donnant sur une rue commerçante plus large que la moyenne de Venise. Bien pour grignoter en buvant un verre sans se ruiner en compagnie d'habitués en terrasse.

♟ 🛥 **Cantina Vècia Carbonera** *(plan détachable C2, 186) : rio terà de la Maddalena, strada Nova, ponte Sant'Antonio, Cannaregio, 2329.* ☎ *041-524-23-88. Tlj sf lun 10h30-22h. Verres de vin à prix très raisonnables.* 📶 Bancs en bois, tonneaux patinés par le temps, maquettes de bateaux, ce bar à vins donne sur les marches du ponte San Antonio. On y sert de succulents *paninetti* et des *crostini* bien garnis. Agréable pour faire une halte avant de repartir avec l'une des gondoles amarrées juste en face.

♟ 🛥 **Un Mondo diVino** *(zoom détachable D3, 182) : salizzada S. Canciano, Cannaregio, 5984 A.* ☎ *041-521-10-93. Tlj 10h-minuit. Intéressant menu des Doges env 12 € mais sans verre de vin.* Un bar à vins « divin », comme son nom l'indique... situé dans une ancienne boucherie dont la façade seule a gardé la trace *(spaccio carni bovine !).* Vins au verre à déguster accoudé au comptoir, au milieu des habitués du quartier venus discuter joyeusement à la sortie du travail. Nombreux et savoureux *cicchetti* (goûtez les *polpettine*). Bouteilles en vente à prix raisonnables.

♟ 🛥 **La Cantina** *(zoom détachable C2, 159) : strada Nova, Cannaregio, 3689.* ☎ *041-522-82-58. Tlj sf dim 11h-minuit. Fermé les 2 premières sem de janv et 2 sem fin juil-début août.* Une adresse de bar à vins pour trinquer autour de gros tonneaux, face à l'église San Felice. Seulement quelques tables à l'intérieur, mais une terrasse à l'extérieur aux beaux jours. Outre la boisson, il y a des assiettes de produits frais préparés et assaisonnés devant vous. On peut y faire un vrai repas mais c'est un peu plus cher. Au choix : fromage, charcuterie, petits légumes, poisson cru ou cuit, huîtres... En hiver, parfois soupe de légumes.

**MQ10** *(plan détachable B2, 67)* : *fondamenta di Cannaregio, Cannaregio, 1020.* ☎ 041-71-32-41. *Tlj 7h-1h. Compter 10-15 €.* Son nom *(MQ10)* pourrait être moins sec et moins techno car l'endroit est jeune, sympathique et chaleureux. Il s'agit d'un bar design qui sert à la fois du sucré et du salé. Une terrasse le long du *rio* idéale à l'heure de l'apéro en soirée, ou pour l'espresso du matin.

**Nuova Taverna Ciardi** *(plan détachable C2, 162)* : *calle de l'Aseo, Cannaregio, 1885.* ☎ 041-524-10-26. *Tlj sf lun.* Cette taverne cachée dans une ruelle discrète est pourtant bien connue des habitués. Tables et chaises surélevées à l'extérieur, salle toute simple à l'intérieur. Au piano, un cuistot... musicien ! *Cicchetti* et *tramezzini* à toute heure, sans fausse note. On y vient surtout à l'heure de l'apéro, mais vous commencerez à connaître la chanson...

**Il Santo Bevitore** *(plan détachable C2, 193)* : *campo San Fosca, Cannaregio, 2393.* ☎ 041-71-75-60. *Tlj sf dim 16h-2h.* 📶 Ambiance de pub irlandais avec de vieilles affiches aux murs et objets insolites. Très bien pour grignoter des *cicchetti*. Grand choix de whiskies et une quinzaine de bières à la pompe, naturellement. Petite terrasse agréable pour écluser un gorgeon en fin d'après-midi.

## Où boire un excellent café ?

**Torrefazione Cannaregio** *(plan détachable B2, 260)* : *rio terà San Leonardo, Cannaregio, 1337.* ☎ 041-71-63-71. *Lun-sam 7h-19h30 ; dim 9h30-18h30. Fermé sem du 15 août.* Adresse incontournable ! Dans cette minuscule échoppe photogénique à souhait, vous ne pouvez prendre qu'un café au comptoir, mais quel café ! Cette maison le torréfie elle-même depuis 1930. Entre les grands sacs en toile de jute et la machine, vous pourrez en déguster de toutes les sortes.

## Où déguster une glace ?

**Gelateria Cà d'Oro** *(zoom détachable D3, 269)* : *strada Nova, Cannaregio, 4273.* *Tlj sf mer 11h-23h.* Ici, on ne fait pas dans la quantité, mais la qualité. Assez peu de parfums donc, mais toutes les glaces sont bonnes et élaborées de façon artisanale avec des ingrédients bien choisis.

## Achats

**Giacomo Rizzo** *(zoom détachable D3, 215)* : *salizzada San Giovanni Crisostomo, Cannaregio, 5778.* ☎ 041-522-28-24. *Tlj sf mer ap-m et dim 8h30-13h, 15h30-19h30.* Une épicerie du monde ouverte en 1905 et tenue par Andrea, qui a hérité des talents de la famille Rizzo. On y vend des pâtes artisanales de toutes les formes, de toutes les couleurs et aux parfums incongrus : selon l'inspiration d'Andrea, on peut y trouver des créations à l'artichaut, à la myrtille, et même parfois au chocolat amer (!)... Les meilleures pâtes de Venise, c'est ici ! Une idée de cadeau.

**I Vetri d'Arte** *(zoom détachable E2, 230)* : *calle del Fumo, Cannaregio, 5311.* ☎ 041-522-22-65. *Lunven 9h30-13h, 14h15-17h30.* On aurait pu classer cette boutique dans la rubrique « À voir », tant la vitrine laisse baba. Hors des sentiers battus, dans une ruelle où l'on entendrait les chats gambader tellement c'est calme, voici un atelier-boutique de verrier qui fabrique des miniatures d'une grande beauté : poissons, insectes, coquillages... Admirez la finesse des becs de colibris, le détail des ailes de papillons ou encore le rose des saumons. Les tarifs affichés sont justifiés.

# À voir

## LE QUARTIER DE LA GARE

Pas de choc esthétique à l'arrivée si vous avez pris le train en route et nous rejoignez maintenant : évitez de vous retourner, l'architecture de la gare est plutôt mal intégrée à l'ensemble des bâtiments environnants.

🎥 **Chiesa Santa Maria degli Scalzi** (plan détachable A-B2-3) : sur les fondamenta Scalzi, à droite de la gare. ☎ 041-71-51-15. Lunsam. Édifice baroque construit par l'ordre des Carmes déchaussés (appelés ainsi parce qu'ils allaient pieds nus dans des sandales très ouvertes) entre 1670 et 1680, sur un projet de l'architecte Longhena. La somptueuse façade de Giuseppe Sardi, très scénographique, est la seule à Venise en marbre de Carrare. À l'intérieur, la fresque peinte au plafond par Tiepolo a été détruite par une bombe autrichienne en 1915. Il subsiste quelques fragments dans deux chapelles latérales. D'autres sont conservés au musée de l'Accademia. Le dernier doge, Ludovico Manin (1789-1797), y est enterré (deuxième chapelle à gauche, au pied de l'autel). L'église abrite quelques chefs-d'œuvre, de Tiepolo notamment.

> ### L'AUTRE PONT DES SOUPIRS...
>
> *Les Vénitiens l'attendaient, plaisantant ou fulminant, ce quatrième pont sur le Grand Canal. Depuis 2008, en dépit des ajournements des travaux, des débats passionnés sur son utilité ou son esthétique moderne, le ponte della Costituzione est enfin là. Mais si aujourd'hui le pont est très emprunté (sauf par les handicapés, qui ont été oubliés !), nombreuses furent les glissades et les chutes, surtout de nuit. La variation de la hauteur des marches et de leur profondeur répond en effet à une logique assez obscure ! De plus, aujourd'hui, celui que les Vénitiens appellent le ponte di Calatrava se fissure. Ce trait d'union entre la modernité de la gare et le cœur historique de Venise n'a pas fini de susciter des soupirs.*

CANNAREGIO

🎥 **Campo San Geremia** (plan détachable B2) : élégante place où l'on peut admirer, au 275, les façades du **palazzo Labia,** tant sur le *campo* que sur le *rio.* C'est aujourd'hui le siège de la *RAI,* la télévision publique italienne (vous n'avez pas vu l'émetteur sur le toit ?). Tiepolo a décoré l'intérieur de fresques en trompe l'œil, dont certaines illustrent la vie de Cléopâtre. Malheureusement, ce palais n'est pas ouvert au public. Dommage !
Cet édifice de style baroque vénitien, l'un des plus somptueux de l'époque, est édifié en 1750 pour le compte d'une famille d'origine espagnole. Les Labia étaient tellement riches qu'ils jetaient leur vaisselle d'or par la fenêtre ! Mais on dit aussi qu'ils envoyaient des pêcheurs la récupérer dans le canal le lendemain... En fait, c'est le genre d'humour local qui échappe à ceux qui ne parlent pas la langue. Gian Francesco Labia aurait dit, toujours grand seigneur : « *L'abbia o non l'abbia, sarò sempre Labia.* » Traduisez : « Que je les aie ou pas, je serai toujours un Labia. » Une tête à claques, on vous dit ! Les visiteurs étrangers venaient aussi courtiser la maîtresse du logis qui possédait une collection de diamants digne d'une reine...

## DU GHETTO À L'ÉGLISE DELLA MADONNA
## DELL'ORTO (plan détachable B2 à C1)

C'est un quartier aéré formé de trois *rii* parallèles : le *rio della Misericordia,* le *rio della Sensa* et le *rio di Sant'Alvise.* Idéal pour les grands marcheurs, le site offre aussi de jolies perspectives pour les photographes.

🏃🏃 *Le Ghetto (plan détachable B2) :* entrée principale sur les
*fondamenta di Cannaregio.* Prendre à gauche après avoir franchi
le *ponte delle Gúglie,* dont l'arche
unique est décorée de curieuses
têtes. Quatre obélisques se dressent sur le parapet. Plus loin, on
découvre le pont des Tre Archi de
la fin du XVIIe s.

*Un peu d'histoire*
Après la ligue de Cambrai contre
Venise (1509-1516), les caisses
de la République étant bien
éprouvées, on a accepté d'autant

## LE PREMIER GHETTO

*L'afflux de juifs chassés d'Espagne
en 1492 provoqua des réactions dans
la ville, et les autorités instituèrent,
en 1516, entre le canal de Cannaregio
et le rio della Misericordia, un quartier
séparé des autres pour la communauté
juive. On y trouvait alors une fonderie,
en vénitien getto, mot qui donna son
nom au quartier. Et c'est ce mot qui
passa dans le langage courant pour
désigner tous les quartiers juifs. Le premier ghetto de l'Histoire...*

plus facilement les juifs dans Venise (avec d'autres réfugiés ayant fui les dangers
des conflits en terre ferme) qu'ils arrivaient avec leur argent.
Les Vénitiens avaient, en fait, besoin de leurs compétences et de leurs capitaux.
On peut aussi penser qu'ils leur ont attribué un quartier parce qu'ils se méfiaient
d'eux et qu'ils voulaient contrôler leur présence dans la ville, autant que leur
influence économique...
Les Vénitiens leur imposaient le port d'un chapeau jaune (!), et les vexations étaient
monnaie courante. Lors du Carnaval, par exemple : des juifs à moitié nus et plutôt
bien portants se voyaient contraints de participer à une course à pied des plus
humiliante. Enfin, toutes les fenêtres extérieures des habitations étaient bouchées.
Toutefois, les débordements les plus graves étaient sévèrement punis, car les juifs
jouissaient de la protection de la République. Ils pouvaient d'ailleurs pratiquer leur
religion en toute liberté.
Pour résoudre au mieux des problèmes d'espace évidents, on dut construire
des immeubles de six étages (la moyenne à Venise était de trois), où les familles
s'entassèrent dans des conditions d'existence très dures.
La population du Ghetto ne fut jamais très nombreuse (en grande partie à cause
de l'espace réduit). Il ne compta guère plus de 5 000 habitants (pas si mal vu le
périmètre !), pour tomber à 1 600 au moment de l'arrivée de Bonaparte. L'élimi-
nation des grilles et la reconnaissance des mêmes droits pour les juifs furent parmi
les rares résultats positifs des expéditions françaises de l'époque. Un cinquième
des 1 000 juifs vénitiens furent déportés lors de la Seconde Guerre mondiale. Une
fresque discrète et émouvante leur rend hommage sur la place du *Ghetto Nuovo.*
Aujourd'hui, la communauté juive de Venise ne compte plus guère que 300 personnes enregistrées, et la grande majorité n'habitent pas le Ghetto.

*Petit tour du quartier*
Le quartier se divise en deux parties : le *Ghetto Vecchio* et le *Ghetto Nuovo.*
➤ *Ghetto Vecchio :* on y accède par la rue du même nom, à partir de la fondamenta di Cannaregio (emprunter le porche situé entre les nos 1249 et 1122). Au
niveau de celui-ci, on peut encore voir, sur le côté, les marques des grilles. Après
quelques enjambées, on débouche sur une petite place, le *campiello delle Scuole,*
où s'élèvent les **deux synagogues principales** : la *Scuola Spagnola* et la *Levantina.* Elles comptent parmi les plus anciennes d'Europe. Pour la visite (en italien
ou en anglais uniquement), s'adresser au musée d'Art hébraïque (voir plus loin).
Avec un peu de chance, c'est en traînant par-ci par-là que vous découvrirez la
vraie « **cour secrète dite de l'arcane** », celle qui ouvre les portes du rêve et qui a
fait fantasmer des millions de lecteurs de Corto Maltese (relisez *Fable de Venise*
chez Casterman !). En vérité, le bruit court que ce passage correspondrait à un
parcours secret permettant de relier les synagogues entre elles.
– *Scuola Spagnola :* la plus grande des synagogues de Venise, appelée aussi
« synagogue d'été » (car ouverte uniquement l'été, pardi !). Construite au XVIe s par

les juifs espagnols, elle présente une riche décoration intérieure d'inspiration largement vénitienne. Mais l'extérieur est beaucoup plus sobre, pour ne pas concurrencer les églises catholiques ! Décor très théâtral, d'ailleurs, avec tous les ors, les rouges et les marbres.

– **Scuola Levantina :** plus petite. C'est la synagogue d'hiver qui possède la plus belle décoration. Plafond de bois sculpté, mais surtout, magnifique *bimàh* (chaire). C'est un véritable travail d'orfèvre, que l'on attribue à Andrea Brustolon, fameux sculpteur sur bois (vers 1650). Il réalisa ici la fusion parfaite entre l'art juif et l'art vénitien. Deux escaliers en volute, abondamment sculptés, mènent à la chaire, soutenue par deux colonnes torsadées. Extraordinaire richesse des motifs floraux, végétaux et de fruits.

➢ **Ghetto Nuovo :** *accès depuis le Ghetto Vecchio, en suivant la rue du même nom.* Entièrement entouré de canaux. Paradoxalement, malgré son nom, il est antérieur au Ghetto Vecchio. C'est là que furent invités à s'entasser, en 1516, les premiers juifs ashkénazes. Son *campo,* très grand espace ouvert, offre une vision typique du quartier. Rien ou presque n'a bougé. Seul un côté, le *Ghetto Nuovissimo,* fut démoli pour y construire la « Maison de repos israélite ». Trois autres synagogues s'élèvent sur le *campo* (les *Scuole Italiana, Canton* et *Grande Tedesca*).

– **Museo Ebraico** *(musée d'Art hébraïque) : campo di Ghetto Nuovo, Cannaregio, 2902 B.* ☎ *041-71-53-59. Vaporetti nos 4.1, 4.2, 5.1 ou 5.2, arrêt Ponte delle Guglie. Oct-mai, 10h-17h30 ; juin-sept, 10h-19h ; possibilité de fermeture anticipée ven. Fermé sam et j. de fêtes juives. Entrée pour le musée slt : 4 € ; réduc. Entrée : 10 € (réduc) pour la visite libre du musée et la visite guidée (en anglais ou en italien) de 3 synagogues (on ne visite pas les mêmes selon l'époque), ttes les heures 10h30-16h30 (17h30 l'été). Possibilité parfois de visite en français sur résa par tél. Carte* Rolling Venice *et* Venice Card *(à l'exception de la version San Marco) acceptées.* Le musée expose une petite collection unique d'objets cultuels, orfèvrerie religieuse, tissus, manuscrits, etc. En particulier, des *parakhoth* (voiles très anciens), *tasim* (plaques d'ornement des rouleaux de la Torah), *ataroth* (couronnes d'argent), etc. Possibilité de boire un café et de manger à la *caffetteria* du musée (voir la rubrique « Où manger ? »).

➢ Quitter le quartier en empruntant (à droite en sortant du musée) le *sottoportego di Ghetto Nuovo* et son pont de bois. Vous obtenez la vue la plus spectaculaire du Ghetto et de ses « gratte-ciel ». Après le pont, quelques rues avec de belles demeures rattachées au Ghetto au XVIIᵉ s. Calle del Porton, certaines maisons portent encore des inscriptions hébraïques. Au bout de cette rue, on trouve là aussi des traces des grilles que l'on refermait chaque soir.

🦌 **Chiesa di Sant'Alvise** *(plan détachable C1) : campo Sant'Alvise, Cannaregio, 3282.* ☎ *041-275-04-62.* ● *chorusvenezia.org* ● *Tt droit en sortant de l'embarcadère Sant'Alvise. Lun-sam 10h-17h (dernière entrée 16h45). Entrée : 3 €. Accès avec le* Chorus Pass. Ce nom est la forme vénitienne du prénom Louis que portait l'évêque de Toulouse, auquel le sanctuaire est dédié. Ce petit-neveu de Saint Louis renonça à la couronne, entra chez les franciscains et mourut à l'âge de 23 ans, quelques mois après avoir été nommé évêque... L'église, construite en 1388, abrite trois œuvres de Tiepolo : *Le Couronnement d'épines, La Flagellation* (1740) et, dans le chœur, *La Montée au Calvaire* (1743). Elles rappellent les trois reliques du martyre du Christ qu'abrite l'église : une épine de sa couronne, un bout de colonne et un clou ! Mais elles ne sont pas visibles. Le mur de revers de la façade (sur la droite) est décoré de huit peintures exceptionnelles illustrant des scènes bibliques, réalisées au XVᵉ s. Elles seraient de Lazzaro Bastiani. Le plafond est peint de fresques en trompe l'œil étonnantes, exécutées au XVIIᵉ s. On a l'impression que le plafond va s'écrouler !

🦌🦌 **Chiesa della Madonna dell'Orto** *(plan détachable C1) : fondamenta Madonna dell'Orto, Cannaregio, 3511.* ☎ *041-71-99-33.* ● *madonnadellorto. org* ● *Vaporetti nos 4.1, 4.2, 5.1 ou 5.2, arrêt Madonna dell'Orto. Lun-sam 10h-17h* *(dernière entrée 16h45). Entrée : 3 €.* Une des plus belles églises de Venise, autrefois dédiée à saint Christophe mais qui porte le nom de la Madonna dell'Orto. Édifiée au XIV<sup>e</sup> s, en style gothique, tandis que le campanile, à côté, est roman. Sa coupole a été ajoutée en 1503.

### La façade

Elle marie avec élégance brique rouge et pierre blanche sculptée. Une superbe frise de statues et de motifs gothiques court sur les versants latéraux et en haut de la façade. Remarquable ornementation du portail principal, encadré de l'ange Gabriel, de saint Christophe et de la Vierge de l'Annonciation (statues qui seraient l'œuvre du maître du *Jugement de Salomon* qu'on retrouve au palais des Doges).

### L'intérieur

À l'intérieur, lignes d'une grande simplicité. Espace lumineux, découpé par des arches gothiques en brique rouge et parfois recouvertes de fresques d'origine. Là encore, l'église apparaît comme un véritable petit musée d'art.

– À l'entrée, tout de suite à droite, une belle œuvre de Cima da Conegliano : *Saint Jean-Baptiste entouré de Pierre, Marc, Jérôme et Paul.*

– Dans la première chapelle (à gauche, en entrant dans l'église), reproduction photographique de la *Vierge à l'Enfant,* de Giovanni Bellini, l'original ayant été volé en 1993.

– Du côté gauche de la nef : chapelles dédiées aux grandes familles patriciennes de Venise, les Morosini et les Vendramin (bustes sculptés, tableaux et pierres tombales).

– Au quatrième autel de la nef de droite, *Martyre de saint Laurent,* du Flamand Daniel Van den Dyck (séduisant jeu de lumières sur les personnages). Juste après, dans la *Présentation au Temple* du Tintoret, notez le jeu subtil des ombres et des lumières, le dynamisme de la scène.

– Dans la chapelle Saint-Maur (sur la droite avant le chœur) est exposée la célèbre *Vierge* à l'origine du nom de l'église.

– Dans la chapelle absidiale à droite du chœur, **tombe du Tintoret** (1519-1594), avec son buste de terre cuite.

– C'est dans le chœur que l'on peut voir les œuvres les plus admirables : **deux toiles immenses du Tintoret** et six autres plus petites. À gauche, *L'Adoration du veau d'or.* Une curiosité : le Tintoret aurait représenté Giorgione, Titien et Véronèse sous les traits des porteurs de l'idole, et Michel-Ange serait celui qui ramasse l'or. Mais notre préféré, c'est *Le Jugement dernier,* à droite. Représentation tourmentée, voire terrifiante. Impossible de tout décrire, il y a tellement de symboles. Présence de trois Maures dans le purgatoire. Titien aurait suggéré à Tintoret de ne pas peindre uniquement les Blancs, pour bien marquer l'universalité du Jugement dernier.

– Dans l'abside, *L'Apparition de la Croix à saint Pierre,* une autre toile du Tintoret. Là encore, l'effet de mouvement est prodigieux.

– Dans la salle des trésors : étoles, ostensoirs, reliquaires, calices...

🚶 En sortant de l'église, traversez le pont et continuez tout droit pour arriver aux *fondamente dei Mori.* L'ancienne **maison du Tintoret** se trouve au n° 3398. Non loin, le ***campo dei Mori*** présente des sculptures de pierre, dans les murs, assez impressionnantes.

## DU PONTE DELLE GUGLIE À LA CA' D'ORO
### *(plan détachable B2 à zoom détachable C-D3)*

🚶 ***Chiesa di San Marcuola*** *(zoom détachable C2) :* Cannaregio, 1763. ☎ 041-71-38-72. *Horaires variables, mais normalement lun-sam 8h30-11h15.* Son nom vient de la contraction des prénoms des saints *Ermagora* et *Fortunato* en vénitien. Construite entre 1728 et 1736 par Massari : c'est l'un des quelques édifices de

Venise dont la façade est restée inachevée. Les autels sont entièrement décorés de sculptures en marbre. Sur le mur de gauche dans le chœur, très belle *Cène* réalisée par le Tintoret en 1547, à l'âge de 29 ans !

🎭🎭 *Palazzo Vendramin-Calergi (actuel casino d'hiver) et l'appartement-musée de Richard Wagner (zoom détachable C2) :* calle larga Vendramin. ☎ 041-529-71-11. ● casinovenezia.it ● *Vaporetto n°s 1 ou 2, arrêt San Marcuola. En sortant du vaporetto, longer l'église San Marcuola, prendre la 1re rue à droite, traverser le rio ; ensuite, encore à droite. Tlj 11h-2h45 du mat (3h15 sam). Fermé 24-25 déc. Entrée : 10 € ; réduc. Carte d'identité nécessaire pour entrer dans la salle de la roulette (et veste, prêtée à l'entrée).* Construit au début du XVIe s par les frères Lombardo sur des plans de Mauro Codussi, ce palais, qui abrite aujourd'hui le casino d'hiver (l'été, c'est le Lido qui attire les foules), fut la propriété des plus grandes familles vénitiennes. Wagner vint y habiter avec sa famille en septembre 1882 et y mourut d'une crise cardiaque le 13 février 1883, à l'âge de 69 ans. Sa dépouille fut portée en gondole à la gare puis mise dans un train spécial envoyé par le roi Louis II de Bavière afin de la rapatrier à Bayreuth (Bavière). Le musicien loua 18 pièces du palais, dont quatre (situées au dernier étage du casino) ont été conservées et sont ouvertes à la visite. *Sur rdv slt, en téléphonant à l'association Richard Wagner de Venise :* ☎ 041-276-04-07. *Visites guidées mar, jeu ap-m et sam mat.*

🎭🎭🎭 *Ca' d'Oro e la galleria Franchetti (musée Franchetti ; zoom détachable C-D3) :* ☎ 041-522-23-49. Résas au ☎ 041-520-03-45. ● cadoro.org ● *Vaporetto n° 1, arrêt Ca' d'Oro. Accès par la calle della Ca' d'Oro (n° 3933). Lun 8h15-14h, mar-sam 8h15-19h15, dim 10h-18h (dernier billet 30 mn avt fermeture). Entrée : 6 € (majoré suivant l'expo) ; réduc ; gratuit pour les moins de 18 ans ressortissants de l'UE, pour les étudiants en histoire de l'art (justificatif demandé), et pour tous le 1er dimanche de chaque mois. Audioguide en français : 4 € ; 6 € pour 2. Dépliants en anglais.*

*Un peu d'histoire*
Si l'entrée du musée est discrète, regardez la façade côté Grand Canal : c'est **l'un des plus beaux palais gothiques de Venise,** qui abrite de plus une très belle galerie d'art. Le nom de *Ca' d'Oro* vient du fait que la façade était à l'origine en partie décorée d'or et de marbre.
Ce palais fut construit par Raverti et Bartolomeo Bon entre 1421 et 1434, sur ordre de Marino Contarini (procurateur de San Marco). Plusieurs propriétaires se succédèrent et opérèrent des transformations plus ou moins réussies. Maria Taglioni fit même abattre au XIXe s certaines parties du palais. Mais heureusement, un baron richissime (Giorgio Franchetti) mit fin au désastre en rachetant le tout. Un musée ouvrit ses portes en 1927 après que le généreux bienfaiteur eut fait don du palais et de ses collections d'œuvres d'art en 1916.

*Visite*
– Avant de monter, admirez la somptueuse cour intérieure, son bel escalier gothique et surtout son incroyable pavement, bigarré comme un tapis de mosaïques dans les tons orangés et verts. Repérez le niveau des marées depuis des centaines d'années sur l'un des piliers.
– Au 1er étage sont exposés une série de sculptures vénéto-byzantines des XIIe et XIIIe s et un polyptyque d'Antonio Vivarini *(La Passion du Christ).* On y contemple aussi un bel ensemble de bas-reliefs en bronze des XVe et XVIe s. Ne pas rater le *Saint Sébastien* de Mantegna et, dans la *salle 2,* trois œuvres de Carpaccio sur la Vierge : *L'Annonciation, La Visitation* et *La Mort de la Vierge.* Dans la dernière œuvre, remarquez l'envol des *putti* écarlates vers les cieux. Dans la *salle 3,* arrêtez-vous devant la *Madone* de Luca Antonio Busati. Notez le fil que tient l'enfant dans sa main gauche (symbole de la Passion), ainsi que l'araignée que lui tend le petit saint Jean. La *salle 4* abrite une série de peintures originaires du centre

de l'Italie, essentiellement des Madones (dont une avec l'Enfant Jésus au sein, malheureusement assez abîmée). Elle donne accès à l'étage supérieur.

– Accès au 2e étage par un bel escalier muni d'une antique rampe de bois, composée d'un treillage et de poutres sculptées. Au *portego* du 2e étage, expo de fresques murales des XVe et XVIe s provenant de plusieurs monuments religieux de la ville. Vues superbes sur le Grand Canal, le marché aux poissons du Rialto et les toits du quartier de San Polo.

Dans les salles : intéressants tableaux de Guardi, du Tintoret, de Titien. Les *salles 11 à 13* font un petit clin d'œil à la peinture flamande et hollandaise avec la saisissante *Crucifixion* de Van Eyck, celle de Hans Memling, la *Déposition du Christ* attribuée à Hans Baldung, ou encore la *Tour de Babel* de Jan Van Scorel (notez comme les jaunes éclatent).

– Enfin, à droite de la loggia, on accède aux salles consacrées à la céramique vénitienne.

## LE QUARTIER DU RIALTO RIVE GAUCHE
### (zoom détachable D3)

🎣 *Chiesa di San Giovanni Crisostomo* (zoom détachable D3) : ☎ 041-523-52-93. *Vaporetti nos 1 ou 2, arrêt Rialto. Tlj 8h15-12h15, 15h-19h.* Église construite par Codussi entre 1497 et 1504. Les amoureux de Giovanni Bellini s'y précipiteront pour l'une de ses œuvres admirables : *Saint Christophe, saint Jérôme et saint Louis.* Le Christ sur les épaules de saint Christophe a vraiment une allure de bambin craintif. Voir également le bas-relief de Tullio Lombardo (fils), avec des personnages plus ou moins en relief selon la perspective. Au-dessus du premier autel de droite, préparez vos petites pièces pour les minuteries.

– Un peu après l'église, on arrive à la *corte Seconda del Milion.* C'est là que se trouvait l'ancienne maison de **Marco Polo,** démolie depuis belle lurette. On y trouve à la place le *théâtre Malibran* (du nom d'une cantatrice du XIXe s). Les récits de voyage du célèbre aventurier parurent tellement extravagants que les Vénitiens, avec l'humour acide qui les caractérise, surnommèrent Marco Polo le *Messer Millione* (« l'Homme des millions de merveilles » !). Il ne reste aucune autre trace de Marco Polo à Venise, son tombeau qui se trouvait dans une église de Venise ayant été détruit.

🎣🎣 *Chiesa Santa Maria dei Miracoli* ou *Santa Maria Nova* (zoom détachable D3) : ☎ 041-275-04-62. ● chorusvenezia.org ● *Lun-sam 10h-17h (dernière entrée 16h45). Entrée : 3 €. Accès avec le* Chorus Pass. L'église et la place forment l'un des plus surprenants ensembles architecturaux de Venise. Cette petite merveille de la Renaissance vénitienne, aux formes géométriques, fut construite par Lombardo à la fin du XVe s. À l'origine, une icône de la Vierge, dite miraculeuse, avait été transférée dans une chapelle en bois. L'église actuelle n'est en fait que l'extension de celle-ci. Cette image trône sur l'autel : il s'agit de *La Vierge et l'Enfant* de Niccolò di Pietro. La façade et l'intérieur sont couverts de marbres polychromes et de médaillons sculptés (le tout a un petit côté oriental assez original). Très belle voûte en berceau en bois sculpté, avec la représentation des prophètes et des patriarches. Avec son allure d'écrin précieux tout en or et en marbre, c'est l'église de Venise la plus prisée pour la célébration de mariages.

## LES FONDAMENTE NOVE

De ces quais qui bordent Venise au nord, on a une vue dégagée sur la lagune et sur le cimetière San Michele, avec ses rangées de cyprès pointés vers le ciel. Vous serez impressionné par le trafic maritime le long du quai. Toutes les liaisons pour les îles du Nord partent d'ici. Tout au bout, on peut voir parfois s'entraîner les rameurs du club d'aviron *Querini,* qui ont remporté les courses les plus prestigieuses de Venise. Quartier calme qui contraste avec l'agitation de San Marco.

**✦✦ Chiesa dei Gesuiti** ou **Santa Maria Assunta** (*plan détachable D2*) *:* campo dei Gesuiti, Cannaregio. ☎ 041-523-16-10. Vaporetti n^os 4.1, 4.2, 5.1 ou 5.2, arrêt Fondamenta Nove. Tlj 10h-12h, 15h30-17h30 (17h en hiver).

Financée par une riche famille vénitienne, cette église a été bâtie entre 1715 et 1728 à la demande des jésuites, qui en ont confié la maîtrise d'ouvrage à Domenico Rossi (le pauvre s'est même vu imposer un plan strict pour en mettre plein la vue aux Vénitiens !). La façade baroque est surmontée des statues des 12 apôtres. L'intérieur obéit au plan en croix latine typique des églises jésuites : large nef flanquée de six chapelles de part et d'autre, et un chœur d'une folie baroque incroyable avec un dôme bardé d'angelots, soutenue par huit colonnes salomoniques. Pour le reste, remarquez l'élégante marqueterie de marbre vert et surtout la superbe chaire de Francesco Bonazza, placée comme il se doit « très près des fidèles », conformément aux préceptes de la Contre-Réforme. Notez avec quelle maestria l'artiste a réussi à donner au marbre l'allure d'une étoffe, époustouflant ! Côté « barbouille », on n'est pas en reste non plus, avec au plafond des fresques de Fontebasso et Dorigny, tandis que les chapelles latérales accueillent Titien (*Le Martyre de saint Laurent,* œuvre qui passe pour être « la première nuit réelle de l'histoire de l'art », selon certains experts) ou encore Balestra *(Marie et le Saint-Esprit)* ; quant à la sacristie, elle n'abrite pas moins d'une vingtaine de tableaux de Palma le Jeune !

# CASTELLO

- Où dormir ? ...............118
- Où manger ?..............121
  - De la place Saint-Marc à l'Arsenal • De l'Arsenal à l'île San Pietro
  - Où boire un verre de vin ? Où manger sur le pouce ?..............123
- Où boire un verre ? Où sortir ?..................123
- Où déguster une bonne pâtisserie ? Où savourer un bon chocolat ?..................124
- Où déguster une glace ?..................124
- Achats ..................124
- À voir...................125
  - De Santa Maria Formosa à l'Arsenal • Le quartier de la riva degli Schiavoni • De la via Garibaldi aux jardins publics

Codes postaux : 30122 et 30132

Castello est, avec le Cannaregio, l'un des quartiers les plus paisibles de la Sérénissime... si l'on prend le temps bien sûr de s'éloigner des circuits classiques empruntés par les foules. Ses ruelles désertes, ses petits commerces, ses placettes et ses grands espaces verts

(jardins de Napoléon, ou encore Sant'Elena) constituent un quartier tout trouvé pour celles et ceux qui cherchent l'authenticité et la tranquillité.

À partir de la place Saint-Marc, la *riva degli Schiavoni* constitue une très belle entrée en matière. C'est ici, sur les quais, qu'étaient accueillis autrefois les marchands de la côte dalmate, une des premières colonies de Venise. Un peu plus au nord, on trouve le quartier de l'hôpital, avec l'église *Santi Giovanni e Paolo*, le panthéon des doges et des dignitaires de la République. Une Venise séculaire, formant un dédale de ruelles qu'il vous faudra traverser en diagonale pour rejoindre l'Arsenal, une bâtisse empreinte de rigueur militaire, sur laquelle veille le lion de Corto Maltese (voir *Fable de Venise* dans la B.D. d'Hugo Pratt ; cet ouvrage peut d'ailleurs vous servir de livre de route pour découvrir le quartier).

De là, descendez jusqu'au quai où se dresse le musée d'Histoire navale, avant d'emprunter l'artère la plus large de Venise, la via Garibaldi, où se tiennent chaque matin (de 7h à 14h) des marchands de fruits et légumes dans une ambiance beaucoup moins touristique que celle du Rialto. Car oui, avec ses placettes commerçantes, ses quais, ses darses et ses *bricole* semblant flotter entre deux eaux, Castello offre plus d'un visage !

## Où dormir ?

### Auberge de jeunesse et maisons d'accueil

⌂ *Youth Venice Home* (plan détachable E-F3-4, 71) : calle de la Fraterna, Castello, 3368. ☎ 347-070-18-33. ● youthvenicehome@hotmail.com ● youthvenicehome.com ● Vaporetti nos 1, 2, 4.1, 4.2, 5.1 ou 5.2, arrêt San Zaccaria. Compter 30 € le lit en dortoir, et 60 €/pers la nuit en chambre, prix variant selon saison, petit déj non compris (cuisine à dispo). ☏ Très bien située, c'est le modèle d'auberge économique pour *backpackers*. Abrite une petite dizaine de chambres doubles (grand lit) et des petits dortoirs (de 4 ou

5 lits) avec casiers, le tout réparti sur plusieurs étages. Les salles d'eau sont propres et collectives. C'est minimaliste mais ça ne manque pas de charme. Le matin, on se retrouve dans la cuisine pour préparer son petit déj. Bon accueil par une équipe dynamique.

🛏 **B & B Venice Hazel** (plan détachable E4, 88) : fondamenta de l'Osmarin, Castello, 4977/A. 🖀 338-132-38-96. ● venicehazel.com ● Vaporetti nᵒˢ 1, 2, 4.1, 4.2, 5.1 ou 5.2, arrêt San Zaccaria. Compter 30-50 €/pers selon confort et saison. 🛜 Une bonne adresse à prix sages au cœur du Castello. Vieille maison bien aménagée avec 3 chambres se partageant 2 salles de bains. Elles sont sobrement décorées dans des couleurs vives. Une grande cuisine pour préparer son frichti, un accueil très gentil.

🛏 **Foresteria Chiesa Valdese** (plan détachable E3, 32) : calle lunga Santa Maria Formosa, Castello, 5170. 🖀 041-528-67-97. ● info@foresteriavenezia. it ● foresteriavenezia.it ● ♿ (prévenir avt). Vaporetti nᵒˢ 1 ou 2, arrêt Rialto ; 4.1, 4.2, 5.1 ou 5.2, arrêt Fondamenta Nove. Réception téléphonique 9h-19h. Pas d'arrivée après 19h30. Pas de couvre-feu. Doubles 100-140 € selon vue et j. de la sem, moins cher en hiver sf fêtes et Carnaval ; également des lits en dortoirs 35 €/pers ; petit déj et draps inclus. Les sdb sont à partager. 🛜 Située dans le palazzo Cavagnis, un énorme palais vénitien du XVIIIᵉ s. C'est la maison d'accueil de l'Église vaudoise et méthodiste. Fidèle à sa tradition d'hospitalité, celle-ci propose des chambres et des dortoirs de 2 à 10 lits qui conviendront aux petits groupes. La déco est sobre et dépouillée. Meubles en mélamine, lits une place, TV... Même si les plafonds de certaines chambres sont ornés de quelques fresques d'époque, vous ne ferez pas de folies ici. Accueil aimable.

🛏 **Casa per ferie Istituto della Pietà** (plan détachable F4, 34) : calle della Pietà, Castello, 3701. 🖀 041-244-36-39. ● info@bedandvenice.it ● bedandvenice.it ● Vaporetti nᵒˢ 1, 2, 4.1, 4.2, 5.1 ou 5.2, arrêt San Zaccaria. Doubles sans sdb 60-135 €, dortoir env 40 €/pers, avec petit déj. CB refusées. 🛜 Grand bâtiment ancien, entièrement modernisé à l'intérieur. Pour

accéder à la réception, il faut monter au 3ᵉ étage (ascenseur). On trouve ici une quinzaine de chambres de 1 à 5 lits sobrement aménagées et très correctes. L'ensemble fait penser à un pensionnat, avec ses grandes chambres et ses petits lits (pas de lits superposés), mais c'est très propre et pas du tout moche. Demander la nᵒ 11 avec sa belle vue sur San Giorgio. Grande terrasse sur le toit où l'on peut musarder au soleil en été...

## Institution religieuse

🛏 **Patronato Salesiano** (plan détachable G4, 41) : calle San Domenico, Castello, 1281. 🖀 041-523-07-69. ● info@salesianivenezia.it ● salesianivenezia.it ● Vaporetti nᵒˢ 1, 2, 4.1, 4.2, 5.1 ou 5.2, arrêt Giardini. Congés : janv. Doubles env 80-100 €, avec petit déj. 🛜 À côté des beaux jardins de la Biennale et de la maison natale de Tiepolo, dans un quartier calme et verdoyant. Portrait de don Bosco dans les couloirs, on est chez les salésiens ! L'institut héberge des étudiants d'octobre à juin, mais une partie est toujours réservée pour les touristes. Pendant les vacances, c'est plus de 140 lits qui attendent les voyageurs. Pour le reste, c'est fonctionnel mais sans âme, avec des chambres très propres, toutes avec salle d'eau, clim et ventilo. Belle petite terrasse pour prendre son petit déj en été.

## De prix moyens à chic

🛏 **Hotel Corte Contarina** (plan détachable G4, 92) : via Garibaldi, Castello, 1931. 🖀 041-277-85-33. ● info@hotelcortecontarina.com ● hotelcortecontarina.com ● ♿ Prendre la ruelle à gauche de l'église San Francesco di Paola, puis 1ʳᵉ à gauche. Vaporetti nᵒˢ 1, 2, 4.1, 4.2, 5.1 ou 5.2, arrêt Giardini. Doubles 50-150 € (ça peut monter jusqu'à 190 € en période de Carnaval) selon saison. 🛜 Voici un hôtel aménagé dans l'ancienne demeure (1600) du doge Contarini. Au total, une vingtaine de chambres doubles, triples ou quadruples et un appart. Refaites pour la plupart, avec une déco néovénitienne, elles sont de bon confort (douche/w-c partout, AC) et calmes (vue sur rue ou sur cour). Un bon rapport qualité-prix. Accueil courtois de Marco ou Mauro, c'est selon.

▲ *Albergo Doni (plan détachable E4, 70) : calle del Vin, 4656. San Zaccaria, Castello,* ☎ *041-522-42-67.* ● *alber godoni@hotmail.it* ● *albergodoni.it* ● *Vaporetti nos 1, 2, 4.1, 4.2, 5.1 ou 5.2, arrêt San Zaccaria. Doubles sans ou avec sdb privée 60-140 € selon saison. CB refusées.* 🛜 *(dans le hall slt). Réduc de 10 % sur le prix de la chambre nov-mars, 5 % le reste de l'année sur présentation de ce guide.* Au bord d'un étroit canal, une demeure ancienne de caractère (elle date de 1700) dont la façade est agrémentée d'ouvertures dans le plus pur style gothique vénitien. À l'intérieur, parquet posé en chevrons, vitrages cul-de-bouteille, mobilier années 1940, vieilles boiseries qui grincent sous les pieds...

▲ *Alloggi Barbaria (plan détachable E3, 89) : calle de le Capucine, Castello, 6573.* ☎ *041-522-27-50.* ● *info@alloggibarbaria.it* ● *alloggibarbaria.it* ● *Doubles 50-130 € selon saison. TV satellite.* 🛜 *Petite bouteille de prosecco offerte sur présentation de ce guide.* Maison d'hôtes à l'écart de la foule. Ce n'est pas le grand charme mais c'est pratique et relativement économique en basse saison. Abrite une dizaine de chambres simples, propres et confortables (AC, douche/w-c). Petit déj sur la toute petite terrasse aux beaux jours. Bon accueil.

▲ *Locanda Ca' del Console (plan détachable E3, 49) : calle Trevisan, Castello, 6217.* ☎ *041-523-31-64.* ● *info@ locandadelconsole.com* ● *locandadelconsole.com* ● *Vaporetti nos 4.1, 4.2, 5.1 ou 5.2, arrêt Fondamenta Nove. Doubles 70-240 € selon saison.* 🛜 *Réduc de 10 % sur présentation de ce guide.* Une adresse confidentielle, dissimulée derrière une porte anodine. Et pourtant, il s'agit de l'ancien hôtel particulier d'un consul d'Autriche au XIXe s. Les aimables propriétaires ont conservé le style de cette époque, avec un mobilier choisi (souvent en bois peint), des peintures, des miroirs... Tout est soigné, confortable (AC partout) et bien tenu. Chaque chambre est dédiée à un personnage historique ou à une ambiance. Un coup

de cœur, d'autant que les tarifs sont pratiqués avec diplomatie.

▲ *Hotel Canada (zoom détachable D3, 47) : campo San Lio, Castello, 5659.* ☎ *041-522-99-12.* ● *booking@cana davenice.com* ● *canadavenice.com* ● *Vaporetti nos 1 ou 2, arrêt Rialto. Doubles 50-100 € selon saison. Réception au 2e étage.* Petit hôtel modeste et bien situé, avec des chambres sans grand style mais propres et bien arrangées. Elles ont leur propre salle de bains, mais pour certaines la douche et les toilettes sont sur le palier. Carrelage au sol, murs travaillés à l'ancienne et rehaussés par quelques reproductions de tableaux. Par les fenêtres, on profite de vues dérobées sur un canal, une église ou la rue. Belle salle de petit déj et accueil gentil en français.

## De chic à très chic

▲ *Ca' Foscolo (zoom détachable D3, 73) : campo della Fava, Castello, 5526.* ☎ *041-241-37-20.* ● *info@cafoscolo. it* ● ♿ *Vaporetti nos 1 ou 2, arrêt Rialto. Réception tlj 9h-16h (les clients sont attendus jusqu'à 20h). Congés : janv. Selon saison, appart 40 m² pour 2 pers 95-220 €, également des apparts familiaux.* 🛜 Sur une placette au calme, dans une maison bourgeoise, voici une petite dizaine d'apparts spacieux, chic et bien équipés : lave-vaisselle, lave-linge, télé, chauffage central et clim indépendants... Les petits (40 m² quand même !) possèdent une chambre et un vrai séjour (canapé convertible), les plus grands (80 à 100 m²) 2 grandes chambres avec séjour, ce qui fait qu'on peut loger à 6. La déco allie élégamment contemporain et style Liberty, avec les fameux *terrazzo alla veneziana* incrustés de verre de Murano. Une adresse emprunte de classe.

▲ *Hotel La Residenza (plan détachable F4, 77) : campo Bandiera e Moro, Castello, 3608.* ☎ *041-528-53-15.* ● *info@venicelaresidenza.com* ● *veni celaresidenza.com* ● *Vaporetti nos 1, 4.1 ou 4.2, arrêt Arsenale. En hte saison, 3 nuits min le w-e. Doubles 80-220 € selon saison.* 🛜 Dans l'ancien palais Gritti-Badoer, sur la place de l'église San Giovanni della Bragora où fut baptisé Vivaldi. De dehors, admirez la façade gothique du XVe et son balcon central aux 5 fenêtres. Le 1er étage est occupé par un hôtel d'une quinzaine de chambres restaurées et confortables (AC), pour 2 ou 4 personnes. Accueil remarquable. La réception se trouve dans un vaste salon lumineux et couvert de fresques du XVIIIe s. On y prend le petit déj près d'un piano à queue. Décoration superbe : tableaux d'époque, tentures et moulures au plafond, ravissants meubles peints. Demandez la no 216 au demi-étage avec vue sur la place.

🏠 *Locanda Silva (zoom détachable E3, 69) : fondamenta del Rimedio, Castello, 4423.* ☎ *041-522-76-43.* ● *info@ locandasilva.it ● locandasilva.it ● Vaporetti nos 1, 2, 4.1, 4.2, 5.1 ou 5.2, arrêt San Zaccaria. Congés : janv. Double env 140 €.* 📶 *Sur présentation de ce guide, 10 % de réduc à partir de 2 nuits en réservant directement à l'hôtel.* Cet hôtel d'une vingtaine de chambres devait être à la mode vers la fin des années *cinecitta*. Il n'est pas démodé mais il a gardé son style un peu rétro. Les chambres sont impeccables et suffisamment confortables (literie inégale toutefois), donnant ou non sur le canal. Accueil aimable en français.

🏠 *Albergo Al Piave (plan détachable E3, 79) : ruga Giuffa, Castello, 4838/40.* ☎ *041-528-51-74.* ● *info@ hotelalpiave.com ● hotelalpiave.com ● Vaporetti nos 1 ou 2, arrêts San Zaccaria ou Vallaresso. Fermé début janv jusqu'au Carnaval. Doubles 110-230 € selon saison.* 📶 *Stores vénitiens, meubles vieillis en Inde, salle de bains en carreaux de pâte de verre...* Ce petit hôtel allie style et caractère. Les chambres, au nombre d'une trentaine, forment un ensemble à la fois confortable et agréable. La plus chère, au dernier

étage, possède sa terrasse. D'autres chambres sont installées dans des bâtiments annexes proches de l'hôtel.

🏠 *Hotel Casa Verardo (plan détachable E3-4, 52) : Castello, 4765.* ☎ *041-528-61-38.* ● *info@casaverardo.it ● casaverardo.it ●* 📶 *Vaporetti nos 1, 2, 4.1, 4.2, 5.1 ou 5.2, arrêt San Zaccaria. Près du campo SS. Filippo e Giacomo. Doubles avec sdb 90-390 € selon saison et standing, avec petit déj.* 📶 Cet ancien palais du XVIe s offre une vingtaine de chambres raffinées mais sans sophistication excessive. Elles ne sont pas grandes mais bien équipées (AC). Quant aux salles de bains, elles sont modernes et nickel. La courette à l'arrière, avec un puits et une colonne sculptée, apporte la touche finale à cette élégante adresse. La maison possède également une bonne douzaine de chambres supplémentaires dans une annexe toute proche. Accueil charmant, bien dans le ton.

🏠 *Hotel Bridge (plan détachable E4, 83) : campo SS. Filippo e Giacomo, Castello, 4498.* ☎ *041-520-52-87.* ● *info@hotelbridge.com ● hotelbridge. com ● Vaporetti nos 1, 2, 4.1, 4.2, 5.1 ou 5.2, arrêt San Zaccaria. Doubles avec sdb 60-230 € selon saison, avec petit déj.* 📶 *(assez cher).* Un immeuble du XVe s bien situé et entièrement restauré et modernisé à l'intérieur. Hôtel tenu par la même famille depuis 4 générations, la continuité est souvent un gage de sérieux. Ici c'est le cas. La plupart des chambres sont au 1er étage. Certaines sont petites et plutôt réservées aux clients voyageant en solo. La déco est tantôt vénitienne, tantôt florentine, chacun ses goûts. Poutres apparentes, toiles tendues et lustres en verre de Murano, ça reste classique.

## Où manger ?

### De la place Saint-Marc à l'Arsenal

#### Sur le pouce

🍴 *Dal Moro's (zoom détachable E3-4, 143) : calle de la Casseleria, Castello,* *5324.* ☎ *041-476-28-76. Tlj 12h-20h30. Portions env 5-7 €.* Il y a toujours foule devant *Dal Moro's*. Il faut dire que cette minuscule échoppe cachée dans une ruelle a trouvé la bonne formule : des pâtes maison préparées à la demande (la machine turbine à plein régime !), puis cuites à la minute et accommodées avec la sauce de son choix. C'est tout simple, pas cher, et bon. En revanche, c'est seulement à emporter.

## Bon marché

**|●| 🍴 Birreria Forst** *(plan détachable E4, 141) : calle delle Rasse, Castello, 4540.* ☎ *041-523-05-57. Tlj 10h-23h. Compter 10-15 € selon appétit.* Dans une ruelle près de San Marco, voici un petit snack plutôt agréable avec ses vieilles photos de gondoles, sa collection de billets de banque et ses banquettes molles. Petits prix, et savoureuse sélection de *cicchetti, tramezzini, ambrogini,* sans oublier les pains au sésame garnis.

**|●| 🍴 Birreria al Vecio Penasa** *(plan détachable E4, 141) : calle delle Rasse, Castello, 4585.* Un snack correct qui dépanne bien. On y trouve toute la panoplie du grignotage en cours de promenade : *schiacciata, focaccia, prosciutto...*

## De prix moyens à chic

**|●| 🍴 Antica Sacrestia** *(plan détachable E4, 99) : calle della Corona, Castello, 4463.* ☎ *041-523-07-49. ● info@anticasacrestia.it ● Tlj sf lun. Congés : 1 sem en déc. Menu du jour 24 € (servi aussi sam), puis menus 35-80 € (service et couvert inclus). Pizzas env 8-19 €.* 🛜 *Sur présentation de ce guide, apéritif offert.* Une belle bâtisse vénitienne du XVIIIᵉ s, avec une cour intérieure et des salles en brique, chaleureusement aménagées. Pino Calliandro, l'adorable patron francophone, vous reçoit avec jovialité. Ce Sicilien au faux air d'Al Pacino (ils sont nés quasiment dans le même village !) veille sur la destinée de la maison. Et même quand il y a foule, pizzas et autres plats classiques restent bien préparés et le service efficace. Belle cave très complète aux prix raisonnables.

**|●| Osteria Alla Staffa** *(plan détachable E3, 136) : calle del Ospedaleto, Castello, 6397/A.* ☎ *041-523-91-60. Tlj midi et soir jusqu'à 22h30. Plats 10-18 €.* Proche de l'église San Giovanni e Paolo, une discrète auberge vénitienne qui mijote une cuisine fraîche et sincère à des prix doux. Seulement 7 tables dans une salle attenante au bar à l'entrée. Raviolis, spaghettis, viandes et poissons. Excellente salade *caprese.* Également un plat végétarien unique. Bon service et accueil cordial. Le midi, il y a du monde et il faut parfois attendre. Le soir, il est conseillé de réserver.

**|●| CoVino** *(plan détachable F4, 111) : calle del Pestrin, Castello, 3829.* ☎ *041-241-27-05. ● loren zongood@gmail.com ● Fermé mar et mer. Menu unique 38 €.* 🛜 De la salle, on voit s'affairer en cuisine le chef qui prépare des plats savoureux et originaux à base de produits de qualité, dans l'esprit du *slow food.* Grand comme un mouchoir de poche, il est impératif de réserver. Une adresse qui sait mettre en avant la cuisine vénitienne.

## De chic à très chic

**|●| Alle Testiere** *(zoom détachable E3, 134) : calle del Mondo Novo, Castello, 5801.* ☎ *041-522-72-20. ● osteriaal letestiere@yahoo.it ● Tlj sf dim-lun. Congés : août et 20 déc-10 janv. Résa quasi obligatoire. Plats env 23-30 €. Compter 50-60 € pour un repas à la carte.* Un resto gastronomique dans un agréable décor de bistrot-resto. Le chef brille par sa virtuosité, et l'assiette est un régal pour les papilles. La carte ? Principalement à base de poisson et de spécialités vénitiennes. La maison édite même ses propres recettes en français ! Accueil pro avec moult conseils.

**|●| L'Osteria di Santa Marina** *(zoom détachable D3, 138) : campo Santa Marina, Castello, 5911.* ☎ *041-528-52-39. Tlj sf dim et lun midi. Résa conseillée. Menu dégustation 75 € ; plats 20-30 €.* Une belle adresse gourmande, idéale pour un dîner en amoureux dans un cadre d'auberge chic. La carte suit les saisons et le marché et propose une cuisine classique de qualité, principalement axée sur le poisson. Service pro et convivial (à ce prix...). Attention, la cuisine ferme de bonne heure, n'y allez pas trop tard le soir.

|●| **Trattoria Corte Sconta** (plan détachable F4, **147**) : calle del Pestrin, Castello, 3886. ☎ 041-522-70-24. ● corte.sconta@yahoo.it ● ⚹. Tlj sf dim-lun. Congés : 2 dernières sem de janv. Résa obligatoire le soir. Plats 22-25 €. Pâtes 18 €. Repas complet 50-60 €. Un restaurant culte et un nom qui rappellera des souvenirs aux fans d'Hugo Pratt (la fameuse cour secrète). Cadre sans prétention mais agréable, avec la possibilité de bénéficier de la courette et sa pergola fleurie aux beaux jours. Cuisine à base de crustacés et de poisson. Les *antipasti* peuvent faire tout un repas dégustation. Pour les amateurs de pâtes, profitez-en, elles sont faites maison. On peut leur reprocher parfois leurs portions congrues.

## De l'Arsenal à l'île San Pietro

### Prix moyens

|●| **Trattoria Alla Rampa** (plan détachable G4, **148**) : via G. Garibaldi, Castello, 1135. Tlj sf sam soir et dim, dès 5h30 et jusqu'à 16h. Carte 20-25 €. Repas slt midi. Petit resto situé près du seul marchand de légumes circulant en barque dans les canaux (c'est son quai d'amarrage). Difficile de deviner que, derrière le bar, on peut déjeuner dans une grande salle aux murs lambrissés. Prix raisonnables et menu très simple, avec des spécialités locales comme le foie de veau à la vénitienne et les spaghettis au noir de seiche. Bon vin de la *casa*. Un peu bruyant tout de même, et très apprécié des locaux comme des touristes. Mieux vaut arriver tôt pour avoir une place.

## Où boire un verre de vin ? Où manger sur le pouce ?

🍷 🚢 **Osteria Al Ponte** (zoom détachable E3, **194**) : calle larga G. Gallina, Cannaregio, 6378. Tlj 9h30-21h30 (plus tard ven-sam). 📶 Bien que dans le Cannaregio, à côté de l'église San Giovanni e Paolo, ce minuscule bar à vins sera plutôt sur votre chemin si vous visitez Castello, voilà pourquoi nous le plaçons ici ! Au comptoir, quelques *cicchetti* bien fichus et pas chers, et dans les verres, de bons vins bien choisis, dont quelques crus bios intéressants. Simple et sympa.

## Où boire un verre ? Où sortir ?

🍷 **Bar-gelateria Zanzibar** (zoom détachable E3, **191**) : campo di Santa Maria Formosa, Castello, 5840. Tlj 8h-2h (21h hors saison). Pas d'enseigne, mais on ne peut le manquer. C'est en fait un kiosque-bar en bordure du *rio*. Les jours de pluie, le *Zanzibar* ferme plus tôt car il n'y a pas de salle mais seulement des tables en terrasse. On s'y retrouve autour d'un *spritz* bien dosé.

🍷 🎵 🚢 **Caffè La Serra** (plan détachable G5, **252**) : serra dei Giardini, viale Giuseppe Garibaldi, Castello, 1254. ☎ 041-296-03-60. ● serra deigiardini.org ● Mar-ven 11h-20h, w-e 10h-21h (ferme plus tard les j. de concert). 📶 Très bien situé, au début de la grande allée ombragée du jardin public agréable aux beaux jours. Dehors en terrasse ou sous la vaste serre, le cadre est verdoyant, enchanteur, et idéal pour siroter un thé bio ou un jus de fruits naturel. Possibilité de grignoter : toasts, paninis, *foccacia*...

🍷 **Inishark** (zoom détachable E3, **190**) : calle del Mondo Novo, Castello, 5787. ☎ 041-523-53-00. Tlj sf lun 18h-1h30. 📶 Derrière une vitrine bric-à-brac, ce pub irlandais patiné par les ans ravira les amateurs de whisky. Pour le décor, ce n'est pas le *Harry's Bar*, mais la bière est exquise : la brune ou la ténébreuse ambrée tout comme la blonde légère.

CASTELLO

☕ Les amateurs de vieux palaces légendaires ne manqueront pas de prendre un café au mythique et très classe

*Palazzo Danieli* (plan détachable E4) : riva degli Schiavoni, 4196. Lire « À voir. Le quartier de la riva degli Schiavoni ».

## Où déguster une bonne pâtisserie ? Où savourer un bon chocolat ?

🍴 *Pasticceria Chiusso* (plan détachable F4, 265) : Castello, 3306. En principe, tlj 7h30-20h30. Une pâtisserie-enoteca qui vend les ossi da morto (des biscuits à l'anis qu'on offrait jadis à la Toussaint) ou les baci in gondola (une petite douceur aux amandes). Les amateurs repartiront avec un sachet de cantucci à défaut d'une bouteille de fragolino. Prépare aussi des petits gâteaux salés.

🍴 *Vizio Virtù Cioccolateria* (zoom détachable D3, 218) : Castello 5988 ☎ 041-275-01-49. ● info@viziovertu.com ● Tlj 10h-19h30. Le seul chocolatier de la ville vraiment digne de ce nom. Juliette Binoche a coupé le ruban le jour de l'inauguration ! Mariangela compose des chocolats aux saveurs très originales : poivre, gingembre, piment... Également une délicieuse production plus classique. Assez cher.

## Où déguster une glace ?

🍦 *La Mela Verde* (plan détachable E4, 263) : fondamenta de l'Osmarin, Castello, 4977. Tlj sf mer 11h-20h (tlj juin-sept). Avec ou sans GPS, nos pas dans Castello mènent vers ce glacier plus qu'appétissant. Produits choisis avec soin : lait frais uniquement, pistaches de Bronte (les meilleures !) en morceaux, noisettes du Piémont, cerises griottes qui font à peine rougir

quand on en reprend... Et comme par hasard, le lendemain, on repasse encore devant !

🍦 *La Boutique del Gelato* (zoom détachable D3, 267) : salizzada San Lio, Castello, 5727. Tlj 11h (10h en été)-20h (23h en été). On se régale ici toujours autant avec les glaces au yaourt ou nutellosa, fabriquées sur place.

## Achats

🎭 *Ca' del Sol* (plan détachable E4, 221) : fondamenta dell'Osmarin, Castello, 4964. ☎ 041-528-55-49. ● cadelsolmascherevenezia.com ● Tlj 10h-22h (20h hors saison). C'est l'un des plus beaux magasins de masques de Venise. Dans cette caverne d'Ali Baba quelque peu encombrée, on tombe nez à nez avec des Jean qui pleurent ou qui rient ou les 2, des Casanova et des masques de médecins avec leur nez pointu, des lions à crinière ou de simples loups. Quasiment des pièces uniques à chaque fois et qui prennent vie rien qu'en les regardant. Prix encore abordables à condition de bien fureter. Hamid, l'heureux propriétaire des lieux, vous conseille et façonne ses masques en même temps. Son atelier est juste en face.

🎭 *Alice in Wonderland* (plan détachable F4, 223) : salizzada San Antonin, Castello, 3541/A. ☎ 041-528-76-16. Tlj sf dim. À partir de 25 €. Belle boutique tenue par une jeune artiste qui réalise des objets en mosaïque de verre multicolore. Elle y met du style et du cœur, le résultat est original et charmant, ça n'a rien de commun avec une classique boutique de verrerie. Miroirs, poissons, hippocampes, coccinelles, papillons, à fixer sur un mur.

🎭 *Papier Mâché* (plan détachable E3, 202) : calle lunga Santa Maria Formosa, Castello, 5174B. ☎ 041-522-99-95. Tlj 9h-19h30. Cette belle boutique présente 2 avantages : les masques sont originaux (certains figurant d'élégantes reproductions de tableaux), et ils sont joliment présentés de façon aérée. Quant à l'accueil de l'artiste qui travaille sur place, il est tout sourire.

🏵 **Atelier Marega** (plan détachable E4, 220) : fondamenta dell'Osmarin, Castello, 4968. ☎ 041-522-30-36. Tlj 10h-20h. Atelier dans la boutique, avec fabrication de masques sous vos yeux. Location pendant le Carnaval. Les prix sont corrects, la qualité assurée, et on y parle le français...

🏵 **Banco Lotto n° 10** (plan détachable F4, 224) : salizzada Sant'Antonin, Castello, 3478 A. ☎ 041-522-14-39. Fermé dim et lun mat. Cette boutique de vêtements féminins s'est installée dans l'ancien guichet (le n° 10) de billets de loto. Toutes les pièces vendues sont confectionnées par les détenues de la maison d'arrêt de la Giudecca. Vestes et manteaux en étoffes chatoyantes, sacs branchés. Voilà de quoi vous faire plaisir tout en donnant un coup de main.

🏵 **Al Campanil** (plan détachable E3, 222) : calle lunga Formosa, Castello, 5184. ☎ 041-523-57-34. Dans une ruelle perpendiculaire à la pl. Santa Maria Formosa. Lun-sam 9h30-12h30, 15h-19h. Dans cet atelier, une artiste fabrique les perles au fuseau, sous vos yeux, et en fait des bijoux modernes. Quelques paires de boucles d'oreilles très originales.

🏵 **Barbieri** (plan détachable E-F4, 211) : ponte dei Greci, Castello, 3403. ☎ 041-522-81-77. Une boutique tenue par une dame charmante qui propose un bel éventail de foulards fabriqués en Italie (pas très loin du lac de Côme). Il y a en a pour tous les goûts et tous les prix. Accueil souriant et aimable.

🏵 **Giovanna Zanella** (zoom détachable D3, 219) : calle Carminati, Castello, 5641. ☎ 041-523-55-00. Tlj sf dim 13h30-20h. Giovanna a bien retenu la leçon de son maître Segalin, véritable sculpteur de chaussures. Il en résulte des créations de très belle facture (plus ou moins portables selon les délires de l'artiste). Prix à la hauteur de la qualité !

# À voir

CASTELLO

## DE SANTA MARIA FORMOSA À L'ARSENAL

🏛 **Campo Santa Maria Formosa** (zoom détachable E3) : autour de ce vaste campo très animé en semaine, on peut admirer de belles façades de palais. Le mieux est encore de s'y balader la nuit pour deviner les intérieurs de ces demeures. Sur ce campo, on célébrait chaque année la fête des Marie. Cette cérémonie remonte au Xe s, époque à laquelle quelques jeunes filles avaient été enlevées par des pirates. Elles furent par la suite libérées par des casselleri (artisans qui fabriquaient des coffres). Pour commémorer l'événement, le doge se rendait tous les ans à Santa Maria Formosa le jour de la Chandeleur. Il recevait pour l'occasion du vin et un chapeau de paille (une des coiffes est encore visible au musée Correr).

🏛 **Chiesa Santa Maria Formosa** (plan et zoom détachables E3) : sur le campo. ☎ 041-275-04-62. Lun-sam 10h-17h (dernière entrée 16h45). Entrée : 3 €. Accès avec le Chorus Pass.
L'édifice actuel remonte à la fin du XVe s. La famille Cappello a financé les travaux de la façade principale et de celle donnant sur le campo, sans oublier d'y adjoindre trois bustes. La coupole a été reconstruite à deux reprises, après le tremblement de terre de 1668 et après un bombardement de la Première Guerre mondiale. Le campanile date de 1688 (remarquez la drôle de gueule tordue au-dessus de la porte, censée éloigner le diable).
À l'intérieur, triptyque de Bartolomeo Vivarini, Vierge de la miséricorde, dans la première chapelle sur la droite face à vous en entrant par le côté. Voir également, dans le transept, une Cène bien sombre, en hauteur, peinte par Leandro Bassano (fin XVIe s). Et aussi le polyptyque de sainte Barbara de Palme l'Ancien. Organisation fréquente de concerts.

**❤❤ *Fondazione Querini Stampalia*** (plan détachable E3) : campo Santa Maria Formosa, Castello, 5252. ☎ 041-271-14-11. ● querinistampalia.it ● Vaporetti n⁰ˢ 1, 2, 4.1, 4.2, 5.1 ou 5.2, arrêt San Zaccaria. À l'extrémité sud du campo, au sud de l'église. Tlj sf lun 10h-18h. Entrée : 10 € ; réduc. Audioguide 4 €, 6 € pour 2. Carte Rolling Venice et Venice Card (y compris en version San Marco) acceptées. Fiches explicatives en français dans chaque salle. Consigne gratuite obligatoire. Accès gratuit à la salle de médias de la bibliothèque (accès Internet). Une cafétéria et une boutique avec des bouquins pour enfants en français.

Ce palais édifié au XVI⁰ s a été légué par le comte Querini à la Ville de Venise en 1869. L'architecte Carlo Scarpa l'a réaménagé en 1960 et a dessiné le jardin. Le bâtiment abrite également une grande bibliothèque avec des rayonnages à l'ancienne.

– Au **2⁰ étage,** le palais abrite une importante collection de toiles des plus grands peintres vénitiens depuis le XIV⁰ s jusqu'au XVIII⁰ s. Le mobilier date du XVIII⁰ s.

– Dans la vaste *salle d'entrée (portego),* lustre polychrome réalisé par Briati (LA référence chez les maîtres verriers au XVIII⁰ s !).

– Dans une petite salle, on trouve le chef-d'œuvre du musée : *La Présentation de Jésus au Temple* de Bellini. Le peintre se serait représenté sous les traits de l'homme au regard mystérieux.

– **Salle Pietro Longhi (XVIII⁰ s) :** une vingtaine de tableaux un peu sombres, représentant des scènes de vie de la société vénitienne, comme de simples clichés. Riches, pauvres, nobles, paysans... tout ce petit monde se côtoie sur les mêmes toiles. Une démarche pas vraiment courante à cette époque !

– **Salle Giuseppe Jappelli :** dans la foisonnante scène de bataille, Mateo Stom (XVII⁰ s) utilise des couleurs froides pour mieux exprimer la violence des âpres combats. Également une très belle fête sur l'eau représentant le *bucintoro* (le navire officiel du doge).

– Nombreuses toiles de *Gabriel Bella* (XVIII⁰ s), boudé par ses contemporains : ses tableaux représentent aujourd'hui un véritable témoignage de la vie de la Sérénissime au XVIII⁰ s. Il faut scruter ses toiles, observer le moindre détail de certaines situations de la vie quotidienne, parfois curieuses ! Cherchez donc comment, lors des jeux populaires organisés entre quartiers, on rigolait follement en essayant de faire tomber ses adversaires des ponts (eh oui, ces derniers n'avaient pas encore de parapets...) !

– Dans la **chambre à coucher,** ne ratez surtout pas le splendide (!) miroir dans le plus pur style rococo, réalisé à partir d'un mélange de verre soufflé et de verre incisé à la pointe de diamant.

– La famille Querini possédait 10 toiles de *Tiepolo,* mais elle a vendu neuf d'entre elles, ne pouvant prévoir que le peintre deviendrait célèbre. La seule toile restante représente le général des Mers dans une allure fière et noble. La toile qui lui fait face n'est pas de Tiepolo mais représente le même homme. La différence est visible : c'est beaucoup moins flatteur... Également quelques pièces de lutherie des XVII⁰ et XVIII⁰ s.

– Dans la **salle des porcelaines,** magnifique service acheté à Paris en 1795 par Alvise Maria Querini Stampalia, qui fut le dernier ambassadeur de la Sérénissime en France, de 1795 à 1797.

– Au **3⁰ étage :** expos temporaires d'art contemporain.

**❤❤ *Palazzo Grimani*** (plan détachable E3) : ramo Grimani, Castello, 4858. ☎ 041-241-15-07 (résas). ● palazzogrimani.org ● polomuseale.venezia.beniculturali.it ● Vaporetti n⁰ˢ 1, 2, 4.1, 4.2, 5.1 ou 5.2, arrêt San Zaccaria. Mar-dim 8h15-19h15 (dernier billet 18h30) ; lun le mat slt. Entrée : 4 €, billet jumelé avec l'Accademia (tarif en fonction de l'expo du moment) ; réduc, gratuit moins de 18 ans et pour le 1ᵉʳ dimanche du mois. Horaires et tarifs variables en fonction des expos temporaires (fermé certains dim hors saison).

Dans la famille des palais vénitiens, celui-ci, un peu confidentiel, fait figure d'original. Avec son aspect antique inattendu et un péristyle central de style romain, on n'est plus vraiment à Venise ! Propriété de la grande famille des Grimani, dont plusieurs membres ont été doges, il avait été conçu au XVᵉ s par Antonio pour accueillir sa riche collection de sculptures romaines. Rouvert au public en 2009, après 25 ans de travaux, c'est un musée un peu vide mais dont les seules décorations à fresques valent le détour.

La richesse de ce palais, ce sont donc ses incroyables fresques naturalistes qui ornent les murs et plafonds de certaines pièces, notamment la fresque au plafond de la *salle des feuillages,* chef-d'œuvre de Camillo Mantovani : une profusion de vignes, fruits, oiseaux exotiques perchés sur leurs plantes de prédilection... On est en 1560, en pleine période des grandes explorations : certains animaux ou plantes, comme le maïs ou le tabac, sont représentés pour la première fois.

Une multitude de salles se suivent en enfilade, pour arriver au fin du fin (quand elle est là, évidemment) : *La Vision de l'au-delà* de Jérôme Bosch, étonnante de modernité. Une œuvre inspirée des textes gnostiques et représentant des êtres de la mythologie nordique, le tout interprété en accord avec la sensibilité médiévale. Sa vision du tunnel blanc après la mort, souvent évoquée de nos jours, a dû faire passer Bosch pour un illuminé à l'époque !

**🎏 Campo Santi Giovanni e Paolo** (*zoom détachable E3*) : *autrement appelé campo San Zanipolo (contraction en dialecte vénitien des prénoms Giovanni et Paolo). Vaporetti nᵒˢ 4.1, 4.2, 5.1 ou 5.2, arrêt Ospedale.*

C'est l'un des *campi* les plus vastes de Venise après la place Saint-Marc. Il se distingue par ses jolies façades et ses petites maisons peintes de toutes les couleurs. Il est bordé sur la gauche par le *rio dei Mendicanti,* un des canaux les plus empruntés. Sur le *campo,* outre la *basilique Santi Giovanni e Paolo* et la *Scuola Grande di San Marco,* se trouve la statue équestre du *condottiere* Bartolomeo Colleoni

> ## UN MERCENAIRE PLUTÔT GONFLÉ
>
> *Le mercenaire Bartolomeo Colleoni légua, à sa mort, son immense fortune à la Ville de Venise qu'il avait si brillamment défendue. Sacrément culotté, il imposa à la Ville par testament qu'en reconnaissance, sa statue soit érigée « à San Marco », ce que le gouvernement rechigna à accepter. Aussi, pour profiter du magot, on décida d'élever le monument devant la Scuola Grande « di San Marco ». Humour vénitien qui perdure, car pour clore le tout, ce qu'on voit, en haut du pantalon, n'est pas une erreur du sculpteur. D'ailleurs, le blason situé sur le piédestal abonde en ce sens !*

par Andrea Verrocchio (voir encadré). Colleoni était originaire de Bergame et fut engagé par Venise pour guerroyer sur la terre ferme.

Dans ses *Mémoires,* Casanova évoque cette place où il donna rendez-vous de nuit à une femme. Quelle ne fut pas sa surprise de voir descendre d'une gondole une créature affublée d'un masque d'homme ! Sur le point de s'en aller, il découvrit en fait qu'il s'agissait bien de « son ange déguisé en homme ».

Cette magnifique *scuola,* à gauche de l'entrée de la basilique, abrite aujourd'hui l'hôpital de la ville. À l'origine, l'institution avait pour but, comme ses consœurs, l'assistance mutuelle entre ses membres et différentes activités caritatives. L'édifice a été construit à la fin du XVᵉ s par Lombardo et Codussi, et la façade constitue l'un des meilleurs exemples d'architecture Renaissance. Noter les quatre compositions en trompe l'œil de Lombardo. À l'intérieur se trouve le musée de la Médecine qui renferme notamment une superbe bibliothèque *(5 € le billet).*

**🎏🎏 Basilica Santi Giovanni e Paolo** (*plan et zoom détachables E3*) : *sur le campo du même nom. ☎ 041-523-59-13. Lun-sam 9h-18h ; dim 12h-18h. Entrée : 2,50 €.* Construite par les dominicains, cette église est la plus grande de Venise (même la basilique Saint-Marc et les Frari sont plus petites). Pour les amateurs de classifications, c'est aussi la plus grande église gothique d'Europe, en dehors des cathédrales, bien sûr.

CASTELLO

La **façade** se divise en trois parties, une rosace centrale et deux fenêtres rondes latérales. Par manque d'argent, elle n'a pas été recouverte de marbre comme cela était prévu. Les trois niches dans les clochetons abritent, à partir de la droite, *saint Pierre martyr, saint Dominique* et *saint Thomas d'Aquin.* Les quatre reliefs entourant le portail sont des urnes funéraires. À l'extrémité gauche se tient celle de Jacopo Tiepolo et de son fils Lorenzo, qui avaient fait don de ce terrain aux dominicains pour édifier un couvent et une église.

À l'**intérieur,** on est d'abord impressionné par les dimensions : 100 m de long et 30 m de large dans la nef (45 m au transept) ; 32 m de haut et une coupole de 40 m de diamètre ! Des chaînes en acier, cachées par des caissons en bois peint, stabilisent la construction. Le long du bas-côté droit : le polyptyque de *Saint Vincent Ferrier* de Bellini, avec la représentation de la Vierge, de l'archange Gabriel et du Christ.

– À droite du polyptyque de Saint Vincent Ferrier, on peut voir aussi le **tombeau de Marc Antonio Bragadin,** défenseur de Famagouste (Chypre) qui fut écorché vivant par les Turcs le 15 août 1571, 2 mois avant la bataille de Lépante. Chateaubriand s'en émeut dans les *Mémoires d'outre-tombe* : « là aussi se trouve la peau d'Antoine Bragadino... à laquelle on peut appliquer l'expression de Tertullien : une peau vivante... »

– Les **tombes et monuments funéraires les plus intéressants** se trouvent dans le chœur : tombeau d'une vingtaine de doges dont Michel Morisini, Leonardo, Andrea Vendramin et Marco Corner (de droite à gauche). À noter aussi, celui du doge Pietro Mocenigo sur la partie gauche du revers de la façade.

– Sur la gauche du chœur, monument funéraire de Sebastiano Venier, capitaine de la flotte vénitienne lors de la bataille navale de Lépante (octobre 1571), qui se termina par une victoire de la coalition occidentale sur les Turcs. En remerciement à la Vierge après cet événement, on édifia la *chapelle du Rosaire,* aussi appelée *chapelle de Lépante,* située aussi à gauche du chœur.

Dans la **sacristie,** richement décorée, des œuvres de Vivarini, Palma le Jeune, Bassano... La chapelle Saint-Dominique, à droite, en face de la sacristie, est dédiée au fondateur de l'ordre. Au centre du plafond, la *Gloire de saint Dominique* par Piazzetta, au milieu d'une décoration très chargée. Dans la partie droite du transept, le vitrail gothique de la façade est un chef-d'œuvre sorti des ateliers de Murano. Il mesure 17,50 m de haut et 6,30 m de large.

Au XIXe s, l'ensemble des peintures de Palma le Jeune et du Tintoret qui décoraient la chapelle fut détruit dans un incendie. Mais Venise est une ville pleine de ressources, et des toiles de Véronèse les ont remplacées, notamment une *Annonciation* au plafond de la chapelle du Rosaire.

🎭 *Chiesa e convento* (couvent) *San Francesco della Vigna* (plan détachable F3) : *campo della Confraternita, Castello.* ☎ *041-520-61-02. Tlj 8h-12h, 15h-19h.*

Le lieu tire son nom des vignes dont était planté le terrain offert aux franciscains pour y construire leur église et leur monastère. Le campanile, l'un des plus élevés de la ville, a été construit en 1581. La façade a été réalisée par Palladio (l'architecte, entre autres, du *Redentore* et de *San Giorgio Maggiore,* d'où une certaine ressemblance). L'intérieur n'est peut-être pas extraordinaire mais réserve quelques belles surprises : la deuxième chapelle à gauche est décorée par Tiepolo, un Véronèse fraîchement restauré dans la quatrième, et au fond à droite, une madone de Fra Antonio da Negroponte.

Sortez de l'église en direction du **cloître,** vous y trouverez en effet un tableau de Giovanni Bellini (pour mieux l'apprécier, mettez un sou dans l'appareil, *per favore !*). S'ils sont ouverts, jetez aussi un coup d'œil sur les deux cloîtres en enfilade avant de sortir.

🎭 *Arsenale* (Arsenal ; plan détachable F-G3-4) : *ne se visite pas en temps ordinaire, mais partiellement ouv au public lors du Salon nautique ou des expositions de la Biennale ; quelques pièces de théâtre également en été. Rens auprès de l'office de tourisme.*

Cet ancien chantier de constructions navales de Venise fut fondé en 1104 et connut de nombreuses modifications aux XIVe et XVe s. On réalisait les pièces détachées dans les ateliers qui longent le plan d'eau, avant de les numéroter une par une pour faciliter l'assemblage. Les ouvriers (appelés *arsenalotti*) devaient promettre de ne pas révéler les secrets de fabrication, sous peine de représailles sévères.

## LA PLUS GRANDE USINE DU MONDE

*À la fin du XVIe s, l'Arsenal faisait travailler 16 000 ouvriers et permettait de construire un bateau par jour. Chacun avait une tâche précise et bien définie. Pour augmenter les cadences, les Vénitiens y inventèrent le travail à la chaîne.*

On construisit ainsi des centaines de navires marchands et des bateaux de guerre pour résister aux invasions. La puissance de l'Arsenal était telle que les doges le nationalisèrent à la fin du XIIe s (première nationalisation connue !). L'activité de construction déclina au lendemain des guerres napoléoniennes et cessa complètement après la Première Guerre mondiale. Les deux tiers de l'Arsenal sont toujours la propriété de l'armée (elle y entretient encore certains bateaux de guerre), le reste appartient à la commune.

Pour se rendre compte de ses dimensions, prendre les *vaporetti* nos 4.1, 4.2, 5.1 ou 5.2 aux stations Celestia ou San Zaccaria, qui contournent les bassins de l'ouest (malheureusement, ils ne s'arrêtent pas). Se rendre aussi sur le **campo dell'Arsenale** *(plan détachable F4)* pour y admirer l'entrée : deux tours encadrant le canal et une magnifique **porte monumentale,** surmontée de l'emblème de la ville. Les deux énormes lions qui trônent fièrement à gauche et à droite du portail ont été rapportés d'Athènes au XVIIe s. Le lion symbolisait tellement Venise qu'à la fin de la République, en 1797, un décret imposa de les détruire tous. Les lions de l'Arsenal, entre autres, échappèrent aux coups de burin, mais pas aux ravages du temps ni aux dégradations de leurs admirateurs. Nombreux sont ceux qui, comme Corto Maltese en son temps, viennent leur rendre visite aux heures calmes : la statue à gauche de l'entrée est en effet celle à qui Corto Maltese parle dans *Fable de Venise,* la B.D. d'Hugo Pratt.

– Une balade originale consiste ensuite à longer le plus possible les hauts remparts à créneaux, en suivant le rio delle Gorne jusqu'à la station Celestia. Quelques occasions de se retrouver dans un cul-de-sac, mais surtout, le plaisir de parcourir placettes et ruelles un peu loin de tout. C'est le quartier où habitaient les ouvriers qui travaillaient à l'Arsenal.

## LE QUARTIER DE LA RIVA DEGLI SCHIAVONI

🏃🏃 **Riva degli Schiavoni** *(plan détachable E-F4)* : vaporetti nos 1, 2, 4.1, 4.2, 5.1 ou 5.2, arrêts San Zaccaria ou Arsenale.

La *riva degli Schiavoni* est le début du grand quai qui s'étend du Molo (devant la piazzetta San Marco) jusqu'aux jardins publics (à l'est). À la grande époque du commerce à Venise, c'était l'endroit où accostaient les grands navires des marchands de la mer Adriatique et d'ailleurs. Aujourd'hui, c'est l'un des lieux les plus fréquentés de la ville. Les touristes s'y agglutinent pour voir le pont des Soupirs *(ponte dei Sospiri)* ou pour prendre une glace à la terrasse d'un café hors de prix. Devant les hôtels aux noms prestigieux, les gondoliers discutent entre eux, et les caricaturistes s'affairent pour vous croquer le portrait. Pendant la journée, c'est vite intenable (sachez tout de même qu'à partir de l'arrêt *Arsenale,* l'agitation s'évapore comme par magie) ; en revanche, allez-y en fin d'après-midi, quand la foule est moins dense, pour faire une promenade au bord du bassin de Saint-Marc, au moment où le soleil se couche.

CASTELLO

🏆🏆 *Palazzo Danieli* (*hotel* ; *plan détachable E4*) : *riva degli Schiavoni, 4196. Devant l'arrêt des vaporetti San Zaccaria*. Entrée par une porte à tambour. Allez discrètement faire un petit tour dans le hall de ce somptueux palace, histoire de voir l'escalier monumental et les peintures au plafond. Ce palace de légende a hébergé de nombreux artistes et écrivains au fil du temps, c'est l'hôtel le plus littéraire de Venise : George Sand et Alfred de Musset en 1833-1834 (ils s'y aimèrent et s'y disputèrent, chambre nº 13), John Ruskin en 1835 et 1841, Balzac en 1837, Charles Dickens en 1844 et 1853, Émile Zola (son grand-père était vénitien) en 1894, Proust en 1900, Maurice Barrès en 1904... sans oublier Tourgueniev, Valery Larbaud, D'Annunzio, Truman Capote et bien d'autres. Le palace apparaît aussi dans des films et notamment dans la série des *James Bond*. L'agent 007 y loge à chaque fois qu'il passe à Venise, entre deux missions dangereuses. À défaut d'y dormir, on peut toujours prendre un verre au bar, à gauche après l'entrée. En revanche, on ne peut pas dire que les dépendances soient une franche réussite architecturale.

🏆 *Chiesa Santa Maria della Pietà* (*plan détachable E4*) : *riva degli Schiavoni*. ☎ 041-522-21-71. En principe, ouv mar-ven 10h15-12h, 15h-17h ; w-e 10h15-13h, 14h-17h ; ainsi que pour les offices et les concerts. Entrée : 3 €. À l'origine, cette église recueillait des orphelins et des enfants abandonnés. Elle dépendait de l'hôpital de la Pietà et était subventionnée par le gouvernement pour élever les jeunes pensionnaires. On leur enseignait la musique et le chant (Vivaldi y fut d'ailleurs professeur de violon pendant de nombreuses années !). Au XVIIIe s, l'église de la Pietà fut l'une des salles de concerts les plus fréquentées et était particulièrement réputée pour son acoustique. À l'intérieur, belles fresques de Tiepolo : entre autres, *Le Triomphe de la foi* et *Le Couronnement de la Vierge* (au plafond).

🏆 *Chiesa San Zaccaria* (*plan détachable E4*) : *campo San Zaccaria*. ☎ 041-522-12-57. Lun-sam 10h-12h, 16h-18h ; dim ap-m slt. Pour la crypte et la sacristie, une obole est bienvenue. Située en bordure d'un petit *campo* à l'écart de l'agitation de San Marco. Édifiée au IXe s, cette église fut modifiée à plusieurs reprises au moment de la Renaissance. L'ouvrage faisait partie, à l'origine, d'un ensemble religieux qui abritait des nonnes. Celles-ci étaient issues des plus riches familles vénitiennes, qui finançaient largement les travaux de construction et d'ornementation. Les doges venaient s'y recueillir une fois par an (le jour de Pâques), pour remercier les nonnes de leur avoir gentiment cédé une parcelle d'un petit jardin qui avait permis à leurs ancêtres d'agrandir la place Saint-Marc.
La façade à trois étages (surmontés d'un fronton) est absolument magnifique. À droite, l'ancien cloître avec une tour-clocher de style vénéto-byzantin. À gauche, c'est l'ancien cimetière.
À l'intérieur, sur le côté gauche de la nef, très beau tableau de Bellini avec une ingénieuse entourloupe pour donner l'illusion de perspective : les piliers de l'autel sont reproduits sur le tableau, en plus petit. En fait, il faut surtout visiter la **chapelle du chœur** (accès payant mais symbolique ; entrée au fond à droite de la nef), qui contient un superbe Tintoret et un Tiepolo. On accède ensuite à la chapelle San Tarasio (ou chapelle d'Or), qui possède une voûte décorée de fresques du XVe s et de superbes triptyques de Vivarini. Remarquez la mosaïque du IXe s, qui correspond au pavement original de l'église. Accès ensuite à la crypte du Xe s, située au-dessous du niveau de la mer. Vous serez chanceux si le sol n'est recouvert que de quelques centimètres d'eau : le niveau atteint parfois 1 m !

🏆 *Chiesa San Giorgio dei Greci* (*plan détachable E4*) : *calle dei Greci, Castello, 3412*. ☎ 041-523-95-69. *Ne se visite normalement pas.* Cette église orthodoxe témoigne de la présence des Grecs à Venise. Cette communauté a toujours fait partie de l'histoire de la Sérénissime, notamment dans les échanges commerciaux. Avec la chute de Constantinople en 1453 et celle de l'Empire byzantin, de

nombreux réfugiés grecs sont arrivés à Venise. On les autorisa alors à construire une église et une *scuola*. Le campanile, construit à la fin du XVIe s, rivalise dangereusement avec la tour de Pise...
– À côté de l'église, les passionnés pourront visiter le **musée d'Icônes de l'Institut hellénique** : ☎ 041-522-65-81. Tlj 9h-17h (dernière entrée 16h30). Entrée : 5 € ; réduc. Carte Rolling Venice acceptée. Deux salles qui exposent une belle collection d'icônes datant de la fin du XIIIe s jusqu'au XVIIe s.

**❊ Campo Bandiera e Moro** ou **San Giovanni della Bragora** (plan détachable F4) : un bel exemple de place vénitienne, tout proche des quais et pourtant encore tranquille. L'été, les enfants s'y amusent innocemment sans se douter que leur aire de jeux porte le nom de républicains vénitiens nés dans l'une des maisons de la place et fusillés en 1846. On y trouve également l'église San Giovanni della Bragora où fut baptisé Vivaldi (son acte de baptême y est d'ailleurs exposé).

**❊❊ Scuola San Giorgio degli Schiavoni** (Confrérie dalmate ; plan détachable F3) : fondamenta Furlani, Castello, 3259 A. ☎ 041-522-88-28. Vaporetti nos 1, 2, 4.1, 4.2, 5.1 ou 5.2, arrêt San Zaccaria. Lun 14h45-18h ; mar-sam 9h15-13h, 14h45-18h ; dim et j. fériés 9h15-13h. Entrée : 5 € ; réduc. Carte Rolling Venice acceptée.
Au XVe s, les Schiavoni, marchands originaires de Dalmatie, décident d'installer ici leur confrérie. La Dalmatie est une province côtière aujourd'hui en Croatie, mais elle fut sous contrôle de Venise de 1420 à 1797. La décoration intérieure de la Scuola a été confiée notamment à **Carpaccio**, qui illustre merveilleusement, à travers ses toiles, la **vie des trois saints protecteurs des Dalmates** (saint Georges, saint Tryphon, surtout connu des lecteurs de *Tintin*, et saint Jérôme). Il s'agit d'un cycle plus court que celui de la *Légende de sainte Ursule* exposé à l'*Accademia*. Les neuf tableaux se trouvent dans la salle inférieure qui servait d'oratoire. Le récit va de gauche à droite en commençant par *Saint Georges et le dragon* et finissant par l'histoire de saint Jérôme et du lion blessé.
Dans le premier tableau, d'un réalisme extraordinaire, notez la lance comme un « pont » entre le cavalier et le dragon, ainsi que le bateau aux voiles dépliées (symbole du vent de la foi) s'opposant à celui qui coule (les mécréants). Sublime travail sur les couleurs : ciel orageux, dégradé de verts pour les reptiles et superbe mouvement du cheval. Les crapauds, les serpents et les cadavres victimes du monstre, une sorte de dragon-caméléon au regard mélancolique, font penser aux tableaux de Jérôme Bosch. L'influence des peintres flamands est aussi à chercher dans la toile qui clôt le cycle, notamment par le traitement minutieux des objets (le petit chien était en fait le griffon de Carpaccio). Cette toile splendide nous dévoile l'intérieur typique d'un érudit de l'époque, avec ses livres et ses instruments scientifiques.
À l'étage (remarquez aux premières marches de l'escalier le bénitier soutenu par une main de femme), chapelle richement ornée, dans les tons vert et or. Retable en bois polychrome reprenant le thème de saint Georges (XVe s) et, au plafond, le même saint entouré des quatre évangélistes.

**❊❊ ❊ Museo Storico Navale** (musée d'Histoire navale ; plan détachable F4) : campo San Biagio, Castello, 2148. ☎ 041-244-13-99. Lun-ven 8h45-13h30 ; sam 8h45-13h. Fermé dim et j. fériés. Entrée : 5 € ; réduc. Carte Rolling Venice acceptée. **Le musée est fermé en raison des travaux de restructuration.** Le descriptif des salles ici présenté risque de changer.
Le musée rassemble sur quatre étages des dizaines de splendides maquettes de bateaux et retrace l'histoire de la marine vénitienne. C'est une visite qui intéressera les petits comme les grands.
Le **rez-de-chaussée** n'intéressera que les amateurs d'artillerie, avec toutefois quelques fines lames et sabres d'abordage. En revanche, il faut absolument s'arrêter dans la salle 17, au 1er étage, pour voir la **maquette du *Bucentaure***. C'était la galère d'apparat des doges, qui servait en particulier pour la cérémonie des

**CASTELLO**

noces symboliques de Venise et de la mer (se reporter au texte sur la *Sensa* dans la rubrique « Fêtes et jours fériés » du chapitre « Venise utile » en fin de guide). Elle fut détruite par Napoléon, décidément fin poète, et l'or qu'elle contenait récupéré. Notez également le plan de Venise de Jacopo de' Barbari (1500), ainsi que quelques embarcations typiquement vénitiennes, fustes, frégates et brigantines d'exploration côtière notamment. Autre détail qui vaut la peine, une double carène que l'on venait accoler à la coque des navires afin d'améliorer leur tirant d'eau pour leur éviter de rester en rade dans la lagune (XVIIIe s).

Au **2e étage,** l'amateur (ou -trice, il y en a peut-être) bichera devant les uniformes de tous grades. Le plus vieux date de 1780. Au **3e étage,** des jonques en veux-tu en voilà cédées à la ville de Venise par un collectionneur français passionné de Marco Polo. Également une belle collection d'ex-voto, la gondole privée de Peggy Guggenheim et, pour finir, une expo de coquillages.

## DE LA VIA GARIBALDI AUX JARDINS PUBLICS

**✗ Via Garibaldi** *(plan détachable G4) :* vaporetti n°s 1, 4.1 ou 4.2, arrêts Arsenale ou Giardini. La seule artère appelée *via* (avec celle du *XXII Marzo*). En fait, un canal qui a été comblé mais pas sur toute sa longueur. Marché aux fruits et légumes tous les matins *(7h-14h).* Loin de la foule, profitez des belles journées pour faire une balade le long de cette grande artère (la plus large de la ville avec ses 17,50 m) et enfoncez-vous dans les ruelles tortueuses. Ce quartier populaire vous montrera une facette méconnue de la ville. Ici, le linge sèche entre les fenêtres, savamment disposé sur des fils qui relient les maisons entre elles ; là, quelques vieilles dames discutent tranquillement sur un pas-de-porte ou de balcon à balcon.

**✗ Isola San Pietro di Castello** *(hors plan détachable par G4) :* au bout de la via Garibaldi, en s'enfonçant dans le dédale des ruelles, on franchit le canal di San Pietro. On pénètre alors dans l'un des quartiers les plus authentiques de Venise. Quel calme ! On se croirait vraiment dans un petit village de province, bien loin du centre du pouvoir vénitien, avec ses places minuscules et ses bateaux de pêche sagement rangés.

**✗ Chiesa San Pietro di Castello** *(hors plan détachable par G4) :* ☎ 041-275-04-62. ● *chorusvenezia.org* ● *Lun-sam 10h-17h (dernière entrée 16h45). Entrée :* 3 €. *Accès avec le* Chorus Pass. Elle se trouve sur l'ancienne île d'Olivolo, premier habitat et centre religieux, politique et commercial de la ville dès le VIIIe s apr. J.-C. Ce fut la cathédrale de Venise de 1451 jusqu'à la chute de la République en 1797 (en 1807, c'est la basilique Saint-Marc qui prit le statut de cathédrale de la ville). San Pietro n'est pas la plus exceptionnelle des églises vénitiennes mais elle a du caractère. On remarquera son élégant campanile en pierre d'Istrie et penché (XVe s), sa façade dessinée par Palladio, plutôt austère, et quelques peintures du XVIIe s. À l'intérieur, on peut voir un trône en marbre du XIIe s (sur le côté droit, entre la deuxième et la troisième chapelle) provenant d'Antioche et appelé « **Trône de saint Pierre** ». Son dossier est constitué d'une stèle funéraire avec des versets du Coran. Et si vous avez fait, comme nous, toute cette balade dans Venise en pensant souvent à Corto Maltese, celle-ci doit vous rappeler certains souvenirs, puisqu'elle est au départ de l'album d'Hugo Pratt, la *Fable de Venise...*

**✗ Isola Sant'Elena** *(hors plan détachable par G4) :* juste au sud de San Pietro. *Vaporetti n°s 1, 4.1, 4.2, 5.1 ou 5.2, arrêt Sant'Elena.* Une petite oasis de fraîcheur en été (l'hiver, c'est plutôt tristounet). Pour s'y rendre, emprunter la via Garibaldi pour « redescendre » ensuite à travers les *jardins publics,* qui furent créés par Napoléon. Petite halte au *Caffè La Serra* (voir plus haut « Où boire un verre ? Où sortir ? »), avant de poursuivre le long des quais en longeant les jardins de la Biennale. Enfin un peu de verdure et d'oiseaux ! Un peu plus loin, vous trouverez des jeux pour les enfants et un peu de ce vert qui manque tant à Venise.

# LES ÎLES DU BASSIN DE SAINT-MARC

● La Giudecca ........................................ 133 | ● San Giorgio Maggiore ....................... 136

Ne prévoyez pas un pique-nique pour la journée, ces deux îles sont seulement à quelques minutes de la place Saint-Marc et on peut s'y restaurer. Elles vous sont déjà familières si vous avez commencé votre visite de Venise par une balade avec le *vaporetto* n° 2 et méritent toutes les deux le déplacement : San Giorgio pour son église dessinée par Palladio, et

la Giudecca pour son calme et son authenticité. En outre, on y profite des plus jolies vues sur la place Saint-Marc et les quais de Dorsoduro.

## LA GIUDECCA

(code postal : 30133)

Sa forme géographique dessine une sorte de corne élancée et incurvée, on dirait presque le symétrique de Dorsuduro. L'une est une île, l'autre une presqu'île. Il y a des milliers d'années, Giudecca et Dorsoduro devaient être une même terre, l'eau et le temps les ont séparées. Cette île tranquille, de 300 m de large, presque campagnarde, se compose en fait de huit petits îlots séparés par de larges canaux. Contrairement à ce que l'on dit souvent, la Giudecca n'est pas une cité-dortoir pour les Vénitiens. C'est un quartier comme le Cannaregio mais en plus populaire. Dynamique, la Giudecca s'est également pourvue d'un nouveau secteur d'habitation, d'une résidence universitaire, d'un théâtre et d'un centre culturel. Moins visité que le centre historique de la Sérénissime, ce quartier mérite néanmoins une belle promenade. Quand bien même il reste par-ci par-là quelques demeures d'époque, les façades de ses immeubles n'affichent ni l'élégance ni le style de celles qui se dressent le long des *Zattere* de Dorsoduro. Les immeubles plus modestes donnent sur de petits jardins privés et sur des potagers. L'ancien moulin Stucky a été transformé en hôtel *(Hilton)*.
Allez-y donc pour goûter au charme d'une balade le long des quais ; la vue sur Venise et sur le grand bassin est superbe, elle vous donnera l'idée de ce qu'éprouvaient jadis les voyageurs lorsqu'ils arrivaient par la mer.

### UN PEU D'HISTOIRE

Anciennement appelée la *spina lunga* (« longue épine ») en raison de sa forme allongée, cette île tirerait son nom d'une communauté juive *(giudea)* qui s'y installa au XIV^e s. Une hypothèse plus vraisemblable voudrait que des nobles du IX^e s qui passaient en jugement pour avoir entravé la bonne marche de la République aient été contraints de s'exiler dans l'île : le mot *zudegà* signifie « les jugés ». Dante y situait l'un des cercles de son *Enfer*. Dans les années 1920-1930, du fait des nombreuses inondations, les Vénitiens l'appelaient avec malice « l'île des Phoques ». C'est sur cette île que se trouve le plus fantasmatique des hôtels de Venise, le *Cipriani*, avec son annexe, le palais *Vendramin*, d'où vous pourrez, si vous avez été sponsorisés pour votre voyage de noces, bénéficier d'une vue merveilleuse sur Saint-Marc, de l'autre côté du grand bassin.

## Comment y aller ?

➢ *Vaporetti* (ttes les 5-10 mn env) nos 2 ou 4.2 pour l'aller, 2 ou 4.1 pour le retour ; 4 arrêts desservent la Giudecca : Zitelle, Redentore, Palanca et Sacca Fisola.

## Adresses utiles

■ *Banco San Marco* (plan détachable C6) : *fondamenta del Ponte Longo, 318. En face de l'arrêt Palanca.* Distributeur automatique.
■ *Supermercato* (plan détachable C6) : *fondamenta San Giácomo.*

*Près de l'église de Redentore. Lun-sam 8h30-19h30 ; dim 9h-13h, 16h-19h.*
– Au niveau de chaque embarcadère, vous trouverez un petit commerce et un café.

## Où dormir en auberge de jeunesse ?

⌂ *Generator/Ostello Venezia* (plan détachable D6, 30) : *fondamenta delle Zitelle, Giudecca, 86.* ☎ 041-523-82-11. ● info@ostellovenezia.it ● hostelvenice.org ● *Vaporetti* nos 2, 4.1 ou 4.2, arrêt Zitelle. *En sortant de la gare ferroviaire Santa Lucia, l'embarcadère se trouve en face. Pas de couvre-feu.* Attention, il est conseillé de réserver longtemps à l'avance ! Compter 25-30 €/pers en dortoir, petit déj continental inclus : *tarif avec carte des AJ* (vendue sur place et valable 1 an) ; *pas de supplément avec la carte* Rolling Venice. 🛜 Installée dans des anciens entrepôts de céréales, cette auberge moderne a été entièrement repensée par des jeunes designers soucieux du confort de nos *backpackers*. À peine la porte franchie, on est sous le charme...

Grandes tables en bois pour des repas fraternels, un canapé Chesterfield par-ci, des fauteuils vintage par-là, un énorme lustre façon Murano, des grandes lattes de parquet pour encore plus de chaleur... Prête à accueillir 260 pensionnaires, cette AJ à la sauce italienne propose lits superposés, différentes catégories de chambres, dont des dortoirs de 10 à 20 personnes, mixtes ou non, ainsi que des doubles. Quelle que soit la catégorie, toutes les chambres ont des salles de bains privées, aux couleurs acidulées... et d'une propreté irréprochable. Certains soirs, programmation d'artistes et de DJs... Pour peu, on aurait presque du mal à la quitter, cette grande bâtisse en brique ! Et quelle vue sur la Sérénissime ! Un vrai coup de cœur !

## Où manger ?

### De bon marché à prix moyens

I●I *Al Pontil Del Giudecca* (plan détachable C6, 145) : *Giudecca, 197.* ☎ 041-528-69-85. *Au niveau de l'arrêt* Redentore. Tlj sf dim, slt le midi. Compter 15 € pour un repas. *Petit bistrot typique, idéal pour prendre un sandwich, un copieux plat de pâtes ou le plat du jour. On vous conseille quand même de recompter l'addition.*
I●I 🍴 *Sandro* (plan détachable E6,

**158)** : *Zitelle calle Michelangelo, Giudecca, 53c.* ☎ 041-520-01-19. *Emprunter la ruelle qui longe la chiesa delle Zitelle. Tlj sf lun 10h-15h, 18h-23h. Carte 20-30 € ; pizzas (le soir slt) moins de 10 €.* Cantine de quartier où l'on croise surtout des ouvriers le midi. Salle toute simple, décorée de tableaux représentant Venise. Bonne cuisine familiale : pizzas, pâtes, salades... rien à redire, ça cale son homme et on en a pour son argent. Accueil chaleureux.

I●I **Al Storico da Crea** *(plan détachable C6, **157**)* : *fondamenta San Giácomo, Giudecca, 212 A.* ☎ 041-296-03-73. ● *ristorante.al.storico@hotmail.com* ● *On y accède par les chantiers navals ; suivre les panneaux, c'est tt au fond à droite. Tlj midi et soir sf lun. Carte 30-40 € (attention, couvert 3 € !).* Pour ceux qui logent sur la Giudecca, ce resto, au 1er étage d'un entrepôt, est intéressant pour son emplacement (belle terrasse mais sans vue sur Venise). Le midi, l'endroit est surtout fréquenté par les ouvriers des chantiers navals. À la carte, des plats simples, orientés vers la mer. Le soir, c'est l'occasion de goûter une cuisine plus raffinée, avec quelques plats typiques de la *cucina giudecchina*, là aussi majoritairement à base de poisson.

## Chic

I●I **Altanella** *(plan détachable C6, **153**)* : *calle delle Erbe, Giudecca, 268.* ☎ 041-522-77-80. *Tlj sf lun-mar. Congés : dans le courant de l'hiver et une dizaine de j. en août. Résa fortement conseillée. Menu 35 € ; carte 50 €. CB refusées.* Gérée par la même famille depuis 1902, cette petite *osteria*, bien connue des hommes politiques français (François Mitterrand y avait ses habitudes), sert une cuisine raffinée où le poisson et autres produits de la lagune occupent presque toute la carte. L'été, on choisit la petite terrasse gravillonnée en bordure du canal, l'hiver, les quelques tables bien au chaud. L'ambiance n'est pas guindée pour un sou, c'est l'occasion de se laisser tenter par les gnocchis maison.

# À voir

La balade que l'on vous propose débute à la pointe est de l'île (près de San Giorgio Maggiore) pour s'achever à la pointe ouest.

⚑ **Hotel Cipriani** *(plan détachable E6)* : *vaporetti nos 2, 4.1 ou 4.2, arrêt Zitelle.* Ouvert de mars à décembre, c'est l'un des hôtels les plus luxueux de Venise – et c'est aussi le plus cher – avec ses boiseries magnifiques, sa piscine olympique, son resto (hors pair mais aussi hors de prix) et ses grandes baies vitrées qui donnent sur le sud de la lagune. C'est l'hôtel de l'acteur américain George Clooney quand il séjourne à Venise, notamment pour le festival cinématographique (la Mostra).

⚑⚑ **Casa dei Tre Oci** *(plan détachable E6)* : *fondamenta delle Zitelle.* ☎ 041-241-23-32. ● *treoci.org* ● *Vaporetti nos 2, 4.1 ou 4.2, arrêt Zitelle. Tlj sf mar 10h-19h. Entrée : 12 € ; réduc (variable suivant les expos).* Témoin de l'architecture néogothique du Xe s, cette demeure à la magnifique façade, achevée en 1913, a été pensée et habitée par le peintre et pionnier de la photographie Mario de Maria (alias Marius Pictor). Elle abrite depuis 2012 un centre d'exposition dédié à la photographie.

⚑ **Chiesa Santa Maria della Presentazione** ou **delle Zitelle** *(plan détachable E6)* : ☎ 041-521-74-11. *Vaporetti nos 2, 4.1 ou 4.2, arrêt Zitelle. Messe dim à 10h30.* Cette église, toujours fermée *(ouverture slt sur résa)*, a été dessinée à la fin du XVIe s par Palladio ; elle était la propriété d'un couvent qui accueillait de jeunes orphelines (d'où le nom, *zitelle* signifiant « vieilles filles »). À l'intérieur, peintures de Bassano et de Palma le Jeune. L'ancien couvent attenant est aujourd'hui occupé par un hôtel de luxe, le *Bauer Palladio*.

⚑ **Chiesa del Redentore** *(plan détachable C-D6)* : ☎ 041-275-04-62. *Vaporetti nos 2, 4.1 ou 4.2, arrêt Redentore. Lun-sam 10h-17h (dernier billet 16h45). Entrée : 3 €. Accès avec le* Chorus Pass. *Notice en français à demander au guichet.*

Cette église fut construite après la peste qui sévit vers la fin du XVIe s et qui fit près de 50 000 victimes. À l'époque, le doge fit ériger ce sanctuaire dédié au Christ Rédempteur, qui aurait sorti Venise de l'effroyable épidémie. Palladio s'inspira de l'église San Giorgio Maggiore pour dessiner les plans et supervisa les travaux de 1577 jusqu'à sa mort (1580). Da Ponte reprit le flambeau et acheva la construction en 1592. Depuis cette époque, une grande fête populaire (la *festa del Redentore*) a lieu chaque année, le 3e week-end de juillet. Voir la rubrique « Fêtes et jours fériés » dans « Venise utile » en fin de guide. Un pont fait de bateaux mis côte à côte relie la Giudecca aux *Zattere* (de l'autre côté du canal). Le samedi soir, les habitants dressent des tables sur le quai pour partager un immense repas traditionnellement à base de sardines *in saor,* d'escargots de mer à l'huile et à l'ail, et de canard rôti, suivi d'un feu d'artifice. Le dimanche, place à la célébration religieuse.

À l'intérieur de l'église, la grande luminosité intérieure caractérisant les constructions de Palladio est due à la blancheur des murs recouverts de poudre de marbre. Sur les côtés, certains retables sont attribués à l'école du Tintoret. Imposants autels en marbre sculpté de chaque côté. Si elle est ouverte, n'hésitez pas à jeter un œil à la sacristie. Un vrai petit bijou ! Sur quelques mètres carrés sont réunis des tableaux de Véronèse, Vivarini, Palma le Jeune, Bassano... impossible de tous les citer. Également les reliques de Giuseppe Briati, grand maître verrier de Murano du XVIIIe s, contenues dans deux châsses en verre, la troisième étant exposée au Metropolitan Museum de New York, tout simplement !

## SAN GIORGIO MAGGIORE (code postal : 30124)

**Par sa situation privilégiée (en face du palais des Doges et de la piazzetta San Marco), l'île San Giorgio Maggiore a connu à la grande époque de la république de Venise une importance stratégique pour le contrôle des navires qui entraient et sortaient de la ville. Dès 790 s'élevait sur cette île une église, à côté de laquelle un monastère bénédictin fut construit au Xe s. Les deux bâtiments furent détruits après un tremblement de terre et reconstruits à la fin du XVIe s. En 1806, le vieux couvent, fermé sur ordre de Napoléon et transformé en caserne, abritait l'état-major de l'artillerie. On peut aujourd'hui y loger. Après la Seconde Guerre mondiale, un entrepreneur italien finança la rénovation du site. Aujourd'hui, la Fondation Giorgio Cini (du nom du fils de l'industriel, mort dans un accident d'avion) abrite le Centre international d'art et de culture et finance une école des métiers de la marine ainsi qu'une école des arts et métiers. Certains font la traversée uniquement pour monter au campanile et profiter d'une vue privilégiée sur Venise.**

### Comment y aller ?

➤ *Vaporetto* n° 2, arrêt San Giorgio ou, le plus proche, San Zaccaria (près de la place Saint-Marc). Pas de problème, il passe un bateau ttes les 10 mn env. On peut aisément enchaîner avec la Giudecca, c'est la même ligne.

### Où dormir ? Où manger sur le pouce ?

🏠 **Abbazia di San Giorgio Maggiore** (plan détachable E5, 95) : à droite de l'église, dos à Venise. ☎ 041-522-78-27. ● abbaziasangiorgio@gmail. com ● praglia.it ● Sonner à la porte avec l'inscription « Monaci Benedettini ». Compter 60 €/pers (slt des lits simples), petit déj inclus. Le plus original des hébergements en monastère. Imaginez-vous, le matin, seul ou presque face à la place Saint-Marc ! Don Andrea, un moine bénédictin à l'humour bien écossais (ses origines), propose 5 chambres seulement : 3 doubles, 1 triple et 1 *single*. Sobriété dans la déco, vous vous en doutez, mais les chambres sont très propres, dotées de salles d'eau modernes et de joli mobilier. L'une d'entre elles bénéficie même d'une vue sur la place aux lions ailés. Petit déj continental assez simple et cuisine à disposition pour faire son frichti. Une adresse un peu à part, qui invite à la contemplation dans tous les sens du terme.

|●| Petit *snack-bar* sur le port de plaisance, bien pratique et agréablement situé, avec terrasse, mais souvent plein (c'est le seul à la ronde).

# À voir

**٩٩ Chiesa San Giorgio Maggiore** (plan détachable E5) : ☎ 041-522-78-27. Tlj 9h-19h avr-oct, jusqu'au crépuscule le reste de l'année ; visite suspendue pdt les offices religieux.

L'église actuelle, dont la construction commença en 1565, est l'un des rares chefs-d'œuvre entièrement dessinés par Palladio avec le Redentore (sur la Giudecca). Elle constitue esthétiquement le pendant idéal à la place Saint-Marc. Elle ne fut achevée qu'une quarantaine d'années plus tard par l'un des élèves du célèbre architecte. La façade est en pierre d'Istrie et se compose de trois parties séparées par des colonnes de style corinthien. L'ensemble synthétise remarquablement toutes les références à l'Antiquité. Aux extrémités gauche et droite se trouvent deux statues de doges qui subventionnèrent généreusement le monastère (leurs dons valaient bien une petite récompense).

À l'intérieur, lumière et simplicité s'imposent immédiatement, non sans une certaine majesté et une dose d'austérité, d'autant qu'il y fait glacial ! Chœur des moines garni de superbes stalles et deux œuvres du Tintoret, une *Cène* et une *Récolte de la manne*.

**٩٩ Le campanile de San Giorgio Maggiore** (plan détachable E5) : *accès par le transept gauche dans l'église. Tlj mai-sept 9h30-12h30, 14h30-18h30 (17h le reste de l'année). Billet : 5 € ; réduc. Ascenseur.* Vaut vraiment la visite, surtout par beau temps. Il est beaucoup plus tranquille (car il y a moins de monde) que le campanile de la place Saint-Marc. Il date du XVIII<sup>e</sup> s et a remplacé celui du XV<sup>e</sup> s. Une fois arrivé au sommet (63 m), magnifique panorama sur l'ancien monastère, la Giudecca (on aperçoit la piscine de l'hôtel *Cipriani*), le palais des Doges... Le spectacle est encore plus étonnant si les cloches se mettent à carillonner !

## UN ÉTRANGE RETOUR DE NOCES

Les Noces de Cana de Véronèse semblent avoir retrouvé leur emplacement à San Giorgio Maggiore sans avoir quitté le Louvre. Auraient-elles le don d'ubiquité ? 210 ans après le pillage par les armées de Napoléon, cette toile grandiose réalisée pour le monastère a retrouvé sa place grâce au miracle... de la technologie. Un déplacement aurait de toute façon été trop risqué, la lumière et le climat étant peu favorables à ce genre d'exercice. La copie fidèle a été réalisée en 2007 au Louvre par une équipe de photographes ayant effectué plus de 1 500 scans de l'œuvre afin d'obtenir un fac-similé des plus fidèle.

**٩ Fondazione Giorgio Cini et l'ancien monastère** (plan détachable E-F5) : ☎ 041-220-12-15. ● segretaria@civitatrevenezie.it ● cini.it ● Billets à gauche de la façade de l'église, visites à droite ! Le lieu se visite slt le w-e : visites guidées par *petits groupes en français ou en anglais à 11h, 13h, 15h et 17h. Entre ces horaires, la visite se fait en italien ; nov-janv, la visite de 17h est supprimée. Entrée : 10 € ; réduc. Compter 1h pour le parcours complet. Attention, certains w-e, le monastère est réservé à des événements privés (vérifier avt sur son site). En sem, slt sur rdv au ☎ 041-220-12-15, en payant un min de 140 € (incluant l'accès au site), soit l'équivalent d'un groupe de 12 pers (même si vous êtes 2 !).*

Cet ancien monastère bénédictin est l'un des endroits les plus calmes de Venise. La visite commence par deux ouvrages dessinés par l'architecte Palladio : le *Cloître des Cyprès (Chiostro dei Cipressi,* 1578-1614), de style Renaissance, et le *Réfectoire (Cenacolo Palladiano),* qui abritait autrefois les gigantesques *Noces de Cana* de Véronèse avant que le tableau ne soit emporté au Louvre par Napoléon.

On passe ensuite dans le *Cloître des Lauriers* (1520-1526), édifié à la place de l'ancienne bibliothèque et bordé par les anciennes cellules des moines. La visite permet également de découvrir la bibliothèque (très riche fonds, n'oublions pas que la Fondation est le siège de huit instituts culturels), à laquelle on accède par l'escalier monumental construit en 1643-1645 par Longhena. Enfin, le labyrinthe Borges (en hommage au célèbre écrivain argentin) mérite aussi le coup d'œil.

**٩ *Le port de plaisance*** *(plan détachable F5) :* à gauche de l'église, ce petit port abrite les bateaux de quelques Vénitiens ou de touristes de passage. Construit pendant l'occupation napoléonienne, il fut agrémenté de deux petits phares en 1813.

# LES ÎLES DU NORD

- San Michele...............139
- Murano.......................140
- Burano.......................145
- San Francesco
  del Deserto...................148
- Torcello.......................149
- Sant'Erasmo ..............151

C'est un must ! D'abord, cette visite ludique permet de s'offrir à moindre coût une virée en bateau pour découvrir un autre aspect de la Sérénissime : villages de pêcheurs, paysages plus aérés et plus verts, ambiance beaucoup plus détendue, voire bucolique... Ensuite, elle réserve de belles surprises, comme les ateliers des souffleurs de verre de Murano, les façades colorées des maisons de Burano ou l'ensemble religieux de Torcello. Une excursion faisable en une journée au départ des embarcadères de Fondamenta Nove ou de la gare. On vous conseille de commencer par Murano, pour jeter un coup d'œil aux ateliers des verriers (plutôt ouverts le matin), avant de poursuivre vers Burano. L'après-midi, ne vous privez pas d'un aller-retour sur Torcello avant de rentrer au bercail. Bref, une excursion réjouissante qui permet de comprendre combien la lagune est grande et régit depuis toujours les relations entre les habitants des différentes îles.

Allez-y en transports collectifs, c'est très facile, sympa comme tout, et moins cher que les soi-disant tours organisés par les rabatteurs qui vous mettent le grappin dessus aux abords de la place Saint-Marc et qui n'ont, en vérité, qu'un seul objectif, celui de vous emmener dans une boutique pour toucher leur commission.

## SAN MICHELE                          (code postal : 30100)

Attention, cette île n'est pas du tout un lieu touristique comme les autres, c'est un grand cimetière, donc un lieu de mémoire et de recueillement en souvenir de ceux qui y reposent pour l'éternité.

L'île de San Michele est reconnaissable depuis Cannaregio à son mur d'enceinte avec ses chapelles, d'où pointent des dizaines d'élégants cyprès. Ce fut initialement une *cavana* (lieu où l'on garait les bateaux), puis au XIIIᵉ s un monastère et, enfin, au XVᵉ s une prison. Elle abrite aujourd'hui la première église de facture Renaissance de Venise ainsi qu'un cimetière. Ce dernier fut aménagé au XIXᵉ s, après l'interdiction des sépultures dans le centre historique.

Sous le nom d'« île des Morts », ce site étrange fut l'un des motifs populaires de la peinture romantique et symboliste. C'est l'un des seuls cimetières au monde où les morts accèdent par bateau. Autrefois, les gondoles funéraires transportaient les défunts selon un cérémonial très particulier : le prêtre se tenait à l'arrière, derrière le gondolier de poupe, et le convoi glissait doucement dans une atmosphère de recueillement. Aujourd'hui, les gondoles ont été remplacées par des bateaux à moteur. La place étant limitée et très chère, seules les familles aisées peuvent se faire inhumer sur cette île.

### Comment y aller ?

➤ Pour s'y rendre, prendre les *vaporetti* nᵒˢ 4.1 ou 4.2 à partir de l'embarcadère | Fondamenta Nove, au nord de la ville, dans le quartier du Cannaregio (*plan détachable D2).* Le trajet ne dure que quelques minutes, jusqu'à l'arrêt | Cimitero. On peut faire le tour de l'île en 30 mn.

## À voir

🏃🏃 *Le cimetière (plan détachable E-F1) :* ☎ 041-528-95-18. Tlj 7h30-18h *(16h30 en hiver). Les photos sont interdites et on rappelle que la discrétion est de mise.* On trouve, à l'entrée, auprès du gardien, un plan sur lequel sont indiquées les tombes les plus célèbres. Sont enterrés là, entre autres, dans le carré réservé aux étrangers, le compositeur *Igor Stravinski* (1882-1971), « l'inventeur » des Ballets russes *Serge de Diaghilev* (1872-1929 ; remarquez les chaussons de danse sur la tombe, en guise d'ex-voto), le poète américain *Ezra Pound* (1885-1972, il vécut les 12 dernières années de sa vie à Venise) et le poète russe *Joseph Brodsky* (1940-1996). Pour trouver les tombes de Stravinski et de Diaghilev, aller tout droit depuis l'entrée. On peut aussi voir les sépultures des Tramontin, parmi les derniers fabricants de gondoles à Venise. Ce qui est le plus frappant, ce sont les columbariums et les petits bouquets en plastique qui colorent la plupart des tombes.

# MURANO    (code postal : 30141)

● Plan *p. 141*

Proche de Venise par la distance, mais très différente de celle-ci par sa modestie et son histoire, Murano est l'une des plus grandes îles de la lagune. Difficile à imaginer en débarquant, mais Murano compte encore plus de 4 000 habitants ! Comme Venise, elle vit au rythme des canaux, mais elle ne possède pas le fabuleux patrimoine de la Sérénissime. Néanmoins, elle a un charme fou, et de la personnalité. Très appréciée depuis toujours pour sa douceur de vivre (Casanova y avait ses habitudes pour ses parties fines !), elle est aujourd'hui surtout célèbre pour son industrie verrière très ancienne et toujours active. Elle abrite d'ailleurs un musée du verre *(museo del Vetro)* à ne pas manquer. Murano se parcourt très facilement à pied et on peut y passer une demi-journée à musarder sans se presser. En fin d'après-midi, quand les touristes ont regagné Venise, la ville retrouve sa simplicité et son authenticité. On peut choisir d'y loger si l'on recherche la tranquillité (quelques hôtels).

## UN PEU D'HISTOIRE : LE VERRE DE MURANO

L'industrie verrière de Murano remonte au XIII<sup>e</sup> s. Au départ implantée à Venise, elle fut transférée sur cette île à la fin du XIII<sup>e</sup> s par crainte des incendies... et pour protéger les secrets de fabrication des artisans ! Au XIV<sup>e</sup> s, le Grand Conseil de Venise commanda aux maîtres verriers de Murano des centaines de milliers de petits cubes de verre colorés pour décorer la basilique Saint-Marc. Cette commande publique stimula la production.
À quoi tient la qualité du verre de Murano ? La première raison est chimique et géologique : le sable de la lagune nécessaire à la fabrication du verre contient un pourcentage élevé de silice. La seconde raison vient des plantes à haute teneur en

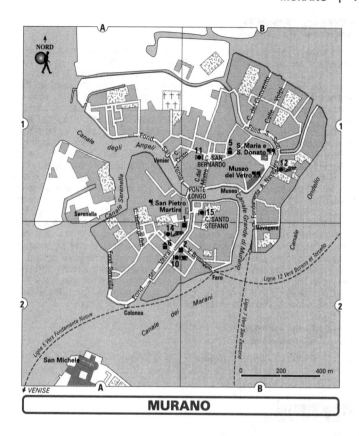

**MURANO**

| ■ | **Adresses utiles** | |◉| 🍽 🍴 **Où manger ? Où prendre le petit déjeuner ?** |
|---|---|---|
| | 1 Cassa di Risparmio di Venezia | |
| | 2 Veneto Banca | 10 Osteria Acqua Stanca |
| | | 11 Ai Bisatei |
| ⌂ | **Où dormir ?** | 12 Osteria Al Duomo |
| | | 14 B Restaurant Alla Vecchia |
| | 5 Hotel Conterie | Pescheria |
| | 6 Murano Palace | 15 Trattoria Busa Alla Torre |

sodium (salicornes, algues, fougères) qui entrent dans la composition du carbonate de sodium indispensable à la réalisation du verre.

On colore la pâte en y ajoutant des oxydes métalliques (fer pour le jaune, nickel pour le violet). Les ateliers, autrefois florissants, travaillent aujourd'hui pour l'industrie touristique. On y crée encore de beaux objets à prix raisonnables, ainsi que de véritables œuvres d'art signées par de grands maîtres verriers, mais elles sont destinées à de riches particuliers, à des musées ou à des collections, et leur prix est très élevé. Nous ne recommandons aucun atelier de fabrication de verre en particulier, simplement parce que toutes les adresses se ressemblent plus ou moins : visite guidée des forges (plutôt le matin et souvent payantes), avec leurs souffleurs de verre, et passage obligé ensuite par le magasin d'exposition... et de vente.

## Arriver – Quitter

Bon à savoir : ceux qui jouent les prolongations au resto à Murano ou à Venise (ça, c'est valable pour ceux qui logent sur l'île) n'auront pas besoin de rentrer à la nage ! Il existe un service nocturne ttes les 30 mn !
Sinon :

➤ **De l'aéroport Marco-Polo** *(Venise) :* possibilité de gagner directement Murano avec les bateaux de la ligne Alilaguna Blu. Descendre au 1er arrêt : Murano-Colonna. Un départ ttes les 30 mn 8h15-20h15. Mais un départ ttes les heures 6h15-8h15 et 20h30-0h15. Durée : 30 mn. Billet aller : 8 €. ● alilaguna.it ●

➤ **Du centre historique de Venise,** prendre les bateaux à l'embarcadère Fondamenta Nove (env 10-15 mn de trajet) ou à San Zaccaria (San Marco). Les lignes nos 4.1 et 4.2 s'arrêtent aux 6 débarcadères de l'île, dont Faro ou Colonna (pour les boutiques) et Museo

(pour le musée du Verre). La ligne n° 13 ne s'arrête qu'à Faro.

➤ **Du piazzale Roma** (terminus des bus) ou de la gare ferroviaire, on peut aussi prendre la ligne n° 3 (directe) qui dessert en premier Colonna (1er arrêt au sud de Murano) et fait le tour de l'île.

➤ **De San Zaccaria :** avr-oct, il est possible de prendre la ligne n° 7 qui part de San Zaccaria et dessert Murano (Colonna, Faro et Navagero).

➤ **De Murano à Burano :** compter 40 mn de trajet. En hte saison, un départ ttes les 30 mn 4h-21h20. Les *vaporetti* de la ligne n° 12 s'arrêtent et repartent de la station Faro. Ils desservent Burano, et Treporti (Punta Sabbioni). Dès votre arrivée à Murano, consultez les horaires des prochains départs de cette ligne (ils changent souvent) et planifiez votre visite en conséquence.

➤ **De Burano à Torcello :** avec la ligne n° 9. Durée 10 mn.

## Adresses utiles

■ **Distributeurs automatiques :** *Cassa di Risparmio di Venezia (plan B1-2, 1), fondamenta dei Vetrai, 130.*

*Ou Veneto Banca (plan A-B2, 2), à l'angle de via Bresaggio et des fondamente Daniele Manin.*

## Où dormir ?

🛏 **Hotel Conterie** (plan B1, 5) : calle Conterie, 21. ☎ 041-527-50-03. ● info@locandaconterie.com ● locandaconterie.com ● Vaporetti nos 4.1 ou 4.2, arrêt Museo. Doubles 50-160 € selon saison, avec petit déj. 🛜 Dans une ruelle étroite entre le campo Bernardo et l'église San Donato, voici un petit hôtel tenu avec soin par une équipe sympathique. Le bâtiment, divisé en 2 parties, abrite une trentaine de chambres. Elles ne sont pas toujours bien grandes mais toutes joliment décorées dans un style très classique : murs tendus de tissu, portes peintes, lustres en verre local. Elles donnent sur la ruelle ou le jardin. Une courette et une terrasse couverte pour le petit déj (pas terrible d'ailleurs).

🛏 **Murano Palace** (plan A2, 6) : fondamenta dei Vetrai, 77. ☎ 041-73-96-55.

● info@muranopalace.com ● murano palace.com ● De l'aéroport, ligne Alilaguna Blu, arrêt « Colonna ». Entrée par la ruelle coincée entre deux boutiques. Fermé en janv. Doubles 120-200 € selon vue et saison, avec petit déj. 🛜 « Ô temps, suspends ton vol. » Voilà comment résumer ce petit hôtel de charme niché dans une maison du XVIIIe s, où l'on est reçu par l'excellent et jovial Cesare, francophone, descendant d'une lignée de maîtres verriers. La demeure n'abrite qu'une poignée de jolies chambres aux couleurs chatoyantes, très cosy, et dotées d'un mobilier classique et élégant. Plutôt intime donc ! Pour la vue, demandez celles qui donnent sur le canal (avec petite terrasse privée pour celles du 1er étage). Un cocon idéal pour un petit week-end en amoureux !

## Où manger ? Où prendre le petit déjeuner ?

Attention aux restaurants fermés le soir.

## De bon marché à prix moyens

|●| **Ai Bisatei** *(plan B1, 11)* : *campo San Bernardo, 6.* ☎ *041-73-95-28. Tlj 9h-16h (fermé le soir). Résa indispensable le w-e. Plats 5-10 €.* On peut être très discret et être excellent à l'ouvrage. C'est le cas ici. Dans un quartier peu touristique, proche du musée du Verre, cette *osteria* (sans enseigne extérieure !) ignore les modes et le bling-bling, pour se consacrer à ses fourneaux. Cuisine sans complication, sincère et authentique. *Cicchetti* au comptoir, mais aussi et surtout des plats familiaux bien mitonnés à des prix imbattables. Pâtes, fritures de poisson et côtelettes à la milanaise. Au dessert, petits biscuits (les *bussolai*) à tremper dans le *vin santo*. On peut manger dans la première salle, proche du comptoir, ou au fond sous une sorte de véranda. Vraiment bien, à l'image d'un service tout sourire.

|●| 🏠 **Osteria Al Duomo** *(plan B1, 12)* : *fondamenta Maschio, 20-21.* ☎ *041-527-43-03. Tlj 12h-22h. Pizzas et pâtes env 5-15 €.* Ça dépote au *Duomo* ! Il faut dire qu'en voyant la devanture bien modeste, on ne s'attend pas à découvrir une vaste salle tout au fond et une terrasse dans une cour intérieure. Et comme les horaires élastiques sont plus que pratiques, cette adresse est très populaire auprès des locaux et des touristes, qui s'y retrouvent dans la bonne humeur pour faire un sort aux pizzas ou à un plat de pâtes très corrects, le tout à prix raisonnable.

|●| 🛥 **Osteria Acqua Stanca** *(plan A2, 10)* : *fondamenta Manin, 48.* ☎ *041-319-51-25.* ● *info@acqua stanca.it* ● *Tlj sf dim (et sam ap-m hors saison) 10h-16h, 18h-22h. Compter 25-30 €.* 📶 On passe un petit pont sur le canal... et un gros thon en bois nous attend dehors au-dessus d'un banc ! La salle soigneusement décorée mais sans excès, l'accueil aimable, le service attentif et la cuisine bien maîtrisée, voilà autant de raisons pour s'y attabler. La carte est courte car tout est frais (poissons, viandes...). Bien aussi pour un petit café et un croissant le matin.

## De prix moyens à chic

|●| **Trattoria Busa Alla Torre** *(plan B1, 15)* : *campo San Stefano, 3.* ☎ *041-73-96-62.* ● *busa.allatorre@alice.it* ● *En face de l'église di San Pietro Martire, sur l'autre rive. Tlj, le midi slt. Plats 10-20 €. Taxe 12 %... en plus du couvert.* Sur une placette au pied d'une tour en brique, cette auberge patinée par les ans est tenue par Lele, une personnalité locale : comédien, barbe blanche et bonne humeur en prime. Beaucoup de monde en terrasse lorsqu'il fait beau. Si le temps ne le permet pas, 2 salles vous attendent, évidemment tapissées de photos à la gloire de Lele ! Mais comme on vient pour la cuisine, celle-ci a l'avantage d'avoir fait ses preuves et maintient sa qualité avec les ans (spécialités vénitiennes de poisson, bons gnocchis, tiramisù maison...). Pas mal du tout donc, même si c'est un peu crispant de devoir ajouter au service le prix du couvert.

|●| 🚤 **B Restaurant Alla Vecchia Pescheria** *(plan A2, 14)* : *campiello Pescheria, 4 (accès à la placette par la fondamenta dei Vetrai, entre les n°s 85 et 87).* ☎ *041-527-49-57.* ● *ristorarte@gmail.com* ● *Lun-mar, jeu et dim le midi slt (ouv jeu soir en été) ; ven-sam midi et soir. Congés : 3 sem en janv. Pizzas env 9-16 € ; plats env 15-25 € (attention, couvert 3 € !).* 📶 C'est l'adresse un brin chic et branchée du coin, installée dans une vaste salle lumineuse et décorée de peintures et de verreries modernes. Agréable, mais l'été, c'est évidemment la belle terrasse qui fait le plein ! Quant à la cuisine, elle est fraîche et soignée, dans un registre vénitien parfois revisité avec talent. On peut aussi se contenter d'une pizza ou d'une salade pour un repas rapide. Accueil très sympa.

# À voir

**ℵℵ Museo del Vetro** (musée du Verre ; plan B1) : fondamenta Giustinian, 8. ☎ 041-527-47-18. Vaporetti nos 4.1 ou 4.2, arrêt Museo. Tlj sf lun 10h-18h (17h nov-mars). Fermé 1er janv, 1er mai et 25 déc. Entrée : 10 € ; réduc. Accès avec le Museum Pass. Carte Rolling Venice acceptée. Boutique.

Installé dans un beau palais du XVIIe s où l'évêque de Torcello avait ses appartements, le Museo del Vetro n'est sans doute pas le plus grand dans sa catégorie. Mais sa conception lumineuse, moderne, et bien pensée, est à la hauteur de la réputation de l'industrie verrière de Murano ! La visite, chronologique, permet de retracer en détail l'histoire et l'évolution des styles de cet emblématique artisanat vénitien, avec, en introduction, une section intéressante sur les techniques de fabrication. Vidéos et fiches (en français) dévoilent quelques subtilités, comme l'emploi de l'arsenic dans la composition du verre ! Mieux vaut ne pas se louper lors du mélange...

Puis, à l'étage, plusieurs salles présentent des centaines de pièces qui illustrent la richesse de cet art du feu.

À tout seigneur, tout honneur, on attaque par la **section archéologique** où sont évoquées les origines du travail du verre dans le Bassin méditerranéen, qui connut un essor considérable grâce aux Romains (très belles pièces de verre coloré, déjà !). On enchaîne avec le **verre ancien,** dont les collections exposées couvrent la période du XVe au XIXe s. Lourd ou léger, figuratif ou stylisé... on constate que cet art si particulier a su s'adapter en permanence aux modes et besoins de chaque époque, en développant notamment l'imitation des pierres semi-précieuses. Une salle est d'ailleurs consacrée à une autre technique géniale, celle des verres multicolores (millefiori) obtenus en compressant les verres en forme d'étoile avant de les insérer dans la pièce définitive. Enfin, la **verrerie moderne et contemporaine** présente des pièces parfois insolites, curieuses, poétiques ou bien de forme classique quand il s'agit de vaisselle mais originale dans l'utilisation des couleurs. Il y en a assurément pour tous les goûts !

Chaque section propose de vrais chefs-d'œuvre, mais l'une des pièces les plus étonnantes du musée reste le Trionfo da Tavola, en réalité un fascinant jardin à l'italienne tout en verre, avec fontaines et parterres de fleurs.

Pour terminer, après un petit détour par le jardin, direction les salles dédiées aux expositions temporaires où sont présentées les réalisations des verriers actuels. Ça décoiffe !

**ℵℵ Basilica dei Santi Maria e Donato** (plan B1) : campo San Donato. ☎ 041-73-90-56. Juste après le musée du Verre. Tlj 9h-18h (dim, l'ap-m slt). J. de fêtes 12h30-18h. Brochure en français (1 €). À elle seule, cette église justifie la balade à Murano ! Construite au début du XIIe s, elle repose sur des fondations du VIIe s. Avant de pénétrer dans l'église, admirer la magnifique abside extérieure qui donne sur

## ESPIONNAGE INDUSTRIEL

Louis XIV était fondu de miroirs. On en compte 357 dans la galerie des Glaces ! Seuls les maîtres verriers de Murano connaissaient les techniques pour les rendre si lisses et si purs. Colbert envoya des espions à Venise qui permirent l'ouverture de la Manufacture royale. Ce fut l'origine de Saint-Gobain (1693). Eh oui !

le rio di San Donato, avec ses deux rangées d'arcades superposées. La pierre blanche d'Istrie est bien mise en valeur et se détache sur les murs de brique rouge. À l'intérieur, le superbe **pavement en mosaïques** polychromes du XIIe s rivalise de beauté avec celui de la basilique Saint-Marc. On y distingue quelques motifs d'animaux fantastiques, des aigles, des paons et toutes sortes de volatiles intégrés à des figures géométriques. La coupole de l'abside, derrière le chœur, est tapissée de mosaïques dorées. Remarquer la « **Vierge orante** » caractéristique des maîtres verriers du début du XIIIe s. Observez sa silhouette longiligne, presque abstraite, son regard en coin, le geste de ses mains à plat et le drapé de son manteau bleu, tout évoque un art influencé par Byzance.

🎇 *Chiesa di San Pietro Martire* (plan B1) : *fondamenta dei Vetrai. Tlj (sf sam) 9h-17h30. J. de fêtes 12h-17h.* Évidemment, elle contraste avec la somptueuse basilique dei Santi Maria e Donato. Consacrée en 1417, détruite par un incendie, reconstruite, elle vaut néanmoins la visite pour les œuvres de Giacomo Palma, du Tintoret *(Baptême de Jésus)* et de Giovanni Bellini qu'elle renferme. Dans le chœur, allez voir les très grandes toiles de Bartolomeo Latterini (1669-1748) : les *Noces de Cana* et la *Multiplication des pains* (un thème inépuisable !). Notez les vitraux en fond de bouteille. Jetez un œil aux spectaculaires boiseries de la sacristie, si elle est ouverte *(entrée payante).* Elles datent de la seconde moitié du XVIIe s et furent installées ici pour éviter qu'elles finissent en France lors de l'occupation napoléonienne en 1815. Il s'agit de 33 bustes masculins tous différents et grimaçants, avec une profusion de fruits, animaux et angelots. Moult détails anatomiques rendent le tout très expressif. C'est la seule œuvre connue du sculpteur Morando.

# BURANO

(code postal : 30012)

● Plan *p. 147*

**Même si son éloignement (traversée Murano-Burano 40 mn) la rend plus paisible et plus attachante que Murano, la petite île de Burano est souvent assaillie par les visiteurs pendant la journée. D'ailleurs, les boutiques de babioles touristiques ne manquent pas dans la rue principale ! Beaucoup y apprécient néanmoins l'atmosphère qui attira des artistes de toute l'Europe. C'est indéniable, Burano a beaucoup de charme avec ses petites maisons modestes aux façades ornées d'un magnifique patchwork de couleurs. La tradition populaire raconte que les pêcheurs, rentrant par temps de brume, pouvaient ainsi repérer plus facilement leurs maisons.**
**Un conseil : n'hésitez pas à vous éloigner de la très commerçante via Galuppi (du nom du compositeur vénitien du XVIIIe s). On découvre tout de suite des ruelles beaucoup plus calmes...**
**Pensez à bien noter l'heure du dernier bateau, s'il vous prend l'envie de faire un saut à Torcello pour voir la basilique.**

## UN POINT SUR LA DENTELLE

Le village de Burano est principalement connu pour sa dentelle à l'aiguille, née au XVIe s en Italie, s'inspirant des motifs du gothique fleuri. Le travail et le *punto in aria* (point en l'air) devint la spécialité de l'île. La finesse des dentelles de Burano était autrefois célèbre dans l'Europe entière. La république de Venise offrit à Louis XIV des collerettes en dentelle de cheveux blancs.
Par la suite, Colbert fit venir en Normandie des ouvrières vénitiennes afin de transmettre leur savoir-faire. Ainsi naquit le point d'Alençon. Le « point de Burano » a bien failli disparaître au début du XXe s, alors qu'il ne restait plus qu'une vieille dentellière, mais l'administration dépêcha des jeunes filles pour prendre la relève de manière à pérenniser cet art à part entière. Une dentelle qui est aujourd'hui, on s'en doute, d'un luxe souvent inabordable.

LES ÎLES DU NORD

## Comment y aller ?

➤ **Depuis Venise :** prendre la ligne n° 12 à l'embarcadère Fondamenta Nove (Cannaregio). Depuis Murano, la ligne n° 12 se prend slt à l'embarcadère Faro. Compter 50 mn à partir du centre historique ou 40 mn à partir de Murano. Un *vaporetto* env ttes les 30 mn en saison touristique.

➤ **En venant de Murano :** on peut descendre à l'arrêt Mazzorbo (juste avt Burano ; se reporter à la rubrique « À voir ») et continuer à pied. En à peine 5 mn, un petit itinéraire bucolique très sympa vous fera arriver à Burano.

➤ **Pour l'île de Torcello :** navettes régulières avec la ligne n° 9. Un départ ttes les 15 à 30 mn 7h-20h40. Durée du trajet : 5 mn. Ce sont des bateaux-bus plus petits.

## Adresses utiles

■ **Distributeurs automatiques :** **Crédit agricole** (plan B2, **1**), piazza Galuppi, 135. Également la **Banco** San Marco (plan B1-2, **2**), via Galuppi, 310.

## Où manger ?

Si vous ne souhaitez pas vous attabler dans un restaurant, compte tenu des tarifs peu démocratiques pratiqués sur l'île, sachez qu'à Burano, il y a quelques espaces verts agréables pour pique-niquer. Il suffit de s'éloigner un peu du débarcadère pour aller en direction de l'île de Mazzorbo et de ses vergers. On se retrouve alors à la campagne et... au calme.

### De prix moyens à chic

|●| **Riva Rosa** (plan A1, **8**) : via San Mauro, 296. ☎ 041-73-08-50. ● info@ rivarosa.it ● ♻ Ts les midis sf mer, plus le soir ven-dim. Plats 16-26 € (couvert 3,50 €). Petite maison rose saumon surmontée d'une terrasse belvédère sur le toit. Charmant restaurant étonnamment calme malgré sa situation au cœur de Burano. Cuisine vénitienne de rigueur, classique et soignée, avec un large éventail de poissons pêchés dans la lagune. Service irréprochable. En période estivale, on apprécie la fraîcheur des jolies salles intérieures. Petite terrasse.

### Chic

|●| **Trattoria Al Gatto Nero (da Ruggero** ; plan A2, **12**) : fondamenta della Giudecca, 88. En face du marché. ☎ 041-73-01-20. ● info@gattonero. com ● ♻ Tlj sf lun. Plats env 15-35 € (couvert : 4 €, mais apéro compris). Ce n'est pas donné, mais cette petite maison bleue le long du canal est l'adresse de référence sur l'île. En salle (élégante, avec de nombreux tableaux aux murs), ou en terrasse, on s'y régale d'excellentes spécialités locales, sans chichis, fraîches et bien maîtrisées, mitonnées avec les meilleurs ingrédients du coin (coquillages ramassés du jour, poisson du marché...). Service au top.

## Où acheter une bonne pâtisserie ?

L'île est connue pour ses biscuits secs. Les plus appréciés sont les *bussolai,* ou *buranei,* qui sont ronds, et les *essi,* en forme de S, à tremper dans un verre de *vin santo* ou de *fragolino,* bien sûr !

⊛ ✐ **Panificio Garbo** (plan A1, **15** ; via S. Mauro, 336), une petite échoppe vieillie dans son jus, posée sur le quai. Les gâteaux sont préparés à l'ancienne, on s'en doute : strudel au miel, tarte à

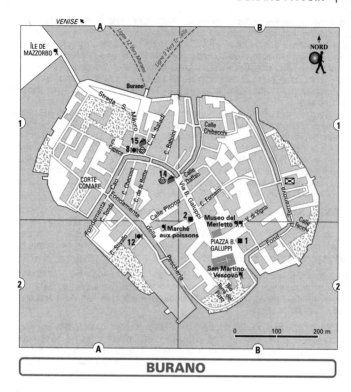

BURANO

| ■ | Adresses utiles | | 12 | Trattoria Al Gatto Nero |
|---|---|---|---|---|
| | 1 Crédit agricole | | | (da Ruggero) |
| | 2 Banco San Marco | | | |
| | | | 🍰 🥐 **Où acheter une bonne pâtisserie ?** | |
| |◗| | Où manger ? | | | |
| | 8 Riva Rosa | | 14 Panificio Palmisano Luigi | |
| | | | 15 Panificio Garbo | |

la coco ou aux amandes, meringues. Accueil fondant de gentillesse. Sinon, au ***Panificio Palmisano Luigi*** *(plan A1, 14 ; via Galuppi, 670).*

# À voir

🎭🎭 ***Museo del Merletto*** *(musée de la Dentelle ; plan B2) :* piazza Galuppi, 187. ☎ 041-73-00-34. ● museomerletto.visitmuve.it ● *Avr-oct, tlj sf lun 10h-18h ; nov-mars, 10h-17h (billetterie close 30 mn avt l'heure de fermeture). Fermé 1ᵉʳ janv et 25 déc. Entrée : 5 € ; réduc. Accès avec le* Museum Pass. *Carte* Rolling Venice *acceptée. Notice en français dans chaque pièce.*

C'est tout petit, mais si vous avez le *Museum Pass,* le détour vaut la peine pour en apprendre un peu plus sur l'histoire de la dentelle à Burano. La visite commence par une série de vêtements de baptême et se poursuit dans diverses salles avec de beaux napperons, nappes et ouvrages de grands-mères... mais pas le moindre centimètre carré de lingerie fine !

On apprend que les motifs créés puisent largement dans l'histoire de Venise. Au commencement, les artisans brodaient des motifs déjà présents sur les mosaïques byzantines dès les XIe et XIIe s. Dès la Renaissance se développe le travail à l'aiguille. Géométriques d'abord, les motifs évolueront vers des formes animales et florales, plus rondes. Cette activité de la dentelle se développa principalement dans la noblesse, puis elle sera relayée dès les XVIe et XVIIe s par les mères supérieures gérantes d'établissements religieux accueillant à l'époque les filles de l'aristocratie.

Avec l'avènement des révolutions (française et américaine) et la concurrence des nouvelles matières, la dentelle déclinera progressivement au XIXe s. Napoléon tentera de freiner sa disparition en introduisant la dentelle dans l'habit cérémonial de la cour, redonnant ainsi ses lettres de noblesse à cet art. Promue par le pouvoir politique, elle devient alors un objet de prosélytisme, et avec les voyages des missionnaires, la dentelle a fini par essaimer jusqu'en Chine (où elle est encore très pratiquée, d'ailleurs). Séduite, et initiée par une vieille dentellière de Burano, Marguerite de Savoie fonda en 1872 l'école de Burano.

🗡 *Chiesa San Martino Vescovo* (plan B2) : *piazza Galuppi. Tlj 8h-12h, 15h-19h.* Impossible de rater son campanile de guingois ! La faute à un tremblement de terre féroce qui sapa les fondations de l'édifice. Mais pas de panique, on peut visiter sans inquiétude cette église du XVIe s (à l'intérieur, sur la gauche, poignante toile de Giambattista Tiepolo : *La Crucifixion*)... et puis ça vaut la photo !

🗡 *Le marché aux poissons* (plan A-B2) : *fondamenta Pescheria. Mar-sam, mat slt.* Pour découvrir un aspect de l'activité ancestrale de l'île, la pêche : étalages de poissons en tout genre, de l'anguille (pêchée dans le coin de Torcello) à la daurade, en passant par la seiche.

🗡 *L'île de Mazzorbo* (plan A1) : *à 5 mn à pied.* Il s'agit d'une petite île reliée à Burano par un pont piéton en bois, depuis le quai. On peut y descendre de bateau avant d'arriver à Burano et continuer à pied, ou le reprendre à partir de là en partant. Environnement paisible et verdoyant, avec des champs, des prés et des vergers, ainsi qu'un jardin public.

## SAN FRANCESCO DEL DESERTO

Au nord-ouest de l'île de San Erasmo, à plus d'1 km au large de Burano, cet îlot solitaire est plus un lieu de prière et de retraite qu'un site touristique. Néanmoins les touristes peuvent la visiter (y compris le couvent). Elle est habitée toute l'année par une dizaine de moines franciscains qui vivent dans un couvent niché à l'abri d'un bouquet de cyprès. Ne l'a-t-on pas surnommée d'ailleurs « l'île aux Cyprès » ? Loin du tohu-bohu, San Francesco del Deserto, bijou solitaire de la lagune, reste la plus belle, la plus calme, la plus simple de cet archipel d'îles éparpillées autour de Venise. Pour vivre heureux, vivons cachés, d'où la difficulté d'accès (les moines veulent vivre en paix).

### UN PEU D'HISTOIRE

Saint François d'Assise (1182-1226) y débarqua en 1220 (ou 1224) en revenant de Syrie, salué par le gazouillement des oiseaux : « Il y construisit une cabane et y planta un bâton de cyprès coupé en Albanie qui prit aussitôt racine, bourgeonna et devint un arbre dont on conserve encore les restes... » L'ordre des Franciscains fut ainsi fondé, et l'île occupée dès le XIIIe s par les moines franciscains à la recherche de solitude. Ceux-ci furent contraints de l'évacuer au XVe s en raison d'une épidémie de paludisme. Le paludisme a heureusement disparu, mais les moustiques n'ont pas déserté leur île...

## Comment y aller ?

➢ L'île n'est desservie par aucun bateau public. À Burano ou à Sant'Erasmo, il faut donc louer un bateau (à plusieurs, c'est mieux, pour rentabiliser le trajet). S'adresser par exemple au *Romano*, sur le port de Burano (☎ 041-73-02-38 ou 📱 347-992-29-59 ; ● *lagunafla.it* ●). Formule la moins chère : contacter l'association *Terra e Acqua*, qui organise des parcours des îles les moins connues sur la lagune (San Francesco, Torcello, Sant'Erasmo...). *Rens au* 📱 *340-664-94-80 ;* ● *veneziainbarca.it* ● Compter dans ce dernier cas 380-460 € pour la loc d'un bateau à la journée (pour 9-12 pers), eau et apéritif à bord compris, mais pas les repas ; l'intérêt est évidemment de pouvoir partir à plusieurs pour réduire le coût.

## À voir

*On peut visiter l'île tlj sf lun 9h-11h, 15h-17h.* ☎ *041-528-68-63.* ● *sanfrancesco deldeserto.it* ● *En italien slt. Fermé mat 17 sept et 4 oct. La visite est gratuite, mais les dons sont les bienvenus.* Les frères vous font volontiers visiter leur couvent : cloîtres paisibles, nature magnifique (cyprès, plantes verdoyantes).

# TORCELLO                                     (code postal : 30142)

**À 2 km à peine au nord de Burano (la traversée dure environ 5 mn), Torcello fut la première île de la lagune à être habitée et la plus peuplée. C'est ici que tout a commencé, elle constitua le cœur historique et religieux de la lagune. Difficile d'imaginer sur cet îlot quasi désertique (une vingtaine d'habitants aujourd'hui) une population atteignant les 20 000 âmes au milieu du XVIIe s ! En débarquant du bateau de Burano, empruntez le chemin (10 mn de marche) qui longe le canal en direction du campanile de la cathédrale *Santa Maria Assunta,* seul vrai point de repère de Torcello. Vous pouvez aisément faire le tour des lieux en 1h et reprendre le bateau suivant.**

## UN PEU D'HISTOIRE

Au Moyen Âge, on comptait jusqu'à 10 églises et même un siège épiscopal, qui subsista jusqu'au début du XVIe s. La malaria (autrement dit le paludisme) fit des ravages sur ce terrain plat composé de marécages et de roseaux infestés de moustiques... Amorcé au milieu du XVIIe s, le déclin de l'île poussa ses habitants vers Venise. Palais et églises furent démantelés, les pierres (dont le marbre) de Torcello servirent aux entrepreneurs vénitiens, et à la décoration des palais.

## Arriver – Quitter

➢ **De Burano :** prendre le *vaporetto* de la ligne n° 9 qui relie Burano à Torcello en 5 mn. Un départ ttes les 15 mn 10h-18h. Moins de bateaux avt et après cette fourchette horaire. Et n'oubliez pas de vérifier les horaires pour retourner au centre de Venise depuis Burano.

## Où manger ?

Quelques restos sur l'île situés les uns à la suite des autres sur la gauche du chemin piéton, entre le débarcadère et la cathédrale. *Al Trono da Attila, Villa 1600, Al Ponte del Diavolo...* autant de styles différents (rustique, lounge, élégant...), autant de variété dans les prix. Il y en a pour tous les budgets *(de moins de 10 € à 30-40 €)*. Les plus fortunés choisiront l'adresse mythique de l'île :

⌂ |●| *Locanda Cipriani :* piazza Santa Fosca, 29. ☎ 041-73-01-50. ● *locandacipriani.com* ● *Au niveau du petit pont, avt d'arriver à la cathédrale. Accessible à pied ou en vedette-taxi. Congés : janv-fév. Resto fermé mar. Résa impérative. Chambre 400 €/nuit pour 2 pers. Repas 50-60 €.* Fondée en 1935 par Giuseppe Cipriani, cette auberge villageoise est devenue au fil des ans une adresse légendaire, grâce aux ribambelles de célébrités, acteurs et actrices, stars d'Hollywood, écrivains, artistes, et têtes couronnées qui y sont passés. Hemingway y séjourna en 1948 puis en 1954, logeant au 1er étage. Et aussi Somerset Maugham (1951), Maria Callas (1952), Kim Novak, Charlie Chaplin (1959 et 1970), Fellini, Roberto Rossellini, Al Pacino, Tom Cruise, Julia Roberts, Spielberg, Polanski, Elton John... sans oublier la famille royale d'Angleterre, Queen Elizabeth et Lady Di. La longue liste des stars figure sur leur site... Cette auberge « rustique-chic », prolongée par un adorable jardin, affiche des prix de palace 5 étoiles... Drôle de destinée quand même pour cette demeure si modeste à ses débuts ! Si ses murs pouvaient parler, ils raconteraient une incroyable chronique des « *beautiful people* »...

# À voir

🎭 *Cattedrale Santa Maria Assunta :* ☎ 041-73-01-19. Mars-oct, tlj 10h30-18h ; nov-fév, 10h-17h ; dernier billet 30 mn avt fermeture. Entrée : 5 € (audioguide 2 €) ; 8 € pour le billet combiné avec la visite du musée (fermé lun), audioguide inclus.
Santa Maria Assunta fut fondée en 639, ce qui en fait l'un des édifices de style vénéto-byzantin les plus anciens de toute l'Adriatique. Elle fut remaniée à plusieurs reprises aux IXe, XIe, puis XIVe s, et est flanquée d'un campanile commencé au XIe s (sévèrement touché par la foudre en 2008). À l'intérieur, superbe pavement en mosaïques polychromes, dans le goût et le style de Byzance.
Le plus spectaculaire, le chef-d'œuvre de Torcello, c'est l'**immense mosaïque du *Jugement dernier*** qui couvre la hauteur d'un mur. Exécutée par des maîtres verriers vénéto-byzantins aux XIIe et XIIIe s, elle raconte des scènes de l'histoire sainte sur six rangées superposées. Au sommet, le Christ « saisit » Adam. Juste derrière, dans le rôle de la figurante vêtue de la robe rouge, vous aurez certainement reconnu Ève ! À remarquer, à droite, en bas, les damnés et les anges déchus avec l'Antéchrist sur les genoux de Lucifer. À gauche, en bas sur la première rangée, les heureux élus partent au Paradis. Entre le chœur et l'abside, une iconostase (cloison) composée de quatre panneaux de marbre surmontés de colonnettes.
Les icônes du XVe s représentent la Vierge et les apôtres, le tout surmonté d'un Christ en Croix du même siècle et de têtes de mort.
– Au sol du transept gauche, entre deux piliers sous la chaire en marbre, remarquez la vitre révélant les différentes couches de tesselles qui ont été recouvertes au fil du temps.
– Dans l'abside en rotonde derrière l'autel du chœur, très belle mosaïque dorée de l'école vénéto-byzantine du XIe s. Celle-ci représente une Vierge hiératique, toute nimbée d'or et vêtue de bleu, tenant l'Enfant Jésus dans ses bras. En dessous, on retrouve les 12 apôtres. À gauche du chœur, un fragment de fresque nous laisse rêveurs : difficile d'imaginer que la plupart des façades du Grand Canal étaient ainsi recouvertes.

🍴 **Chiesa Santa Fosca :** *juste à côté, à droite.* Mérite aussi une visite. Cette petite église du XIe s au plan en croix grecque est inscrite dans une structure octogonale et reliée à la cathédrale par un portique. À l'intérieur, belles colonnes de marbre grec avec des chapiteaux à feuillage.

🍴 **Museo di Torcello :** ☎ 041-73-07-61. *Mars-oct, tlj 10h30-17h30 ; nov-fév, 10h-17h ; dernier billet 30 mn avt fermeture. Entrée : billet combiné avec la cathédrale (s'y rendre d'abord).* Divisé en deux sections et en deux bâtiments différents. La section archéologie installée dans le *palazzo dell'Archivio* présente des pièces trouvées dans la lagune, datant du Paléolithique à la fin de l'Empire romain. La section médiévale et moderne se trouve dans le *palazzo del Consiglio* et présente des tableaux et des sculptures provenant des anciennes églises de l'île avant son déclin au milieu du XVIIe s. À l'étage, entre autres, belle *Adoration des Mages* du XVIe s, attribuée à Véronèse. Le siège de pierre conservé à l'extérieur (devant le musée), surnommé « le trône d'Attila » (il traversa l'Italie en l'an 452 si vite qu'il n'a pas dû prendre le temps de s'y asseoir), servait en fait à annoncer les édits publics.

# SANT'ERASMO

(code postal : 30141)

Entre le Lido et Burano, cette île de Sant'Erasmo s'étire sur une dizaine de kilomètres de long. Vue d'avion, elle a la vague forme d'une chaussure aplatie et décousue. Trompeuse apparence, car on est ici sur l'une des îles les plus fertiles et les plus paisibles de la lagune. Véritable potager de Venise, ses artichauts *(castraure)* et ses asperges blanches s'arrachent sur tous les marchés de la région. La plupart des légumes et des fruits du Rialto viennent d'ici ; d'ailleurs, les cageots sont marqués du label de qualité « San Rasmo ». Quant aux habitants de Sant'Erasmo, filles de roses et fils de choux, ils vivent aussi de la pêche.

△ En été, beaucoup de moustiques. Si vous souhaitez vous baigner, il y a une petite plage à l'est de l'île, au pied de la *torre Massimiliana* construite par les Autrichiens au XIXe s.

## Comment y aller ?

➢ **De Venise :** on y accède en empruntant la ligne n° 13 du *vaporetto* à partir de l'embarcadère Fondamenta Nove (Cannaregio). Départ ttes les heures, 4h25-22h40. Compter 30 mn de traversée. Le bateau s'arrête à Murano Faro, à Vignole (petite île), puis à San Erasmo-Lazaretto Nuovo et San Erasmo-Capannone. À noter qu'il y a 3 arrêts à San Erasmo : Capannone, Chiesa (église) et Punta Vela.

➢ **De Capannone à la Chiesa :** 2 options, le bateau (petite vedette en correspondance avec le *vaporetto*) ou la marche (20 mn).

## Où dormir ? Où manger ?

🏠 ⏸ *Il Lato Azzurro :* via Forti. ☎ 041-523-06-42. ● info@latoazzurro. it ● latoazzurro.it ● *Descendre du bateau à l'arrêt Capannone puis marcher 20 mn par un chemin bitumé et étroit entre marais et jardins. Doubles à* partir de 80 € (hte saison) et quadruples à partir de 120 €. Panier pique-nique sur demande avec des spécialités de l'île (les végétariens vont être ravis !). À 800 m du débarcadère au milieu des champs et des prés, ce centre de vacances peut intéresser les familles plus que les couples d'amoureux. L'ensemble est très bien tenu, avec des chambres propres et équipées, donnant sur le parc. Pas du tout moche, ce n'est pas carcéral mais coquet et bien arrangé. Fait aussi resto : prix sages et cuisine naturelle avec une touche de créativité. Forfaits très intéressants pour les familles, location de vélos (gratuit pour ceux qui y séjournent). Compter 1h pour parcourir l'île à vélo et environ 3h pour une découverte à pied. Le centre propose des stages et activités de type alternatif.

|●| **Ca' Vignotto :** via Forti 71/2.

☎ 041-244-40-00. ● vignotto.com ● Ouv tte l'année ; slt sur résa, midi et soir. Fermé Noël-Jour de l'an. Menu dégustation env 30 € ; carte 30-50 € à base des produits de l'île, eau et vin compris. CB refusées. Descendre au débarcadère San Erasmo-Chiesa (église) et marcher 10 mn. L'auberge se tient auprès d'un grand jardin fleuri et verdoyant. Vous pourrez goûter sur place les produits de cette île-potager et peut-être même la vigne qu'un Français, Michel Thoulouze, y a plantée, sur 6 ha. Le premier vrai vin de la lagune commercialisé.

# LES ÎLES DU SUD

- Lido ...........................153
- San Lazzaro
degli Armeni et
San Servolo.................156
- Chioggia .....................157

Les îles du Sud possèdent chacune leur particularité. Le Lido, bien desservi et rapidement accessible, s'avère un intéressant point de chute pour l'hébergement, surtout en été. Station balnéaire avec ses villas Liberty, ses plages et son festival du cinéma (la célèbre *Mostra* de Venise), il est très apprécié des Italiens. San Lazzaro, c'est tout l'inverse. À deux brasses de la place Saint-Marc, l'île abrite des moines arméniens dans une agréable ambiance méditative. Chioggia, notre préférée mais aussi nettement la plus éloignée, a gardé intact le charme d'un village de pêcheurs. Un chapelet d'îles qui forme en quelque sorte une « extension » à votre séjour à Venise.

## LIDO

(code postal : 30126)

Un nom évocateur qui sonne comme le symbole du farniente et de la Belle Époque des vacances aux bains de mer en Italie. Le Lido mesure une douzaine de kilomètres de long mais à peine 500 m de large par endroits. Véritable barrière naturelle face à l'Adriatique, cette lande de sable offre, depuis l'avènement du tourisme balnéaire au début du XXe s, un panorama  de l'architecture Liberty. Metteurs en scène, stars internationales et jet-set italienne y viennent régulièrement et y séjourner, notamment à l'*Excelsior,* un vénérable et luxueux palace. En hiver, l'atmosphère y est plutôt nostalgique, mais en été, pas moyen d'y étendre sa serviette. En septembre, à l'occasion de la *Mostra,* le célèbre festival de cinéma de Venise, le Lido est littéralement pris d'assaut, et les prix s'envolent.

L'île possède un charme certain. Aux beaux jours, c'est l'occasion d'une balade à vélo jusqu'à Malamocco, le tout petit village où Hugo Pratt avait élu domicile. Il y plane encore un sentiment de bout du monde. Sur le chemin du retour, vos coups de pédales vous conduiront certainement du côté du Casino, du palais du Festival ou du *Grand Hôtel des Bains* (fermé), où fut tourné *Mort à Venise* de Visconti.

### Arriver – Quitter

➢ De Venise, compter env 10 mn. Au départ de l'embarcadère San Zaccaria (riva degli Schiavoni), *vaporetti* nos 1 (terminus Lido), 14, 2 (slt en été), 5.1 et 5.2. Descendre à l'arrêt Lido.

➢ Ceux qui auraient la mauvaise idée de venir au Lido en voiture peuvent emprunter le bac no 17 à partir du Tronchetto (ttes les 50 mn 5h40-1h) et s'arrêter au nord de l'île (arrêt San Nicolò).

### Adresse et info utiles

✉ **Poste :** *via Doge Domenico, Lido, 1 E. Rue parallèle à la droite du Gran Viale en venant du débarcadère.*

■ Plusieurs banques avec ***distributeur automatique*** à deux pas du débarcadère.

## Où dormir ?

Pour ceux qui aiment le calme, les balades à vélo... Hors saison, on trouve facilement de quoi se loger (maison d'hôtes ou hôtels) ; le gros avantage de séjourner au Lido, c'est la proximité du centre de Venise, à seulement 15 mn en *vaporetto*. En outre, ceux qui viennent à Venise en voiture par la terre ferme peuvent y dormir pour économiser le prix du parking du Tronchetto. Les jeunes enfants peuvent profiter de la plage (emprunter alors le bac nº 17 jusqu'au Lido). Attention, durant la *Mostra* de Venise, les prix grimpent vertigineusement, et les hôtels sont réservés plusieurs mois à l'avance.

### Camping

⚞ *Campeggio San Nicolò :* via dei San Micheli, 14. ☎ 041-526-74-15. ● info@ campingsannicolo.com ● campingsan nicolo.com ● À l'est de l'île, du côté de l'aérodrome. À la descente du bateau, prendre un bus (A ou B) et descendre à l'arrêt San Nicolò (10 mn), puis marcher sur 200 m. Ouv 24 avr-30 sept. Pour 2 pers avec voiture et tente, compter env 35€/j. Un tout petit camping très ombragé, très calme et fonctionnel, chaleureusement recommandé par les habitués ! 50 emplacements sur un espace d'un demi-hectare. Des fleurs, des bananiers, des chèvrefeuilles, des vignes... partout, des tables et bancs en bois pour le petit déj, une grande tente pour pouvoir préparer sa cuisine et manger au sec en cas d'orage. Prix sages pour la qualité de l'environnement.

### De prix moyens à chic

🛏 *Villa delle Palme :* via Enrico Dandolo, 12. ☎ 041-242-02-36. ● info@ hotelvilladellepalme.com ● hotelvil ladellepalme.com ● Doubles 100-150 € selon saison, excursion en bateau à Murano incluse. Parking 12 €. 🖵 🛜 Voilà un hôtel de charme, installé dans une belle villa blanche du début du XXᵉ s, à l'architecture originale. Toutes les chambres sont

parfaitement équipées, mais évitez celles en sous-sol, sans vraie fenêtre. Murs recouverts de très beaux tissus, recréant ainsi l'atmosphère des palais vénitiens. 3 chambres disposent d'une petite terrasse donnant sur le jardinet planté de palmiers et de magnolias. Que dire enfin du belvédère offrant une vue imprenable sur le Lido et, au loin, Venise (à ne pas rater au coucher du soleil) ?

🛏 *Hotel Villa Cipro :* via Zara, 2. ☎ 041-73-15-38. ● info@hotelvil lacipro.com ● hotelvillacipro.com ● Emprunter Gran Viale à la sortie du débarcadère, puis la 2ᵉ à gauche avt d'arriver à la mer. Doubles 80-160 € selon saison, petit déj inclus. 🛜 Encore une jolie villa restaurée, très élégante dans son écrin de verdure. Une vingtaine de chambres doubles, agréables et confortables, aménageables en triples. Celles sur l'avant sont très lumineuses, celles sur l'arrière plus au calme, et certaines chambres du 2ᵉ étage bénéficient même d'une terrasse. Délicieux petit déj aux beaux jours sur la terrasse. Accueil souriant en français le plus souvent. Conseils avisés pour les promenades et les plages.

🛏 *Villa Casanova :* via Orso Partecipazio, 9. ☎ 041-526-28-57. ● info@ casanovavenice.com ● casanovave nice.com ● Prendre à droite en sortant du débarcadère, faire 200 m, puis à gauche. Fermé en déc. Doubles pour ts budgets 80-180 €. Parking gratuit. 🛜 Dans une rue calme d'un quartier résidentiel. Petit hôtel à taille humaine dans une villa des années 1930 au fond d'un jardin où Casanova n'est jamais venu. Une douzaine de chambres confortables aménagées selon le principe du feng shui, preuve que les propriétaires, soucieux d'écologie et d'environnement, ont bien voyagé ! Petit déj bio, évidemment. Accueil attentionné.

🛏 *Grande Albergo Ausonia & Hungaria :* Gran Viale S.M. Elisabetta, 28. ☎ 041-242-00-60. ● info@ hungaria.it ● hungaria.it ● Doubles 100-290 € selon confort et saison.

Parking gratuit. 📶 Encore un palace de légende (1907) chargé d'histoire ! La magnifique façade est classée en raison de la beauté et de la rareté de ses majoliques polychromes. Elle a été réalisée en 1913 par le célèbre céramiste Luigi Fabris. Il s'agit d'un exemple unique du style Liberty. L'hôtel fut un haut lieu de la période faste du Lido. Aujourd'hui restauré avec le meilleur goût, il abrite des chambres de petit luxe très confortables.

## Où manger ?

### Bon marché

🍴 ⊷ **Bar & Bistrot Maleti :** Gran Viale S.M. Elisabetta, 43/47. ☎ 041-242-81-33. À 200 m du débarcadère principal, sur la gauche en allant vers les plages du sud. Tlj sf mar 7h-2h du mat. Très bien situé, au cœur de l'animation, ce café-resto-bar à vins est l'endroit idéal pour croquer des tramezzini, des sandwichs et des paninis à petits prix. On mange debout au comptoir ou assis dans la salle aux sièges confortables. Vend aussi des glaces. Bonne adresse économique.

### De prix moyens à chic

🍴 **Trattoria Andri :** via Lepanto, 21. ☎ 041-526-54-82. Emprunter Gran Viale et prendre la 1re rue à droite ; suivre la rive gauche du canal sur 500 m. Ts les soirs avr-nov. Fermé déc-mars (sf à Noël). Menu 25 € ; carte 40-45 €. Au rez-de-chaussée d'une villa de caractère dotée d'une façade avec de jolis balcons en pierre. Attention, ne venez pas trop tard, car le resto est bondé en été. Préférez les quelques tables dehors aux 2 salles. L'accueil est chaleureux et le service souriant. Bons plats de poisson et succulentes tartes maison, quoique un peu chiches.

🍴 **Ristorante Africa :** via Lazzaro Mocenigo, 9. ☎ 041-77-01-23. Du débarcadère principal, prendre la Gran Viale S.M. Elisabetta, la suivre sur 200 m env, tourner à droite via Lepanto, continuer 300 m, à la 3e intersection tourner à gauche, vous verrez le resto sur la gauche un peu plus loin. Tlj. Plats 12-18 €. Dans un carrefour tranquille d'un quartier résidentiel, chic et verdoyant. Authentique et savoureuse cuisine italienne ; le chef met en vedette le poisson : turbot, sole, bar... Tout est frais et soigneusement préparé. Grande salle et tables dehors en été.

## Où déguster une glace ?

🍦 **Magiche Voglie :** Gran Viale, 47 G. Tt droit face au débarcadère, situé à 250 m côté gauche. Tlj sf lun 10h-20h (21h l'été). La gelateria préférée des locaux parmi celles de Gran Viale. On la repère vite à la file d'attente sur le trottoir ! Délicieuses glaces !

# À voir. À faire

🏛 **Le quartier de San Nicolò :** on y accède depuis le débarcadère du Lido, à pied (env 1,5 km, 20 mn) ou en bus (slt 2 arrêts). L'église San Nicolò et le couvent valent le détour. Le planétarium qui se trouve juste à côté est l'un des plus importants d'Italie (rens en italien : 📱 338-874-97-17 ; ● planetario@astrovenezia.net ● astro venezia.net ●). Tout près, le cimetière juif, sauvage et étonnant, sera une étape intéressante (avr-sept, ouv 9h30-12h30, 15h-18h30 ; oct-mars, 9h30-14h30 ; fermé sam et j. de fêtes juives).

🚲 **Promenades à vélo :** le Lido est une île plate et aérée, où la circulation est facile. À la différence de Venise, on y croise des voitures mais la pression automobile reste très supportable. Le vélo reste donc un moyen idéal pour explorer le Lido. Les fans d'Hugo Pratt pousseront par exemple jusqu'à Malamocco, où vivait le célèbre dessinateur. On trouve sur place un savoureux petit bar-*trattoria* à l'ambiance festive, **Al Ponte di Borgo** *(calle Le Merceria, 27 ; ☎ 041-77-00-90 ; mar-sam 9h-21h, dim 9h-18h)*. Les plus sportifs poursuivront jusqu'à Chioggia (80 km A/R !). Faites plutôt suivant l'humeur et le temps, celui qui vous reste comme celui de la saison !

■ *Lidoonbike (location de bicyclettes) :* Gran Viale S.M. Elisabetta, 21/B. ☎ 041-526-80-19. ● *lidoonbike.it* ● *En venant du débarcadère, passer le rond-point, marcher env 50 m sur l'avenue, puis tourner à gauche au niveau d'un bureau de tabac. La boutique est au fond de l'impasse. Ouv 15 mars-fin sept, tlj 9h-19h. 5 € pour 1h30, 8 € (4h) et 9 € pour 1 j.* Magasin de location de bicyclettes tenu par le dynamique et francophone Stefano. VTT ou vélos classiques, tandem ou Rosalie, le matériel est en très bon état. Il y a aussi des vélos pour enfants. Stefano donne à ses clients une carte du Lido avec le tracé des promenades cyclistes les plus intéressantes, du quartier de San Nicolò (à l'est) jusqu'à Malamocco et la pinède Alberoni (à l'ouest). Très bonne adresse.

ᐳ *Les plages :* il y en a plusieurs. La plupart des plages de la côte sud du Lido sont privées et payantes. Les abonnés y louent une cabane de bains durant la belle saison (cher). Néanmoins, il existe une plage publique (Blue Moon), donc gratuite, à l'extrémité de la Gran Viale S.M. Elisabetta. Idéale, à la belle saison, pour piquer une tête si vous résidez dans le quartier. La meilleure solution consiste à se rendre à bicyclette ou en bus aux extrémités de l'île où l'on peut se baigner sur des plages publiques *(spaggia libera)*, bordées de dunes encore sauvages et peu urbanisées. On conseille la *plage de San Nicolò* (parasols) au bout de la viale Klinger (2 km à l'est du centre-ville) et celle d'*Alberoni* (10 km à l'ouest) à la pointe près du phare après le *Golf Club Venezia d'Alberoni.*

# SAN LAZZARO DEGLI ARMENI ET SAN SERVOLO

**Cette île minuscule se trouve à moins de 400 m au large du Lido du côté qui regarde Venise. Il n'y a pas de village mais un monastère habité par une dizaine de moines qui conservent la tradition et font rayonner la culture arménienne à Venise et dans le monde. San Lazzaro reste en plein XXIe s une concentration du savoir et de la connaissance. Est-ce un hasard si Lord Byron y venait se ressourcer et apprendre l'arménien ? Petite île, grand rayonnement !**

## UN PEU D'HISTOIRE

Les Arméniens occupèrent à Venise une place de choix. Autrefois composée de grands commerçants et de banquiers, leur communauté s'est peu à peu éparpillée. Du XIIe au XVIIe s, l'île abritait une léproserie. En 1717, l'île abandonnée est offerte par la république de Venise au père catholique arménien Mékhitar de Sébaste (1676-1749), fuyant Istanbul (Constantinople) et les persécutions par les Turcs. Il fuyait aussi, dit-on, les tracasseries du patriarche arménien de Constantinople... Personne ne voulait de cette île Saint-Lazare qui avait accueilli les lépreux. Mékhitar y recréa son paradis perdu, fondant un monastère et installant une congrégation de linguistes et de savants. Celle-ci acquit très vite une grande notoriété. Contrairement aux autres ordres monastiques, les pères mékhitaristes ne vouent leur existence qu'au travail intellectuel et scientifique et ne s'occupent pas de travaux agricoles ou manuels (il n'y a rien à cultiver sur cet îlot minuscule).

## Arriver – Quitter

➤ Prendre le bateau n° 20 de l'embarcadère San Zaccaria (riva degli Schiavoni) et descendre à l'arrêt San Servolo ou San Lazzaro. Le bateau partant vers 15h permet de faire la visite guidée du monastère de San Lazzaro. En arrivant, se renseigner sur les horaires de retour. Sinon, partir plus tôt et faire une halte à l'île de San Servolo. Notez que le trajet simple coûte 4 € et non 7 € comme la plupart des autres billets de *vaporetto*.

## À voir

➤ En se rendant à San Lazzaro, pourquoi ne pas faire une halte à l'*île de San Servolo,* juste avant en venant de Venise par le bateau ? Cet ancien asile (on la surnommait « l'île des fous ») a été reconverti en centre de congrès et en université. Très agréable parc, cantine pas chère sur place et un musée de la folie assez déconcertant *(visite en anglais et italien, sur résa slt ;* ● *fondazionesanservolo.it* ●). Un endroit reposant, loin de la foule. Possibilité de reprendre tranquillement le bateau pour continuer sur San Lazzaro.

🎭🎭 *Monastero Mechitarista :* à San Lazzaro. ☎ 041-526-01-04. ● *mekhitar. org* ● *Visite guidée (possible en français) par des moines slt 15h25-17h25. Entrée : 6 € ; réduc.*
Un des hauts lieux de la spiritualité de Venise, qui inspire la paix et l'harmonie. L'église est très belle (superbes mosaïques de Murano de 1753). Elle abrite le tombeau de Mékhitar de Sébaste, fondateur de l'ordre des mékhitaristes, considéré aussi comme le pionnier de la renaissance de la littérature arménienne classique.
Le plus intéressant est sans conteste le monastère. Les moines y conservent de véritables pièces de musée, léguées notamment par de généreux donateurs. Importante collection de tableaux arméniens depuis le XVIIIe s jusqu'au début du XXe s. Une pièce est d'ailleurs entièrement consacrée à la culture arménienne. Nombreux objets insolites ou surprenants, comme ce morceau de pain (presque intact !) de 1848, cette momie égyptienne qui repose au monastère depuis 1825 (c'est l'une des mieux conservées d'Europe !), une sculpture de Canova représentant le fils de Napoléon, etc.
Le monastère possède aussi plus de 100 000 ouvrages arméniens. Le plus ancien date du VIIIe s ! En 1797, Napoléon, impressionné par le travail scientifique et littéraire des moines, leur laissa une totale indépendance. Il signa en leur faveur un manuscrit reconnaissant leurs droits et assurant leur liberté. Celui-ci est toujours conservé dans les archives du monastère.
Les *jardins* qui entourent le monastère vous permettront de faire une balade bien agréable. On y produit aussi de la confiture de roses faite à partir des nombreux rosiers de l'île. San Lazzaro est surnommée « l'île verte et rose » en raison de sa verdure et de ses fleurs.

LES ÎLES DU SUD

# CHIOGGIA       10 000 hab.       (code postal : 30015)

Chioggia se situe à 25 km à vol d'oiseau au sud de Venise. Le charme de la lagune est ici plus intense, car encore préservé de l'invasion touristique. La pêche est la principale activité de la ville, qui se classe d'ailleurs au deuxième rang des ports de pêche d'Italie. Vous n'y verrez pas de gondoles, et les nombreux bateaux multicolores typiques d'ici, tout en bois peint, qui coloraient la vieille ville, sont pour l'heure relégués à l'extérieur. Les canaux et leurs quais subissent en effet de gros travaux liés au projet *Mose*, dans le but de limiter les *acque alte* sur Venise, et certains tronçons sont remblayés provisoirement. En revanche, Chioggia n'a pas pour autant perdu sa douce atmo-

## BEAUCOUP DE BRUIT POUR UNE COMÉDIE

*Il n'y a pas plus querelleurs que les Chioggiotti (habitants de Chioggia) ! Un tempérament immortalisé par Goldoni, un habitué des lieux, dans une comédie écrite en 1762 et qui fait la fierté de la ville :* Le Baruffe chiozzotte. *D'ailleurs, le terme italien* baruffa, *que l'on pourrait traduire par « querelle confuse », a donné en français le mot... « barouf ».*

sphère de petite ville méditerranéenne, et on croise toujours beaucoup de monde l'après-midi sur l'artère principale, le corso del Popolo, des pêcheurs essentiellement en repos (ils travaillent généralement la nuit).
Ne pas confondre avec *Sottomarina,* une île qui ne présente guère d'intérêt, reliée à Chioggia par un pont. Hôtels en béton, enseignes fluo, campings surpeuplés et hordes de touristes composent le décor de cette station balnéaire quelconque.
– Pour voir les bateaux multicolores parader fièrement toutes voiles dehors, venez donc le 3e dimanche de juin, pour le **Palio della Marciliana,** quand les six quartiers de la ville s'opposent dans le plus grand respect des traditions ; ou mi-juillet, pour la **fête du Poisson** (elle dure 10 jours).

## Comment y aller ?

On peut y accéder par bateau ou par la terre ferme.
➢ *Par la terre ferme (50 km) :* en voiture, prendre à Marghera, au sud de Mestre, la SS 309 qui longe la lagune en direction de Ravenne. On peut aussi emprunter un bus à l'arrêt Piazzale Roma à Venise. Compter largement 1h et beaucoup de circulation. De Padoue, bus direct (le n° 805) ou prendre la SS 516. Compter 1h de trajet là encore.
➢ *Par le Lido (40 km) :* de Venise, gagner le Lido et là, prendre le bus n° 11 en face du n° 6 Gran Viale. Le bus passe (en bac) par l'île de Pellestrina,

puis il faut prendre une *motonave* jusqu'à Chioggia. Un départ ttes les 30 mn en journée, sinon ttes les heures. Compter 1h45 au total de Venise à Chioggia pour un peu plus de 7 € l'aller (autant prendre la *Venice Card 12h,* qui couvre l'A/R pour quasiment le même prix). Une balade très sympathique, que les Vénitiens vous recommanderont aux beaux jours, consiste à louer un vélo au Lido et à pédaler jusqu'à Chioggia, en empruntant les bacs successifs (mais attention, le transport des vélos à bord est limité en nombre et vous parcourrez 80 km A/R !).

## Adresse et infos utiles

🛈 *Ufficio del turismo :* sur la plage, Sottomarina. ☎ 041-40-10-68. ● *turismovenezia.it* ● (lien vers Chioggia). Hiver : le mat lun-sam, plus l'ap-m mar et jeu ; été : tlj mat et ap-m, sf dim ap-m en juil-août. Une fois votre plan

récupéré, traversez le pont pour gagner Chioggia.
– **Grand marché :** *jeu mat.*
🅿 *Parking : grand parking payant à l'entrée de la ville.* Pas de place dans Chioggia.

## Où dormir ?

â **B & B Palazzo Carlo Goldoni :** calle Rosalba Carriera, 307. ☎ 041-40-56-48. ● imm.c.goldoni@immobi liarecarlogoldoni.com ● immobiliare carlogoldoni.com ● À l'angle du corso del Popolo. Doubles 80-110 €. Fermé déc-janv. ☏ 3 chambres au rez-de-chaussée, avec entrée indépendante et une baie vitrée donnant sur une cour.

Très propres et équipées d'un réfrigérateur. Cette villa cossue vit naître Rosalba Carriera, une artiste peintre du XVIIIe s, et Carlo Goldoni la fréquenta (on parle de la villa) pour échapper au joug paternel. Les lustres et les marbres baroques auront beaucoup d'histoires à vous raconter. Accueil charmant.

## Où manger ?

### Prix moyens

|●| **Antico Toro :** corso del Popolo, 1306. ☎ 041-40-05-60. À côté du marché et pas très loin du débarcadère. Tlj sf mar. Congés : de fin déc à mi-juin. Menu 20 € ; carte env 30 €. Une carte variée à des prix raisonnables de spécialités de la mer. L'accueil est chaleureux, la cuisine ordinaire mais correcte. Agréable terrasse sur le corso.

|●| **Mano Amica :** corso del Popolo, sur la piazzetta Vigo, 1340. ☎ 041-40-17-21. Tlj sf lun. Fermé en janv. Carte 30-35 €. Un petit resto agréable du centre historique, à deux pas du débarcadère, spécialisé lui aussi dans les poissons et fruits de mer. Déco intérieure amusante, avec de petites arcades en brique. L'été, on peut manger sur la terrasse ombragée qui donne sur la place animée.

|●| **Bella Venezia :** calle Corona, 51. ☎ 041-40-05-00. Dans une ruelle étroite qui part du corso, en face d'Antico Toro. Tlj sf jeu. Résa conseillée dim. Menu 20 € ; carte 25-35 €. Ambiance un peu froide en salle. Préférez la jolie cour intérieure, surmontée de statuettes représentant les saisons. Réputé pour ses excellentes spécialités vénitiennes, à base de légumes locaux.

## Où déguster une pâtisserie ou une glace ?

🍮 En allant vers la mer, repérer la banque installée dans un ancien palais couvert de fresques, sur le corso del Popolo. Dans la ruelle en face, la **Pasticceria Bugero** (tlj sf lun) propose de délicieuses meringues maison, uniques en leur genre, les spumiglie.

🍦 **Grom :** corso del Popolo, 1306. Tlj. Cette chaîne italienne applique le principe du slow food. Qualité des produits donc, et à chaque mois sa glace... Également de délicieux chocolats chauds. Terrasse.

# À voir

. . . . . . . . . . . . . . . . . . . . . . . . . . . . . . . . . . . . . . . . . .

🏛🏛 **Museo Civico della Laguna Sud :** dans l'ancienne église San Francesco Fuori le Mura. Abrite un point Info. Tlj sf lun : de sept à mi-juin, mar-sam 9h-13h, jeu-dim 15h-18h ; de mi-juin à fin août, jeu-dim 19h30-23h30. Entrée : 4 € ; réduc. Joli petit musée consacré à l'histoire de la marine et à la vie dans la lagune depuis la Préhistoire. La construction sur pilotis est très bien expliquée. On peut aussi y admirer quelques tableaux montrant, au fil des siècles, la vie sur l'île, l'exploitation des salines, les fêtes populaires ou religieuses. Quelques barques (les bragozzi) avec leurs voiles chamarrées, chargées de symboles ésotériques... Ne pas manquer non plus la superbe représentation sur bois doré de la *Justice trônant avec saint Felice et saint Fortunato,* datant de 1436. Felice et Fortunato sont les deux saints protecteurs de la ville.

🎥 *Corso del Popolo :* Chioggia s'organise autour d'une large artère centrale, le *corso del Popolo.* Passé la *porta Garibaldi* (du XVIe s), la ville est saucissonnée par des dizaines de petites rues qui coupent cette grande avenue perpendiculairement. De part et d'autre du *corso,* une rangée d'arcades abrite des commerces en tout genre, mais surtout de nombreux cafés et une flopée d'églises. Pas mal pour un peuple de pêcheurs ! Voir notamment la cathédrale et ses peintures très réalistes représentant le martyre de certains saints (on dit que les artistes eurent beaucoup de mal à achever l'œuvre, tant elle les effrayait !). Ou encore l'église Saint-Jacques et ses émouvants *tolele,* des ex-voto en forme de tableaux naïfs peints sur du bois par les pêcheurs eux-mêmes. Avant d'aboutir à la mer, remarquer la colonne surmontée du lion de Venise.

🎥🎥 Quand vous arrivez au bout du *corso,* à l'embarcadère, empruntez le pont à droite. Belle vue sur le *canale della Vena,* souvent utilisé pour le tournage de films sur Venise (quand il n'est pas en travaux !). On pénètre alors dans le vieux quartier populaire. Façades colorées, conserveries de poisson, linge suspendu aux fenêtres... En continuant tout droit, on rejoint le canal San Domenico et ses chalutiers. Petit coup d'œil dans l'*église* du même nom, qui abrite un tableau de Carpaccio et un Christ en Croix sculpté, défiguré par la souffrance, longtemps objet de procession. Pour l'anecdote, ses côtes sont faites de corde peinte, et si on l'observe depuis l'arrière de l'autel (accès possible), l'expression de son visage change en fonction de l'angle d'observation !

🎥 *Le marché aux poissons :* tlj sf lun 8h-12h. Il se trouve près du corso, *derrière le resto* Antico Toro. Installé dans un ancien entrepôt à grains, c'est le plus pittoresque de la lagune. La salle de vente se trouve le long du canal della Vena. Les petits bateaux y accostent juste après la pêche pour vendre au plus offrant. L'entrée du marché est surmontée d'un superbe portique en pierre sculptée.

# LA TERRE FERME, DE MESTRE À PUNTA SABBIONI

- Comment se rendre
  à Venise ? .....................161
- Où camper ?...............162
  - À Mestre et Marghera
  - Sur le *litorale*

*del Cavallino*
- Où dormir ?
  Où manger ?................163
  - À Mestre • À Favaro
  - À Marghera

- Sur le *litorale*
  *del Cavallino*
- À faire ..........................164
  - La presqu'île de Treporti

L'essentiel de l'activité économique de Venise se trouve à Mestre, sur la terre ferme. Comprise entre Marghera, au sud-ouest, et l'aéroport, au nord-est, c'est une immense agglomération tressée de nœuds autoroutiers et de voies rapides qui longent par endroits d'improbables zones industrielles. Pour le glamour, on repassera ! Pourtant, c'est ici que bon nombre de Vénitiens ont choisi de s'installer, fuyant la hausse de l'immobilier de la Sérénissime et la pression touristique. Il y a donc de la vie à Mestre, et on peut y loger moins cher que dans les quartiers prisés du centre historique (bon, c'est surtout valable en pleine saison, car dormir à Venise reste LE must). C'est dans tous les cas le passage obligé, en voiture, en bus, ou en train, avant de gagner l'île. Pour vous rendre à Venise, pas de problème : vous disposez du train, du tramway ou du bus. Comptez au minimum 45 mn entre le moment où vous sortirez de votre hôtel et celui où vous apercevrez le campanile de la place Saint-Marc. Principal intérêt : l'accès très rapide aux autres villes de Vénétie, dont Padoue et Trévise, ainsi qu'au canal de la Brenta (voir le chapitre suivant).

Les adeptes du camping contourneront toutefois la lagune en passant par Jesolo, pour gagner le *litorale del Cavallino* ou *Treporti,* une presqu'île d'une vingtaine de kilomètres, en partie dans la pinède et longée par une plage. La pointe *(Punta Sabbioni)* est toute proche de Venise, et la traversée en *vaporetto* (compter 35 mn) se fait facilement grâce aux lignes *ACTV*. Une bonne option, notamment pour les familles qui pourront profiter à la fois des plaisirs de la plage et de la ville !

## Comment se rendre à Venise ?

➤ **De Mestre :** compter env 10 mn de trajet en train ou en bus (le n° 2) depuis la gare ferroviaire de Mestre. Les deux sont efficaces et économiques (1,25 € le trajet pour le train, env 1,70 € pour le bus). Il est donc préférable de laisser sa voiture sur la terre ferme. De nombreux parkings sont prévus pour cela (voir plus haut le chapitre « Infos pratiques sur place »).

➤ **De Marghera/Fusina :** à 5 km au sud de la Malcontenta, au sud de Mestre. Vedettes *ACTV* (ligne n° 16) ttes les heures en été pour Venise (ligne Fusina-Zattere), 8h-22h env (jusqu'à 18h slt hors saison). Compter 25 mn. Attention, les forfaits *vaporetti* ne fonctionnent pas sur cette ligne, il faut acheter un billet spécial. *Infos au* ☎ *041-547-01-60.* ● *terminalfusina.it* ● Parking env 10 € les 12h et 15 € les 24h.

➤ **De Treporti :** accès facile par les *vaporetti* des lignes *ACTV*. 2 embarcadères sur la presqu'île : Punta Sabbioni (lignes n°s 12, 14 et 15) et Treporti (lignes n°s 12, 13 et 14). Les n°s 12 et 13 rejoignent Fondamenta Nove, les n°s 14 et 15 San Zaccaria (pl. Saint-Marc). La ligne N (de nuit) fonctionne également jusqu'à env 3h du mat (mais certains *vaporetti* s'arrêtent à Treporti). Des navettes relient Jesolo à Punta Sabbioni et à Treporti.

## Où camper ?

Il est facile de trouver un camping *(campeggio)* si vous n'êtes pas trop difficile. À vous de bien choisir votre point de chute, si c'est encore possible.

### À Mestre et Marghera

Les campings situés sur la commune de Mestre se trouvent principalement sur la S 14 qui relie Mestre à l'aéroport (quartiers Campalto ou Tessera). Pratiques mais sans aucun charme et bruyants, surtout pour les plus proches de l'aéroport. En revanche, il est facile et rapide de rejoindre Venise en bus. On arrive au terminal de piazzale Roma *(plan détachable A3)*. L'inconvénient, c'est qu'on est tributaire des horaires de bus, notamment le soir pour rentrer. Tous les campings donnent à l'arrivée un petit fascicule avec horaires et renseignements pratiques.

△ *Camping Fusina :* via Moranzani, 93, 30176 **Fusina-Marghera**. ☎ 041-547-00-55. ● info@camping-fusina.com ● camping-fusina.com ● ♿ *Dans un cul-de-sac, tt au bout de la SP 23 qui se prend à la Malcontenta. Forfait pour 2 env 35 €.* ᯤ On en parle parce que les tarifs sont corrects, et parce que le camping est à côté de l'embarcadère pour Venise. Hyper pratique. Pour le reste, il faudra faire abstraction d'un environnement nul (près de la zone industrielle de Marghera, et si le vent est mal orienté...) et des moustiques voraces. Juste pour dormir donc.

△ *Camping Venezia :* via Orlanda, 81 C, 30170 **Campalto-Mestre**. ☎ 041-531-28-28. ● info@venezia village.it ● veneziavillage.it ● *Le plus proche de Venise, sur la S 14 (direction aéroport ou Trieste), entre San Giuliano et Campalto. Entrée au niveau d'un grand rond-point. Bus pour Venise (nos 5 et 19) ttes les 15 mn ; arrêt à 150 m du camping. Ouv tte l'année (sf 3 sem janv-fév). Résa à l'avance conseillée. Forfait pour 2 env 18-30 € selon saison ; mobile homes 4-6 pers*

*50-100 €.* ᯤ *Camping 3 étoiles qui occupe une position stratégique : proche des axes routiers, pas loin de l'aéroport, et surtout à moins de 15 mn en bus de Venise. De loin la solution la moins chère pour loger dans le secteur. Bien tenu, bien équipé (piscine, jacuzzi, resto, épicerie), c'est une bonne option dans sa catégorie, d'autant que l'accueil est sympa.*

### Sur le litorale del Cavallino

Plus de 20 campings se succèdent tout le long du *litorale del Cavallino,* plus éloigné que Mestre mais plus réjouissant et très facile d'accès par les *vaporetti* des lignes *ACTV.* Cette région reçoit toutefois 6 millions de touristes en saison ! Le ton est donné... Aux heures de pointe, le *vaporetto* n'a rien à envier au métro ! Les campings sont grands, voire gigantesques pour certains, avec tous les services nécessaires, évidemment. Ils proposent des navettes gratuites jusqu'aux arrêts de *vaporetto.*

△ *Camping San Marco :* via del Faro, 10, 30013 **Cavallino-Venezia**. ☎ 041-96-81-63. ● info@camping sanmarco.it ● campingsanmarco.it ● *Pas très loin de Porto Jesolo, à 12 km de Punta Sabbioni. Ouv de début mai à mi-sept. Forfait pour 2 env 25-50 € selon saison ; également des maxi-caravanes 4-6 pers et des apparts 6-7 pers (70-125 €).* 🖳 ᯤ *Un camping 3 étoiles qui ne manque pas d'atouts : situé au bout d'une impasse, il est tranquille, pas trop grand (du moins pour le coin : 100 emplacements quand même !), profite d'un accès direct à la plage et a un bon niveau de confort (piscine, resto, épicerie...). Beaucoup d'arbres, donc beaucoup d'ombre. Mais c'est le plus éloigné des campings de Cavallino, à 1h de bus/vaporetto de Venise.*

△ *Camping Miramare :* via lungomare Dante Alighieri, 29, Punta Sabbioni,

30013 **Cavallino-Treporti.** ☎ 041-96-61-50. ● info@camping-miramare.it ● camping-miramare.it ● Tt proche de l'arrêt de bateau Treporti (5 mn à pied). Ouv Pâques-Toussaint. Forfait pour 2 env 16-43 € selon confort et saison. L'été, séjour min de 2 nuits exigé. ▯ ☞ Pas trop grand : environ 150 emplacements et une trentaine de bungalows. Pas au bord de la plage (elle est à 1,5 km), mais navette gratuite pour s'y rendre. Sinon, il y a la piscine ! Accueillant et familial... et à deux pas du bateau pour Venise ! À ne pas confondre avec un camping du même nom à Sottomarina, près de Chioggia.

⚊ **Camping Marina di Venezia :** via Montello, 6, Treporti, 30013 **Punta Sabbioni.** ☎ 041-530-25-11. ● camping@marinadivenezia.it ● marinadivenezia.it ● À env 1 km du débarcadère de Punta Sabbioni. Ouv fin avr-début sept. Forfait pour 2 env 25-56 € selon saison et confort. Attention : séjour min de 2 nuits (voire 7 en juil-août) au camping et de 4 nuits en bungalow. ▯ ☞ Les chiffres parlent d'eux-mêmes : plus de 300 bungalows, des restos, marchés, une dizaine de bars, tennis, 7 piscines dont une olympique (plusieurs sont chauffées), un cinéma et même deux églises... c'est du délire ! Ce 5-étoiles s'étend sur 550 000 m$^2$ et propose 3 000 emplacements ! Très belle plage « privée ». Évidemment, plus grand, la gestion est délicate et impose des règles (bracelets, horaires...). Très complet donc, mais pas franchement intime.

⚊ **Camping Al Boschetto :** via delle Batterie, 18, Ca' Savio, 30013 **Cavallino-Treporti.** ☎ 041-96-61-45. ● info@alboschetto.it ● alboschetto.it ● À 4,5 km de Punta Sabbioni. Ouv de mai à mi-sept. Forfait pour 2 env 18-45 € selon saison. Séjour min de 2 ou 3 j. hors saison et de 5 j. au plus fort de l'été. ☞ Un 3-étoiles de « seulement » 70 000 m$^2$ pour 320 emplacements ! Intimité relative, mais dans l'ensemble, c'est convenable et bien équipé. Une soixantaine de bungalows. Resto, plage privée, supermarché, terrains de basket et de tennis.

## Où dormir ? Où manger ?

### À Mestre

🏠 **Hotel Adria :** via Cappucina, 34. ☎ 041-98-97-55. ● info@hoteladriavenice.it ● hoteladriavenice.it ● ♿ De la gare ferroviaire, prendre à droite, puis la grande avenue à gauche (15 mn à pied). Bus à proximité pour Venise. Doubles env 60-100 € selon saison. Parking privé gratuit. ☞ Une adresse au charme fonctionnel, avec une déco contemporaine sympa. Une trentaine de chambres comme il faut, sans mauvaise surprise et vraiment confortables. Accueil charmant, et très attentionné à l'égard du client. Un bon point de charge.

🏠 **Hotel Villa Costanza :** via Monte Nero, 25, 30171. ☎ 041-93-26-24. ● info@hotelvillacostanza.com ● hotelvillacostanza.com ● À moins de 10 mn de la gare, dans une petite rue perpendiculaire à la via Piave (qui part en face de la gare). Doubles env 70-160 € selon saison et confort. Parking. ☞ Tout pour plaire : idéalement situé à deux pas des transports (le bus n° 2 pour Venise est à l'angle), tenu par une équipe charmante, et décoré avec soin dans un style contemporain élégant et chaleureux. Les chambres les plus cosy disposent même de bains bouillonnants ! Parfait pour les amoureux.

🏠 **Hotel Paris :** viale Venezia, 11, 30175. ☎ 041-92-60-37. ● info@hotelparis.it ● hotelparis.it ● À 100 m de la gare : dans une petite rue tranquille, juste à gauche en sortant. Bus n° 2 devant la gare, trains et bus ttes les 10 mn pour Venise. Fermé quelques j. à Noël. Doubles 60-180 € selon saison et promos. Parking payant (15 €/j.). ☞ Hôtel parfaitement tenu, proposant une vingtaine de chambres modernes et élégantes, desservies par un ascenseur. Assez cher en haute saison mais tellement pratique car à deux pas de la gare. Accueil efficace et souriant.

## À Favaro

🛏 |●| *Locanda Al Convento :* via Ca' Colombara, 41, 30030. ☎ 041-501-07-03. ● info@agriturismoal convento.com ● agriturismoalconvento.com ● *Double 75 €, repas (copieux) env 30-35 €. Parking gratuit.* 📶 À deux pas de la ville mais déjà à la campagne (le bus n° 19 pour Venise est à 10 mn à pied), cet agrotourisme est un point de chute original qui conviendra aux amateurs de calme. Chambres confortables et champêtres, au diapason d'une bonne cuisine de terroir préparée à base de produits de la ferme. Bon accueil.

## À Marghera

🛏 *Antica Villa Graziella :* via Luigi Coletti, 6, 30175. ☎ 041-92-16-55. ● villagraziella.com ● *À 800 m de la gare de Mestre ; accès à Venise en train, ou par le bus n° 6 ou 6L (2 lignes différentes). Dès l'arrivée à Marghera, c'est bien indiqué ; au pied du château d'eau. Doubles env 60-100 € selon saison. Parking gratuit.* 💻 📶 Dans une maison bourgeoise précédée par un jardinet fleuri, une quinzaine de chambres claires, à la déco un peu datées mais nickel et de bon confort. Quelques familiales avec un grand lit et un lit superposé. Petit déj servi dans le jardin en été. Quant à l'accueil, il est aux petits soins !

## Sur le litorale del Cavallino

🛶 🛏 *B & B et camping Dolce Acqua :* via Baracca, 102 A, **Cavallino-Treporti.** ☎ 041-96-81-29. ● agri.dolceacqua@ alice.it ● agriturismodolceacqua.it ● *À une dizaine de km de l'embarcadère de Punta Sabbioni. Forfait pour 2 env 18-28 € en camping. Doubles avec sdb 100-140 € selon saison, avec petit déj (et le parasol sur la plage !).* 📶 Cette coquette ferme reconvertie propose une petite douzaine de chambres confortables, très bien tenues, et joliment arrangées dans un style balnéaire. Certaines avec en plus des lits superposés pour les enfants. Quant aux campeurs, ils se partagent un espace tranquille ouvert sur la verdure, équipé de tout le nécessaire (sanitaires propres). Petit, familial et convivial : on est loin des énormes structures habituelles ! Et comme il reste encore quelques poules dans la cour, les œufs frais servent à concocter un délicieux petit déj... qu'on peut encore améliorer en achetant les confitures maison ! Prêt de vélo et resto de la même famille à 300 m.

🛏 |●| *Hotel La Rondine :* via Fausta, 60, Punta Sabbioni, 30010 **Cavallino-Treporti.** ☎ 041-96-61-72 ou 041-96-62-84. ● info@hotellarondine.it ● hotellarondine.it ● ♿ *À 1 km du débarcadère de Punta Sabbioni. Doubles env 90-100 € avec petit déj ; possibilité de ½ pens. Menu déj 12 €.* 📶 Extérieur pas très attirant, en bordure de la route qui traverse le *litorale del Cavallino*. Mais des chambres pour 2 ou 3 personnes correctes même si assez petites, avec AC et TV. Bref, ça dépanne. Quant au resto, c'est la cantine des employés du coin. Pas vraiment fin, mais copieux et convenable. Bon accueil.

🛏 |●| *Hotel-ristorante Il Ghebo :* via Fausta, 41, Punta Sabbioni, 30010 **Cavallino-Treporti.** ☎ 041-65-82-70. ● info@ilghebo.it ● ilghebo.it ● *À 700 m de l'embarcadère de Punta Sabbioni. Doubles 90-110 €, avec petit déj ; réduc à partir de 2 nuitées.* 📶 Une maison de taille moyenne entourée des pins, un peu en retrait de la route principale mais dans un environnement plaisant. Seulement une petite dizaine de chambres assez exiguës, avant tout fonctionnelles et bien propres. L'avantage, c'est le parking gratuit à l'hôtel et sa situation stratégique à proximité de l'embarcadère pour Venise. Quant à la plage, elle est à 1,5 km, mais la maison prête des vélos ! Restaurant-pizzeria sur place.

## À faire

➤ *La presqu'île de Treporti* se prête à merveille à la découverte de la nature à pied, à vélo et en bateau, surtout au printemps, lors de la floraison du limonium (la lavande de mer), une fleur qui couvre les marécages de sa couleur violette. Demander auprès des offices de tourisme les infos sur les différents parcours.

# LE CANALE DEL BRENTA (CANAL DE LA BRENTA)

| | | |
|---|---|---|
| ● Adresse utile ...............166 | au fil du canal ? ...........167 | Widmann Rezzonico |
| ● Croisières en bateau ..166 | ● À Mira ● À Dolo | Foscari et la Barchessa |
| ● En voiture, en bus ......166 | ● Les villas ...................168 | Valmarana à Mira |
| ● À vélo ...........................166 | ● La villa Pisani | ● La villa Foscari |
| ● Où dormir ? | et la villa Foscarini | – La Malcontenta |
| Où manger | Rossi à Stra ● La villa | à Malcontenta |

Le canal de la Brenta, entre Mestre et Padoue, est jalonné d'une cinquan-taine de villas, construites du XVIe au XVIIIe s pour de richissimes Véni-tiens. Pour clore une balade dans la Vénétie ou simplement un séjour à Venise, nous aurions aimé vous faire rêver d'une fabuleuse balade dans le temps, le long d'un canal propice aux promenades à pied, aux virées à vélo. Mais les rêveurs éveillés vont devoir, ici comme dans toute la Véné-tie, s'inquiéter plus des flux automobiles et des radars avant de s'arrêter près des rares lieux encore ouverts à la visite : si les villas construites par Palladio et ses successeurs sont désormais progressivement res-taurées, la magie n'opère vraiment qu'avec un minimum d'imagination. Une tornade, en juillet 2015, a fini de fragiliser certaines constructions, accélérant leur démolition ou, au contraire, leur restauration. Espérons que ce beau et précieux patrimoine ne cédera pas devant ce qui semble être une incompressible poussée urbaine. Car aujourd'hui le paysage est assez urbanisé, même autour de Spra, Dolo et Mira, qui restent les points incontournables.

De luxueuses fêtes nocturnes étaient autrefois organisées dans ces villas, avec concerts, bals et feux d'artifice. Les orchestres, dissimulés dans les bosquets, jouaient des airs de Pergolèse et de Vivaldi. Il existait même au XVIIIe s un bateau, nommé *Il Burchiello,* qui reliait Padoue à Venise et trans-portait seigneurs, marchands, artistes, comédiens, aventuriers et femmes légères. Il fut notamment célébré par Casanova et cité par Byron. Rien à voir évidemment avec ceux qui parcourent le *canale del Brenta* et proposent des croisières sur les traces de ce faste passé.

Cette microrégion reste un passage obligatoire pour tous ceux qui sou-haitent rallier Venise à Padoue, évitant ainsi l'autoroute et profitant, tout de même, d'un reste de magie. Elle peut constituer aussi un point de chute intéressant (car autrement plus glamour que Mestre !) pour visiter Venise. Des lignes de bus directes passant par le canal desservent en effet la cité. Autre solution : rejoindre en voiture l'embarcadère de Fusina et prendre le *vaporetto.* Dans tous les cas, compter de 45 mn à 1h en tout pour rejoindre Venise.

## UN PEU D'HISTOIRE

La Brenta prend sa source dans des lacs d'altitude près de Trente et tra-verse la plaine de la Vénétie à partir de Padoue pour aller se jeter dans la lagune de Venise près de Fusina. L'histoire de la Brenta est une longue suite d'inondations et de changements de lits. En 1152, les digues cédèrent, et elle se déversa violemment dans la lagune, provoquant une épidémie de paludisme. Les Vénitiens commencèrent alors de grands travaux pour la canaliser. Jusqu'à la fin du XIX$^e$ s, on creusa quatre canaux pour faire s'écouler plus paisiblement ses eaux tumultueuses, dont l'un se dirige vers Chioggia. Écluses et ponts mobiles la rendirent alors navigable. La visite qu'on vous propose suit les villas les plus belles installées le long du cours principal de la Brenta.

## Adresse utile

🛈 *Point info touristique : via Nazionale, 420, 30034 Mira. À l'entrée de la villa Widmann Foscari (mêmes horaires).* Il n'y a plus d'office de tourisme, mais vous trouverez ici en vente ou à disposition des brochures complémentaires des livres que vous trouverez en français dans les villas et quelques infos pratiques.
– Quelques infos à glaner sur ● *riviera delbrenta.com* ●

## Croisières en bateau

Basées à Padoue, plusieurs compagnies de navigation se partagent le marché avec des navires panoramiques (jusqu'à 200 personnes !) ou des péniches traditionnelles moins chargées (50 personnes maximum). Croisières à la journée ou à la demi-journée, de mi-mars à début novembre, au départ de Padoue ou de Venise, avec passage des écluses et visite guidée de villas. Le repas, la visite des villas et le retour au point de départ en bus ou train sont souvent en option. Du coup cette excursion est chère : compter au moins 55-99 € par personne selon le jour et le trajet ! Évidemment, le temps passé dans chaque villa est limité. Mais tout le plaisir réside dans la balade au fil de l'eau !

● *battellidelbrenta.it* ● (en français, très bien fait), pour le détail des parcours et des tarifs, en fonction des compagnies. ● *booking-on-line.com* ● (en français), rubrique « Il Burchiello » pour les résas.

⛴ *Consorzio Battellieri di Padova e Riviera del Brenta : piazza V. Bardella, 3, 35137 Padoue.* ☎ 049-803-30-69. ● *padovanavigazione. it* ● Ce consortium regroupe les principales compagnies de navigation proposant des croisières sur le *canale del Brenta,* sans oublier les autres fleuves et canaux de la région : canal Piovego, Battaglia, Bisatto, Pontelongo, Brentella et le fleuve Bacchiglione.

## En voiture, en bus

– *En voiture :* vous pouvez suivre le parcours du bateau en longeant le canal par la route nationale 11, qui relie Venise à Padoue via Marghera, Mira, Dolo et Stra. Vous pourrez ainsi visiter les villas à votre rythme. C'est la meilleure solution.

– *En bus :* la liaison Padoue-Venise est assurée par les nombreux bus de la compagnie *ACTV (● actv.it ●),* qui dessert Marghera, Mira, Dolo et Stra. Si le temps est de la fête, pourquoi pas ? Arrêts bien signalés.

## À vélo

– *Attention :* la piste cyclable a beau avoir été refaite, ce n'est pas l'idéal.

On peut certes longer la rivière de Padoue à Venise, mais il faudra la plupart du temps partager la route nationale 11 avec les innombrables voitures et bus. Pas terrible ! Deux itinéraires ont toutefois été balisés sur la rive sud, à travers la plate (et morne) campagne.

■ *Location de vélos :* chez **Center Bike Bartolomiello,** *via Mocenigo, 3, à* **Mira Porte.** ☎ *041-42-01-10.* • *negozio@centerbike.191.it* • *Au bord du canal. Tlj sf sam ap-m et dim 8h-12h30, 15h-19h30. Compter env 15 €/j.*

## Où dormir ? Où manger au fil du canal ?

Il y a des petites adresses encore fréquentées par les habitués, au centre de Mira, mais ce serait exagérer de prétendre que vous allez faire une croisière gastronomique au fil de la Brenta. Que vous soyez sur l'eau ou longiez le canal, d'ailleurs !

### À Mira (30034)

🏠 **Hotel Riviera dei Dogi :** *via Don Minzoni, 33.* ☎ *041-42-44-66.* • *info@rivieradeidogi.com* • *rivieradeidogi.org* • ♿ *À 17 km de Venise et à l'écart de la route nationale SS 11. Doubles 70-90 € selon saison ; familiales 100-110 €. Parking gratuit.* 📶 *Au cœur du village et donnant sur un gentil méandre de la Brenta, c'est un hôtel confortable, construit en partie sur les restes d'une ancienne villa vénitienne du XVIe s. Une quarantaine de chambres agréables (meubles anciens, vieilles poutres, pour certaines...), bien équipées et calmes, dont plusieurs avec vue sur le canal. Les plus fonctionnelles sont réparties sur 2 annexes. Accueil en français par une patronne qui saura vous conseiller les restos les plus sympas du village. Une bonne adresse.*

🍴 **Trattoria Alla Vida :** *via Don Minzoni, 31.* ☎ *041-42-21-43.* • *tratto riaallavida@libero.it* • *Au cœur du village, juste à côté de l'hôtel Riviera dei Dogi. Tlj sf lun soir et sam midi. Plats 10-13 € ; carte 20-28 €. Une auberge coquette et accueillante le long du canal, où les bonnes adresses sont rares. Cuisine familiale, à base de produits locaux et de saison. Cadre agréable et terrasse aux beaux jours. On se contenterait de moins !*

### À Dolo (30031)

🏠 **Hotel Villa Gasparini :** *riviera Martiri della Libertà, 37.* ☎ *041-560-81-56.*

• *info@villagasparini.it* • *villagasparini.it* • *À 17 km de Venise centre, à l'entrée de Dolo, le long de la route nationale SS 11. Doubles 90-150 € selon confort et saison.* 📶 *Face au canal, cette belle demeure bourgeoise du XVIIIe s propose des chambres de charme, dans un style vénitien avec poutres apparentes et jacuzzi pour les plus chères. Certaines chambres ont au contraire été rénovées dans un style design néobaroque (et un poil kitsch !). Les chambres standard sont dans une annexe dans le jardin. Parmi les petits plus, outre la qualité de l'accueil, les séjours « romantiques », la location de vélos et les tours guidés (à vélo) le week-end.*

🏠 🍴 **Hotel Villa Alberti :** *via E. Tito, 90.* ☎ *041-426-65-12.* • *info@villalberti.com* • *villalberti.com* • ♿ *À 15 km de Venise et à 2,5 km du centre de Dolo, dans une rue parallèle à la route SS 11, de l'autre côté du canal. Doubles 80-115 €, appart familial 100-130 €. Parking gratuit. Loc de vélos.* 💻📶 *Une adresse au charme indéniable, nichée dans une élégante villa vénitienne du XVIIIe s, plantée légèrement en retrait de la riviera del Brenta. Dans la villa, chambres dépouillées assez chères, même si la vue sur le parc est vraiment dépaysante et s'il s'en dégage un certain cachet. Dans la Barchessa, l'annexe du jardin, les chambres sont plus standard mais aussi plus confortables. Beau parc soigné pour une balade bucolique et solarium. Possibilité de dîner sur place.*

🍴 **I Molini del Dolo :** *via Garibaldi, 3.* ☎ *041-510-10-12.* • *info@molinidolo.com* • ♿ *En plein centre du village, au bord du canal. Tlj sf lun 8h-2h. Snacks et plats 6-16 €. Pas loin du campanile, on repère facilement cette*

LE CANALE DEL BRENTA

*enoteca-caffetteria* installée dans un moulin à eau du XVIe s, toujours pimpant. Un cachet rustique et authentique, tandis que l'on est bercé par les cliquetis du mécanisme ancestral. Agréable terrasse à l'arrière, bordée de part et d'autre par le canal. Pâtes, charcuterie, fromages, salades, *tramezzini...* de belles assiettes du pays pour un délicieux repas en perspective. En cas d'affluence, le service mouline un peu, mais on a tout loisir d'admirer les produits locaux sur les étagères de ce vénérable établissement qui fait aussi épicerie fine. Pour une bonne pizza, on ira au resto d'à côté, *Al Cristo,* du même propriétaire.

## Les villas

🏹🏹 *Villa Pisani :* via Doge Pisani, 7, 30039 **Stra.** ☎ 049-50-20-74. ● villapisani. beniculturali.it ● À 15 km du centre de Padoue. Fin mars-oct tlj sf lun (ouv lun fériés) 9h-19h (dernière entrée). Entrée : 10 € ; 7,50 € parc seul ; réduc ; gratuit jusqu'à 18 ans. Nov-fin mars tlj sf lun (ouv lun fériés) 9h-16h. Entrée : 7,50 € ; 4,50 € parc seul. Audioguide en français : 4 €.

Cette immense bâtisse – la plus célèbre de toutes celles du bord de la Brenta – fut construite au XVIIIe s par l'architecte Preti, dans un style grandiose et fastueux qui se voulait un hommage au château de Versailles. Il faut dire aussi que son proprio d'alors, le doge Pisani, était ambassadeur de Venise en France... Des gens célèbres en furent les hôtes, tels que les grands-ducs de Russie, Gustave III de Suède, Ferdinand d'Autriche, Maximilien de Habsbourg... Cette villa est aussi connue pour avoir été le lieu de la première rencontre entre Hitler et Mussolini, mais on en parle moins. On doit la décoration actuelle à son plus célèbre occupant, Napoléon, toujours aussi désireux de laisser son empreinte partout où il passait. L'essentiel du mobilier et des tapisseries est donc de style Empire et souvent frappé du « N » impérial ! Un style finalement très frais car fortement métissé et revu à la sauce italienne, voire pompéienne. La visite comprend de nombreux salons et plusieurs chambres en enfilade, qui peuvent engendrer à la longue une impression de tristesse, car ici on n'a pas vraiment recherché à créer une muséographie originale, même dans les pièces rénovées (vous n'y passerez pas forcément des heures, sauf si des groupes vous empêchent d'avancer). Le véritable clou du spectacle est sans aucun doute l'ensemble harmonieux formé par les fresques et les trompe-l'œil vertigineux de la salle de bal, peints par Tiepolo à la gloire de la famille Pisani.

On peut aussi très bien se contenter de prendre l'air du temps côté jardins. Dans le beau parc de 10 ha, qui s'ordonne autour d'une grande pièce d'eau dans laquelle se reflètent de grandioses et majestueuses écuries, ne pas manquer (en saison) le célèbre labyrinthe décrit par D'Annunzio dans son roman *Le Feu.* Charmant et très ludique !

🍴 Près de l'Orangerie, faites une pause gourmande au *Museum Cafe,* joliment aménagé, à l'écart des flux touristiques.

🏹 *Villa Foscarini Rossi :* via Doge Pisani, derrière la précédente, à Stra. ☎ 049-980-10-91. ● villafoscarini.it ● Avr-oct, lun-ven 9h-13h, 14h-18h (17h ven), w-e et j. fériés, visites guidées slt 14h30-18h ; nov-mars, fermé w-e et j. fériés (et tlj entre

### POMPE ART

*Dans les années 1950, alors qu'il commençait une carrière de graphiste publicitaire à New York, Andy Warhol dessinait aussi des chaussures pour Rossi, le grand fabricant de luxe italien qui possédait la villa Foscarini au bord du canal de la Brenta. Un éclectisme artistique qui le propulsa bientôt au sommet du pop art, dont il demeure jamais la figure emblématique.*

*Noël et l'Épiphanie). Entrée 7 € ; réduc.* Cette superbe et sobre villa, entièrement retapée, appartient au célèbre fabricant de chaussures de luxe italiennes Rossi (musée de la Chaussure sur place, vous n'y échapperez pas !)...

🍴 ***Villa Widmann Rezzonico Foscari :*** *via Nazionale, 420, 30034* **Mira.** ☎ *041-42-49-73. À la sortie de Mira, sur la gauche de la route en allant vers Venise. Mar-dim 10h-16h30 (ouv certains lun fériés dont le lun de Pâques). Entrée : 5,50 € ; réduc ; billet jumelé 9 € avec la Barchessa Valmarana, réduc.* Villa du XVIIIᵉ s beaucoup plus modeste que les autres en taille, on a l'impression qu'elle a été conçue dans une logique intimiste et non ostentatoire. Seulement quatre pièces sont visitables ; peu meublées, elles sont organisées autour d'un hall orné d'un lustre de Murano. Son principal intérêt réside dans ses fresques peintes par des élèves de Piazzetta. Des personnalités comme Stravinsky, Goldoni ou D'Annunzio y ont séjourné, ainsi que quelques papes... Petit parc à l'arrière, en cours de restauration, quelques carrosses et voitures anciennes...

🍴 ***Barchessa Valmarana :*** *via Valmara, 11, 30034* **Mira.** ☎ *041-426-63-87.* ● *vil lavalmarana.net* ● *À la sortie de Mira, face à la villa Widmann, de l'autre côté du canal. Pâques-oct tlj 10h-18h. Entrée : 6 € ; réduc (billet jumelé avec la villa précédente : 9 €).*
Cette Barchessa, seul espace ouvert à la visite, ne donne qu'une petite idée de la majestueuse villa centrale abattue par la famille Valmarana... pour éviter de payer les taxes sur la fortune, eh oui ! Elle doit son nom aux bateaux *(barche)* qui se glissaient en dessous, pour ne pas bloquer le trafic sur le canal. Utilisée au départ comme un grenier pour l'agriculture, elle vira à l'agrotourisme avant l'heure en devenant une maison d'amis pour la famille, lors des grandes soirées données ici. Sa restauration dans les années 1960 a permis de lui donner cette apparence hors du temps qui mérite, sinon l'admiration, du moins toute l'attention des visiteurs.
La maison est d'abord remarquable pour sa façade embellie de colonnes doriques. On retrouve ces symboles de richesse et de luxe à l'intérieur, dans la salle principale, avec ses fresques peintes par un élève de Tiepolo, dédiées à la glorification de la famille. De part et d'autre, du même acabit, la *salle des Arts,* dont certaines fresques sont en partie effacées, et la *salle des Caprices* avec ses monochromes représentent les caprices du canal de la Brenta au XVIIᵉ s. Parc romantique à l'arrière, plutôt bien entretenu car le reste de la maison est encore habité par les descendants de la riche famille Valmarana.

🍴🍴 ***Villa Foscari – La Malcontenta :*** *via dei Turisti, 9, 30161* **Malcontenta.** ☎ *041-520-39-66.* ● *lamalcontenta. com* ● *Pâques-oct slt, mar et sam 9h-12h. Entrée : 10 €.* Construite par Palladio vers 1560, cette villa affiche une très belle architecture extérieure et contient des fresques de Zelotti. Son nom viendrait du mécontentement des paysans locaux qui s'étaient alors soulevés contre des mesures relatives à la propriété. Une autre légende, appuyée par une fresque peinte à droite en entrant, prétend qu'un mari jaloux y aurait enfermé sa femme, la rendant du coup... plutôt mécontente !

## QUE C'EST TRISTE VENISE...

*Parmi les villas notables, La Malcontenta revêt un aspect tristounet. Elle appartenait à un Foscari jaloux de sa femme, un peu trop entreprenante à son goût. Il l'assigna à résidence dans cette villa jusqu'à la fin de ses jours. Elle y passa les 30 dernières années de sa vie, sans jamais sortir ni même apparaître aux fenêtres, dans la solitude la plus totale ! Le parc était à l'image de cette femme énigmatique : triste et à l'abandon. D'où le nom de la villa, signifiant « la mécontente ».*

# COMMENT Y ALLER ?

## EN AVION

### Les compagnies régulières

#### ▲ AIR FRANCE

*Rens et résas au ☎ 36-54 (0,34 €/mn – tlj 6h30/22h), sur ● airfrance.fr ● dans les agences Air France et dans toutes les agences de voyages. Fermées dim.*
➤ *De l'aéroport Roissy-Charles-de-Gaulle : 6 vols/j. pour Venise-Marco Polo.*
Air France propose des tarifs attractifs toute l'année. Pour consulter les meilleurs tarifs du moment, allez directement sur la page « Meilleures offres et promotions » sur *airfrance.fr ● Flying Blue,* le programme de fidélisation gratuit d'Air France-KLM, permet de cumuler des *miles* et de profiter d'un large choix de primes. Cette carte de fidélité est valable sur l'ensemble des compagnies membres de *Skyteam.*

#### ▲ HOP !

*Rens et résas sur ● hop.fr ●, via les canaux de vente Air France, dans ttes les agences de voyages et au centre d'appel ☎ 0892-70-22-22 (0,15 €/mn ; tlj 365 j./an).*
➤ De Biarritz, Bordeaux, Brest, Caen, La Rochelle, Lille, Limoges, Lorient, Lyon, Marseille, Metz-Nancy, Montpellier, Mulhouse-Bâle, Nantes, Nice, Pau, Poitiers, Rennes et Strasbourg, vols vers Venise via Lyon.
HOP ! propose des tarifs attractifs toute l'année. Possibilité de consulter les meilleurs tarifs du moment sur ● *hop.fr ●*

#### ▲ ALITALIA

*Infos et résas au ☎ 0892-655-655 (0,34 €/mn ; lun-ven 8h-20h, w-e 9h-19h), sur ● alitalia.fr ●, et dans les agences de voyages.*
➤ De l'aéroport Roissy-Charles-de-Gaulle : 5 vols/j. pour Venise-Marco Polo (en partage de code avec Air France).

#### ▲ BRUSSELS AIRLINES

*Rens au ☎ 0892-640-030 (0,33 €/mn ; lun-ven 9h-19h, sam 9h-17h) depuis la France. ● brusselsairlines.com ●*
➤ Vols quotidiens Bruxelles-Venise.

### Les compagnies *low-cost*

Plus vous réserverez vos billets à l'avance, plus vous aurez des chances d'avoir des tarifs avantageux. Des frais de dossier ainsi que des frais pour le paiement par carte bancaire peuvent vous être facturés. En outre, les pénalités en cas de changement de vols sont assez importantes. Il faut aussi rappeler que plusieurs compagnies facturent maintenant les bagages en soute et limitent leurs poids. En cabine également le nombre de bagages est strictement limité (attention même le plus petit sac à main est compté comme un bagage à part entière). À bord, c'est service minimum et tous les services sont payants (boissons, journaux). Attention également au moment de la résa par Internet à décocher certaines options qui sont automatiquement cochées (assurances, etc.). Au final, même si les prix de base restent très attractifs, il convient de prendre en compte les frais annexes pour calculer le plus justement son budget.

#### ▲ EASY JET

● *easyjet.com ●*
➤ De l'aéroport Roissy-Charles-de-Gaulle, 1-2 A/R par j. et de Paris-Orly, 2 A/R par j.
➤ De Lyon et de Nice, plusieurs vols/sem.

#### ▲ RYANAIR

● *ryanair.com ●*
➤ De Paris-Beauvais ou de Bruxelles-Charleroi, 1 A/R par j. à destination de Venise-Trévise (aéroport situé à 30 km de Venise).

# LES ORGANISMES DE VOYAGES

## En France

### ▲ COMPTOIR DES VOYAGES

● *comptoir.fr* ●
– *Paris* : 2-18, rue Saint-Victor, 75005.
☎ *01-53-10-30-15*. Ⓜ *Maubert-Mutualité*. *Lun-ven 9h30-18h30, sam 10h-18h30.*
– *Bordeaux* : 26, cours du Chapeau-Rouge, 33800. **Ouverture prévue en automne 2016.**
– *Lille* : 76, rue Nationale, 59800. **Ouverture prévue début 2017.**
– *Lyon* : 10, quai Tilsitt, 69002. ☎ *04-72-44-13-40*. Ⓜ *Bellecour*. *Lun-sam 9h30-18h30.*
– *Marseille* : 12, rue Breteuil, 13001. ☎ *04-84-25-21-80*. Ⓜ *Estrangin*. *Lun-sam 9h30-18h30.*
– *Toulouse* : 43, rue Peyrolières, 31000. ☎ *05-62-30-15-00*. Ⓜ *Esquirol*. *Lun-sam 9h30-18h30.*

Comptoir des Voyages s'impose comme une référence incontournable dans le voyage sur mesure, avec 80 destinations couvrant les 5 continents. Ses voyages s'adressent à tous ceux qui souhaitent vivre un pays de façon simple en s'y sentant accueilli. Les conseillers privilégient des hébergements typiques, des moyens de transport locaux et des expériences authentiques pour favoriser l'immersion dans la vie locale. Comptoir vous offre aussi la possibilité de rencontrer des francophones habitant dans le monde entier, des *greeters* qui vous donneront, le temps d'un café, les clés de leur ville ou de leur pays. Comptoir des Voyages propose aussi une large gamme de services : échanges par visioconférence, devis Web et carnet de voyage personnalisés, assistance téléphonique 24h/24 et tous les jours pendant votre voyage...

### ▲ ITALIE & CO

– *Courbevoie* : 169, bd Saint-Denis, 92400. Sur rdv ou à domicile. 📱 *06-85-56-30-62*. ● *carine@italieandco.fr* ● *italieandco.fr* ●
Italie & Co est une agence dynamique et d'un genre nouveau, fondée par deux professionnels italiens partageant la même passion pour leur pays d'origine. Ils sont à votre disposition tous les jours par mail ou par téléphone pour vous aider à organiser le voyage de vos rêves et pour vous assister tout au long de votre séjour. Seul ou en famille, pour vos loisirs ou pour votre travail, Italie & Co met à votre disposition des offres sélectionnées et testées par l'agence. Une soirée à la Scala de Milan, à la Fenice de Venise ou aux Arènes de Vérone, un cours de cuisine à l'école Barilla ou juste du farniente sur une belle plage en Sardaigne, Italie & Co met à votre disposition son carnet d'adresses de charme. Offre spéciale lecteurs *Routard* : un accueil VIP ou un cadeau surprise en donnant la référence « routard » au moment de la réservation.

### ▲ NOUVELLES FRONTIÈRES

*Rens et résas au* ☎ *0825-000-747 (service 0,15 €/mn + prix appel).* ● *nouvelles-fontieres.fr* ● *dans les agences de voyages Nouvelles Frontières et Marmara, présentes dans plus de 180 villes en France.*
Depuis plus de 45 ans, Nouvelles Frontières fait découvrir le monde au plus grand nombre à la découverte de nouveaux paysages et de rencontres riches en émotions. Selon votre budget ou vos désirs, plus de 100 destinations sont proposées sous forme de circuits, de séjours ou de voyages à la carte à personnaliser selon vos envies. Rendez-vous sur le Web ou bien en agence où les conseillers Nouvelles Frontières seront à votre écoute pour composer votre voyage selon vos souhaits.

### ▲ PROMOVACANCES.COM

● *promovacances.com* ● ☎ *0899-654-850 (1,35 € l'appel puis 0,34 €/mn). Lun-ven 8h-minuit, sam 9h-23h, dim 8h-23h.*
Le site propose plus de 10 000 voyages actualisés chaque jour sur 300 destinations : séjours, circuits, week-ends, thalasso, plongée, golf, voyages de noce, locations, vols secs... L'ambition du voyagiste : prouver chaque jour que le petit prix est compatible avec des vacances de qualité. Grâce aux avis